高等院校应用型人才培养"十四五"规划旅游管理类系列教材
省级一流课程配套教材

酒店管理概论

主编 ◎ 黄元春　朱　斌

Jiudian Guanli Gailun

华中科技大学出版社
http://press.hust.edu.cn
中国·武汉

内 容 简 介

　　本书分为八大模块,具体内容如下:第一章酒店管理概述,介绍酒店的含义、特征、分类及发展史;第二章酒店集团,讲述酒店集团的发展模式及其核心因素;第三章酒店管理的理论与方法,分析酒店管理基础理论、方法及新思想;第四章酒店组织与计划管理,讲解酒店组织管理、计划与编制方法及决策与战略管理;第五章酒店市场营销,分析酒店经营环境、市场细分及定位,以及营销组合策略;第六章酒店人力资源管理,讲述招聘、培训、激励及职业生涯规划;第七章酒店服务质量管理,讲解服务质量管理体系、检查与控制等;第八章酒店安全与公共关系危机管理,讲解酒店安全管理与危机应对。

图书在版编目(CIP)数据

　　酒店管理概论 / 黄元春,朱斌主编 . -- 武汉 : 华中科技大学出版社,2025.1. -- ISBN 978-7-5772-0479-6

　　Ⅰ. F719.2

　　中国国家版本馆 CIP 数据核字第 2024JH3458 号

酒店管理概论
Jiudian Guanli Gailun

黄元春　朱斌　主编

策划编辑:李家乐

责任编辑:李家乐　魏雨楠

封面设计:原色设计

责任校对:刘　竣

责任监印:周治超

出版发行:华中科技大学出版社(中国·武汉)　　　电话:(027)81321913
　　　　　武汉市东湖新技术开发区华工科技园　　　邮编:430223

录　　排:孙雅丽

印　　刷:武汉市籍缘印刷厂

开　　本:787mm×1092mm　1/16

印　　张:13.25

字　　数:305千字

版　　次:2025年1月第1版第1次印刷

定　　价:49.90元

Introduction ┤━━━━━━━━━ 出版说明

党的十九届五中全会确立了到2035年建成文化强国的远景目标,明确提出发展文化事业和文化产业。"十四五"期间,我国将继续推进文旅融合、实施创新发展,不断推动文化和旅游发展迈上新台阶。国家于2019年和2021年先后颁布的《国家职业教育改革实施方案》《教育部关于深化本科教育教学改革全面提高人才培养质量的意见》《本科层次职业教育专业设置管理办法(试行)》,强调进一步推动高等教育应用型人才培养模式改革,对接产业需求,服务经济社会发展。

基于此,建设高水平的旅游管理类专业应用型人才培养教材,将助力旅游高等教育结构优化,促进旅游类应用型人才的能力培养与素质提升,进而为中国旅游业在"十四五"期间深化文旅融合、持续迈向高质量发展提供有力支撑。

华中科技大学出版社一向以服务高校教学、科研为己任,重视高品质专业教材出版,"十三五"期间,在教育部高等学校旅游管理类专业教学指导委员会和全国高校旅游应用型本科院校联盟的大力支持和指导下,在全国范围内特邀中组部国家"万人计划"教学名师、近百所应用型院校旅游管理专业学科带头人、一线骨干"双师双能型"教师,以及旅游行业界精英等担任顾问和编者,组织编纂出版"高等院校应用型人才培养'十三五'规划旅游管理类系列教材"。该系列教材自出版发行以来,被全国近百所开设旅游管理类专业的院校选用,并多次再版。

为积极响应"十四五"期间我国文旅行业发展及旅游高等教育发展的新趋势,"高等院校应用型人才培养'十四五'规划旅游管理类系列教材"项目应运而生。本项目依据文旅行业最新发展和学术研究最新进展,立足旅游管理应用型人才培养特征进行整体规划,将高水平的"十三五"规划教材修订、丰富、再版,同时开发出一批教学紧缺、业界急需的教材。本项目在以下三个方面做出了创新:

一是紧扣旅游学科特色,创新教材编写理念。本套教材基于旅游高等教育发展新形势,结合新版旅游管理专业人才培养方案,遵循应用型人才培养的内在逻辑,在编写团队、编写内容与编写体例上充分彰显旅游管理应用型专业的学科优势,全面提升旅游管理专业学生的实践能力与创新能力。

二是遵循理实并重原则,构建多元化知识结构。在产教融合思想的指导下,坚持以案例为引领,同步案例与知识链接贯穿全书,增设学习目标、实训项目、本章小结、关键概念、案例解析、实训操练和相关链接等个性化模块。

三是依托资源服务平台,打造新形态立体教材。华中科技大学出版社紧抓"互联网+"时代教育需求,自主研发并上线的华中出版资源服务平台,可为本套系教材作立体化教学配套服务,既为教师教学提供便捷,提供教学计划书、教学课件、习题库、案例库、参考答案、教学视频等系列配套教学资源,又为教学管理提供便捷,构建课程开发、习题管理、学生评论、班级管理等于一体的教学生态链,真正打造了线上线下、课堂课外的新形态立体化互动教材。

本项目编委会力求通过出版一套兼具理论与实践、传承与创新、基础与前沿的精品教材,为我国加快实现旅游高等教育内涵式发展、建成世界旅游强国贡献一份力量,并诚挚邀请更多致力于中国旅游高等教育的专家学者加入我们!

华中科技大学出版社

Preface | 前 言

党的二十大报告指出："坚持以文塑旅、以旅彰文，推进文化和旅游深度融合发展。"报告中推进旅游业发展的各项重要表述，对行业起到了"强心针"和"定锚链"的作用。2024年全国旅游发展大会在北京召开，习近平总书记对旅游工作作出重要指示，改革开放特别是党的十八大以来，我国旅游发展步入快车道，形成全球最大国内旅游市场，成为国际旅游最大客源国和主要目的地，旅游业从小到大、由弱渐强，日益成为新兴的战略性支柱产业和具有显著时代特征的民生产业、幸福产业，成功走出了一条独具特色的中国旅游发展之路。习近平总书记强调，新时代新征程，旅游发展面临新机遇新挑战。要以新时代中国特色社会主义思想为指导，完整准确全面贯彻新发展理念，坚持守正创新、提质增效、融合发展，统筹政府与市场、供给与需求、保护与开发、国内与国际、发展与安全，着力完善现代旅游业体系，加快建设旅游强国，让旅游业更好服务美好生活、促进经济发展、构筑精神家园、展示中国形象、增进文明互鉴，推动旅游业高质量发展行稳致远。旅游产业以其综合性强、关联度大、开放度高等优势，已成为我国国民经济新的增长点和重要产业，在推进中国式现代化的进程上，发挥着重要的综合性作用。

随着中国旅游产业规模的扩大，我国酒店市场进入前所未有的黄金时期，迎来了空前的发展机会。酒店业是旅游业的支柱产业，培养大量具有现代经营管理理念、掌握现代酒店经营管理和技能的酒店管理人才，是应对国际酒店集团挑战和提高我国本土酒店竞争力的重要工作。

教育部制定并颁布了《旅游管理类本科专业教学质量国家标准》，"酒店管理概论"是酒店管理类专业的专业核心课程之一。在本教材编写之前，已有众多酒店管理方面的专家学者，从不同层次、不同侧面对我国的酒店管理问题进行了研究和总结。酒店业作为一个实践性非常强的行业，一方面要求管理思想、服务理念、操作流程、现代技术等的不断更新，另一方面要求管理理论与流程设计向酒店产品实体的迅速转化。这一特点要求高校酒店管理教学和教材都应与时俱进，跟上行业发展的步伐。为此，我们站在前人的肩膀上，多方借鉴，大胆探索，编成《酒店管理概论》教材，与其他同样专注于酒店管理教育的专家和同行一道，为中国的酒店管理教育和酒店人才培养贡献自己的一份力量。

本教材是辽宁省一流课程"酒店管理概论"的配套教材,也是渤海大学校级规划教材,由辽宁省本科教学名师、渤海大学旅游学院黄元春教授和朱斌教授合作编写完成。本教材的编写思想具有以下特点:

第一,教材内容具有系统性、前瞻性等特点,在系统编写酒店管理理论知识体系的基础上,增加了对酒店发展前沿问题的探索。

第二,教材具有启发性、实用性特点,教学资源丰富,除理论分析外,同时辅以课后思考题、案例分析等,激发读者的学习兴趣、扩充其知识量。

第三,教材拥有丰富的配套资源以及线上教学资源补充。有教学大纲、试题库、案例库等配套教学资源,方便教学使用。同时教学团队打造的辽宁省一流课程"酒店管理概论"已在超星平台使用多年,线上教学资源丰富。

本教材在编写过程中,参考引用了部分专家、学者的成果,并将文献目录附于书后,在此一并表示诚挚的谢意。

编　者

目 录

Contents

第一章 →

酒店概述

学习目标

1. 了解酒店的含义及功能
2. 了解酒店的特征
3. 了解酒店的分类
4. 掌握西方酒店业发展史
5. 掌握中国古代旅馆业发展史
6. 掌握中国现代酒店业发展现状

第一节 酒店的含义与功能

一、酒店的含义

"Hotel"(酒店)一词源于法语,原意是指法国贵族在乡间招待贵宾的别墅。后来欧美的酒店业沿用了这一名词。在我国,对酒店的称谓也有很多,如宾馆、饭店、酒店、度假村、饭庄、旅店、旅社、招待所、客栈等。现在,Hotel已成为一个国际性的概念,其含义也发生了深刻的变化。

酒店的定义很多,国外的一些权威词典曾对酒店有如下定义:酒店是在商业性的基础上向公众提供住宿,也往往提供膳食的建筑物(《不列颠百科全书》)。酒店是装备完好的公共住宿设施,它一般都提供膳食、酒类与饮料以及其他的服务(《美国百科全书》)。酒店是提供住宿,也经常提供膳食与某些其他服务的设施,以接待外出旅游者和非永久性居住的人(《韦氏新国际英语词典》)。

从上述定义来看,酒店必须具备如下四个条件:①它是由建筑物及装备完好的设施组成的接待场所;②它必须是通过政府批准的,能够提供住宿,也往往能够提

供餐饮或者其他服务的设施;③它的服务对象是社会公众,主要是外出旅游者,同时也包括本地永久性居民和半永久性居民以及某些特殊身份或阶层的人;④它是商业性的服务企业,以盈利为目的,其使用者需支付一定的费用。

因此,可以将酒店定义为:酒店是经政府有关部门批准的,以接待型建筑设施为依托,为社会公众提供客房、餐饮及其他服务,满足顾客物质和精神需求的综合性服务类的企业组织。

二、酒店的功能

酒店的功能是指酒店为满足顾客的需求而提供的服务所发挥的效用。酒店最基本、最传统的功能就是向顾客提供住宿和餐饮。由于客源及其需求的变化,现代酒店的功能较传统的酒店时期已有了很大发展,日益多样化,归纳起来主要体现在以下六个方面。

(一)食宿功能

这是酒店业最基本、最传统的功能。简单来说,现代旅游活动主要包括食、住、行、游、购、娱六要素,而食、住两项通常是在酒店内进行的。酒店为旅游者提供多种客房以及不同风格特色的餐厅,以清洁、舒适的环境,精美的菜点和热情、周到的服务,使旅游者在旅途中得到充分的休息,获得"家"的感受。

(二)商务功能

现代酒店一般设置商务中心,为顾客提供写字间、会议室和展览场所等空间,也为顾客提供计算机、打印机、宽带、免费Wi-Fi、国际国内直拨电话和传真等设施。顾客虽然身在酒店,却能通过现代化的通信设施直接与外界联系,从而满足顾客商务活动的需求。

(三)娱乐功能

随着收入的不断增多和生活水平的不断提高,人们对文化、娱乐、康体、休闲等精神生活的要求越来越高。现代酒店作为文化交流和社会活动的高级场所,开展健康向上的高质量的文娱体育活动,既可以满足顾客和当地公众的文化需要,又可以拓展经营范围,在获得良好社会效益的同时又能获得可观的经济效益。

(四)会议功能

酒店可为从事商业、贸易展览、科学讲座等行业的顾客提供会议、住宿、膳食和其他相关的设施与服务。酒店内常设有大小规格不等的会议室、谈判室、演讲厅、展览厅等,具有良好的隔板装置和隔音装置;有的酒店还能提供多国语言的同声翻译、举行电视会议等。

(五)就业功能

现代酒店是创造社会就业机会的重要途径。据研究,每增加1间酒店客房,可提供1.5

人的直接就业机会和2人的间接就业机会。同时,还能刺激国民经济其他部门的发展,间接地解决就业问题。

(六)形象功能

现代酒店的发展水平,标志着接待国旅游业的发展水平,也反映了一个国家国民经济的发展水平及其社会的文明程度。因此,酒店设施设备完善与否、接待水平高低、服务质量优劣,不仅影响着旅游者的旅游经历和体验,同时还影响对一个城市、一个地区,乃至一个国家的总体形象的评判。

第二节　酒店的特征

酒店的特征一般可以从企业、业务和产业三个层面加以分析。

一、酒店的企业特征

在一般意义上说,酒店是指向各类旅游者及社会公众提供住宿、餐饮、购物、娱乐等项目与服务的综合性服务类的企业组织。因此,酒店同其他企业一样,具有企业的基本特征。

(一)法人组织

法人资格和地位是企业独立性的法律保证,也是企业独立经营和独立核算的条件。法律赋予企业独立参与生产经营活动、享受权利、承担义务的资格,使其成为相对独立的经济实体,成为具有自我改造和自我发展的能力,具有一定权利和义务的法人。酒店企业必须依法独立,才能具有法人资格,成为能够独立行使法定权利和承担法律义务的社会组织。

法人是具有民事权利能力和民事行为能力,依法享有民事权利和承担民事义务的组织。即法人是一个组织,它不同于自然人,不是以生命存在为特征,而是由个人联合、集体联合或者个人与集体联合而建立起来的社会组织体。它的存在有四个条件:依法成立;有必要的财产和经费;有自己的名称、组织机构和场所;能够独立承担民事责任。法人又分为企业法人、机关法人、事业单位法人和社会团体法人四类。

(二)经济组织

酒店作为企业,是一个独立的经济组织,在取得法人资格后,应遵循等价交换原则,自主经营、自负盈亏、独立核算,通过自身的业务经营活动获取利润。因此,酒店既要不断开辟市场,广招客源,增加经营收入;同时也要加强经济核算,努力降低成本,争取利润最大化,合理分配经营成果。

(三)能动组织

酒店作为企业,是具有自主经营权的能动组织。其能动性主要体现在以下方面。

1. 经营上的自主性

经营上的自主性即具有自主决策权,包括经营决策权、产品定价权、销售权等经营自主权,确保酒店企业能够灵活地适应客源市场需求的变化。

2. 组织上的完整性

酒店拥有健全的组织体系和管理制度,以保证整个企业经营活动的正常运作。

3. 财务上的独立性

财务上的独立性是指酒店对各类生产资料和劳动力具有支配使用上的自主权,它既是酒店企业进行经营活动的条件,又是企业独立自主经营的前提和保证。

二、酒店的业务特征

酒店的业务活动与其他工商业企业不同,工业企业的业务活动主要是产品的设计、生产与销售;商业企业的业务活动主要是商品的采购与销售;而酒店企业的业务活动则是以顾客为中心的客源组织与接待服务,即主要表现为人对人、面对面的服务活动。这就决定了酒店的业务活动具有以下特征。

(一)无形性

无形性,即酒店服务表现为一个过程,最终并不形成具体的有形产品。这是酒店服务的显著特点和最基本特征。由于酒店提供的劳务服务是无形的,顾客购买酒店产品时得到的只是一定时间内对酒店服务或设备设施的使用权。从使用权的角度看,顾客购买并消费酒店产品只能得到一种主观感受和体验。消费者对服务体验做出评价,往往会以他人的意见为基础或凭借其以往的经验。因此,酒店经营人员必须比其他行业的经营人员更懂得消费者的心理,并掌握特殊的营销方法。

同时,劳务服务的无形性也决定了酒店服务没有专利权,导致了酒店服务项目革新或发展生命周期的短暂。酒店经营者必须充分认识创造特色的必要性和困难性,注重不断创新,独树一帜,以便在竞争中立于不败之地。

(二)同一性

一般商品由生产到消费要经过商业这个流通环节才能到达消费者手中。商品的生产过程与消费者的消费过程是分离的,消费者看到和感受到的只有最终产品。而酒店出售的产品却不存在这样"独立"的生产过程,酒店服务的显著特征就是"现做现卖",它受顾客即时需要的限制,生产过程和消费过程几乎同时进行,顾客不可能在购买某一项服务前进行检验或试用。服务者、顾客、设施同时出现或结合,才能生产出服务产品。例如顾客到酒店就餐,只有当顾客入座,厨师和员工才能凭借厨具、托盘、餐具等就餐工具为其服务,顾客的消费过程与厨师、员工的服务过程在时间和空间上是同步进行的,就餐结束,顾客离开餐厅,生产和消费也同时结束。

生产和消费的同一性决定了酒店企业的规模必然受到区域和市场的限制,其要求酒店必须根据目标市场的大小来确定自身的接待能力。在规划建设酒店时,必须对服务产品的生产环境和销售环境给予同等重要的考虑。同时,由于顾客与服务人员直接接触,酒店企业享有现场推销的机会,因此要求酒店服务人员同时具备服务生产和推销两种技能。一名称职的酒店服务人员既是服务员,又是推销员。

（三）不可储存性

酒店服务的不可储存性是指劳务服务的即逝性,即劳务服务不能被保存以备后用。因为酒店和一般企业不同,它是出租酒店的客房、餐厅等服务设施,同时提供服务,并不发生所有权的转让。顾客买到的只是某一段时间的使用权,而不是所有权。也就是说,某一酒店资源,如果不能在当天变为产品提供给顾客,那么这个资源的价值也就损失了。这种服务供过于求的现象,过剩的不是服务本身,而是闲置的服务生产力;反过来说,当服务供不应求时,也不能把以前闲置的资源拿出来使用。

酒店产品的价值和生产能力的不可储存性特征,要求酒店必须注重收益管理,使酒店设施的利用率与酒店的产品价格达到一个最佳的结合点。

（四）服务性

酒店出售的是一种特殊的商品,即酒店的有形设施和无形服务,也就是我们通常所说的酒店产品。因为酒店的经营活动是以租让酒店设施的使用权的形式进行的,消费只是一定时间和空间内购得床位或餐位的使用权,而无法占有它们。所以,酒店的有形设施不是能够获得所有权并可以携带移动的实物商品形态,它们实际上是酒店服务销售的辅助形态。这就决定了酒店是一个服务性质的企业,酒店产品就是服务。因此从本质上讲,酒店生产和销售的主要是无形的服务产品。

酒店产品的服务性,使酒店区别于其他生产和销售实物产品的企业。服务产品所具备的无形性、生产和消费的同时性、价值不可储存性、质量的不稳定性等特征,决定了酒店企业的经营活动不同于其他工商企业的经营管理活动。

（五）综合性

酒店是一个具有综合功能的企业。现代酒店不仅要满足顾客的住宿和饮食服务的基本要求,还必须在同一时间的不同空间里满足顾客的多种消费要求,例如,酒店服务不仅包括出租客房、清扫客房和洗衣等业务,还应满足顾客的人身和财产安全,以及休息、洗浴、阅读、书写、与外界联系、收看广播和电视等其他要求。因此,现代酒店是向顾客提供住、食、行、乐等方面服务的综合性企业。

现代酒店服务功能的综合性,要求一流水准的大型酒店,必须拥有综合性的设施、设备及组织上的辅助手段。首先酒店要有舒适安全并具有吸引力的客房,能够提供地方特色的美味佳肴的餐厅;其次酒店要有商业会议厅、贸易洽谈室和各种现代化的会议设备和通讯系

5

统;同时应当具备康乐中心、健身房、商品部、礼品部、银行、邮局以及包括电传、打字和复印等业务的商务中心等。

三、酒店的产业特征

由于酒店是以顾客为中心,以提供劳务为主的服务型企业,因此酒店产业具有以下几个显著的特征。

(一)高竞争度产业

市场供求关系决定酒店的竞争关系,而进入和退出壁垒则决定了酒店竞争的强度。酒店是高度市场化的企业,基本上没有进入壁垒,但酒店本身的建筑和设施专用性强的特性导致其退出具有较高的壁垒,这就决定了酒店业的高竞争度。同时,酒店业又是对外开放的产业,这就决定了酒店业必然存在着国内市场国际化、国际竞争国内化的竞争现实。

(二)高敏感度产业

酒店业是一个综合性的产业,其业务活动受到多种因素的制约。同时,酒店需求又是一种派生需求,其对外部条件具有很强的依赖性。从客观层面来讲,有四大基本因素:一是社会政治因素,即国家的政策、社会秩序、外交关系等;二是文化因素,即文化、舆论等影响因素;三是经济因素,即商品经济的发展程度、国民经济的发展水平和人们的消费能力等;四是旅游资源的吸引力及季节性等影响因素。上述四个因素是不断变化的,而它们的变化将直接影响酒店的业务经营,所以酒店业务经营活动必然具有较大的波动性。这就要求酒店管理者对客观环境保持高度敏感,对环境变化做出快速反应,以减少酒店经营的风险。

(三)劳动密集型产业

酒店是以手工劳动为基础的产业,酒店服务的特点是直接面向顾客提供服务,要保证酒店业务的正常运行并保持较高的服务质量,就必须有足够的人力资源作保障。因而,一方面,酒店往往成为解决社会就业的主要途径;另一方面,有效控制人工成本又是酒店经营的重大课题。

(四)高文化性产业

酒店业是创造快乐的产业。消费者到酒店消费,与其说是来住宿、吃饭、娱乐,还不如说是来寻求一种享受的经历。顾客是否满意,主要依据其对酒店服务的一种主观印象和感受。随着社会经济的发展,人们对酒店的需求由简单的生理需求逐渐发展到高层次的文化享受和心理上的满足。同时,酒店之间的竞争也由低层次的价格竞争逐步走向高层次的质量和品牌的竞争。因此,酒店的氛围和品位就显得十分重要,这也使得酒店的业务经营呈现明显的文化特性。酒店的文化特性主要体现在有形的物质文化和无形的精神文化两个方面。有形的物质文化主要表现为具有文化艺术氛围的建筑造型、功能设计、装饰风格和特色菜肴等物质产品。无形的精神文化则主要表现为服务活动中的思想意识,服务中所倡导的生活理念和消费方式,以及经营活动中的经营文化和管理文化等。

第三节　酒店的类型与等级

一、酒店的类型

根据不同方式进行分类,世界各地的酒店通常可以分为以下几种基本类型。

(一)根据顾客特点及用途分类

1.商务型酒店

商务型酒店也称暂住型酒店,以接待商务顾客为主,一般认为商务顾客的比例不低于70%。此类酒店多位于城市的中心地区,交通便利、装修华丽、设施设备先进,且通常设有商务中心、各类会议厅、宴会厅等,还设有商务套房及行政楼层。特别是商务所需的设备设施一应俱全,如计算机、直拨电话、传真、秘书服务等。另外配备健身房和游泳池等康乐设施。

2.长住型酒店

长住型酒店是为长住顾客提供住宿、饮食服务的酒店。长住型酒店与顾客之间有着一种不同于其他类型酒店与顾客间的法律关系,这类酒店要求长住顾客签订一项协议书或合同,注明居住的时间和服务项目。长住型酒店的建筑布局与公寓相似但又有区别,客房多采用家庭式布局,以套房为主,配备适合顾客长住的家具和电器设备,通常都有厨房设备供顾客自理饮食。这类酒店一般只提供住宿、餐饮等基本服务,但服务讲究家庭式氛围,其组织、设施、管理较其他类型酒店更简单。许多公司会在酒店租用房间作为办公室地点和场所,租用时长一般在半年或一年以上。另一种长住型酒店只提供住宿,而不提供专门的餐饮服务,其客房由几个房间组成套房,具备生活设施,因不提供日常的酒店服务,收费比较便宜。

3.度假型酒店

度假型酒店主要是为度假顾客提供住宿、饮食、娱乐和各种交际活动的一种酒店类型。此类酒店一般位于海滨、山区、海岛、森林和温泉附近,自然环境优美、气候宜人,且交通非常方便。通常会开设各种娱乐体育项目来吸引顾客,如滑雪、骑马、狩猎、垂钓、划船、潜水、冲浪、高尔夫球、网球等。因此,这些度假地区及活动的吸引力的强弱是一个度假型酒店能否成功的关键。度假型酒店除了提供一般酒店的常规服务项目,最突出、最主要的特色项目是设施比较齐全的康乐中心,例如保龄球、网球、游泳池、酒吧、卡拉OK、水上游艇、碰碰船、电子游戏等。顾客在享受舒适服务的同时,还可以尽情欣赏大自然的景色。如夏威夷希尔顿度假村、中国三亚的凯莱度假酒店等都是典型的度假型酒店。

此外,疗养型酒店也属于度假型酒店。其以现代康复疗养为主要服务内容,使人们在繁

重的工作之余得以修身养性。

近年来,许多酒店业发达的国家已出现度假型与商务型相结合的酒店。在度假型酒店里增设商务会议设施,成为当代酒店业新的发展趋势。如美国圣地亚哥的科罗拉多大酒店,我国深圳香蜜湖度假村、上海怡沁园度假村均属于度假与商务相结合的酒店。

4.会议型酒店

会议型酒店的主要接待对象是各种会议团体,通常设在大都市和政治、经济中心,或交通方便的游览胜地。会议型酒店除了必须具备投影仪、录放像设备、扩音设备、先进的通信设备、视听设备等现代化的会议设备设施,还应具备相应的住宿和餐饮设施以及训练有素的会议服务专业人员。这类酒店的特点是服务周到、专业性强、效率高。例如,湖南国际会展中心的附属五星级酒店就属于会议型酒店。

5.青年旅馆

青年旅馆主要是为青年学生或"背包旅行者"提供住宿和自助式餐饮的酒店。其主要设施为上下铺的高低床,楼层有公共洗手间和浴室,另外有少量的付费洗衣机及炉具等。公共设施条件相对简陋,但因收费低,所以深受旅行的青年学生及"背包旅行者"的欢迎。

6.汽车酒店

汽车酒店又称公路酒店,是随着私人汽车增多与高速公路网建成而逐渐产生的一种新型住宿设施,常见于欧美国家公路干线上。此类酒店早期设施简单、规模较小,多数仅有客房而无餐厅、酒吧,以接待驾车旅行者投宿为主。区别于一般酒店,汽车酒店建有规模较大的停车场,且价格便宜,多采用自动化服务。近年来,许多汽车酒店逐渐向市区发展,酒店设施也日趋豪华、完善,不仅提供客房和餐饮服务设施,有的还增加了洗衣服务、会议室、舞厅、球场等现代化的综合服务设施,使得它与商务酒店难以分辨。

(二)根据酒店市场分类

1.精品酒店

精品酒店于20世纪80年代出现在美国等西方国家,世界精品酒店组织对其做出了这样的描述:精品酒店通常形容亲密、奢华或者特别的酒店环境。精品酒店与其他大型连锁、品牌酒店及汽车酒店的区别在于,它能够提供特殊、贴心而个性化的住宿服务和设施。它通常是一种小规模的酒店类型,能够提供更加优质的服务,市场对象是追求时尚生活方式的富裕一族。精品酒店强调通过精致的设施和优雅的环境塑造出尊贵品位和文化氛围,以提供高品质的个性化服务为顾客营造一种家的感觉和精致的生活家园为经营理念。大多数专家和学者对精品酒店较为一致的认同是:独特的外观建筑,精巧的室内装饰,浓厚的文化氛围,高雅的品位格调,较小的经营规模,贴身的个性服务,昂贵的服务价格,特定的消费群体。

精品酒店在装饰环境上,强调"小而精致"。其客房数量不多,但内部装修极其豪华,别具特色。在服务方面,精品酒店采用的是管家式服务,服务人员与客房的比例是3:1,甚至是

4:1;而在星级酒店,这个比例通常是1:1,最多是2:1。这类酒店面向的客户群体是高收入、高品位的极少部分人群。

2. 豪华酒店

豪华酒店一般是指四星级及以上的星级酒店。此类酒店设备豪华,各种服务齐全,设施完善,服务质量优秀,室内环境高雅,设有多种餐厅和宴会厅,有较齐全的健身娱乐设施和服务项目。在《旅游饭店星级的划分与评定》(GB/T 14308—2023)中,把四星、五星酒店定义为"完全服务"酒店。顾客可以在此得到物质、精神的高级享受。

3. 经济型酒店

经济型酒店也称为有限服务酒店,是区别于传统的全服务酒店的一种酒店业态,主要特点是经济、简约。经济型酒店最早出现在20世纪50年代的美国,目前在欧美国家已相当成熟。它是以中低收入消费者为对象,以经济的价格、中档的设施、优质的服务和整洁卫生的环境呈现给消费者的非奢华酒店。我国经济型酒店一般能够满足消费者基本的住宿要求,房间数量在120—150间左右。

4. 公寓式酒店和酒店式公寓

公寓式酒店是指按公寓式(单元式)分隔出租的酒店,其软硬件配套设施都是按照酒店标准来配置,且纳入酒店行业管理的非住宅性酒店类物业。酒店式公寓是指既可短期或长期租赁,又兼备有酒店式房间服务的居所,使住客在拥有私人公寓的私密性和生活风格的同时又能享受酒店的专业服务。尤其是它向住客提供家庭式的居住布局、家居式的服务和硬件配套设施,真正使住客实现宾至如归的感觉。公寓式酒店本质上是酒店类物业,整个物业只能由机构或公司进行投资再交由一家专业酒店公司进行管理,其产权属于机构或公司,因此公寓式酒店不能将客房分割出售给个人。而酒店式公寓可拥有个人产权,可以居住、出租或转售。此类房子往往集中在一个或几个单体建筑内,便于某家机构或公司采用酒店服务方式进行统一管理,所以这种管理方式称为"酒店式"。

5. 主题酒店

主题酒店是舶来品,在国外仅仅是独特概念酒店中的一种。独特概念酒店主要包括主题酒店、设计酒店、生活方式酒店、精品酒店、联合品牌酒店、优质服务酒店等。

主题酒店是以某一文化为主题或者说是以某一主题文化为主题的酒店。主题意味着必须有明确的、带有鲜明市场形象和品牌的东西,通过不同主题的营建、塑造,确定酒店经营的主要方向,提供有针对性的产品,从而吸引目标消费群体。由于主题酒店的主题内容广泛,选择的主题不同,对主题酒店的认识也会有所不同。主题酒店的本质特征可归纳为差异性、文化性、体验性。主题酒店一定是特色酒店,但特色酒店不一定是主题酒店。

(三)根据酒店计价方式分类

1. 欧式计价酒店

欧式计价酒店指客房价格仅包括客房住宿费,不含食品、饮料等其他费用。国际上大多

数酒店都采用这一形式。

2.美式计价酒店

美式计价酒店指客房价格包括早、中、晚三餐费用,即"全包餐"形式。美式计价形式曾一度被几乎所有度假型酒店采用。但随着交通的发展,旅客流动性增强,美式计价形式逐渐被淘汰,只有地处偏远的度假酒店及会议中心仍然使用美式计价形式。

3.修正美式计价酒店

修正美式计价酒店指客房价格包括房租和早餐以及一顿正餐(午餐或晚餐)的费用。这种计价形式既让顾客有安排白天活动的自由,又可以为酒店继续保留提供正餐所带来的良好效益。

4.欧陆式计价酒店

欧陆式计价酒店的房价中包括房租及一份欧陆式早餐。欧陆式早餐一般仅提供咖啡、面包及果汁。

5.百慕大计价酒店

百慕大计价酒店的房价中包括房租及一份丰富的美式早餐。

(四)根据设施规模分类

酒店规模的大小划分没有明确的规定,按照国际上通行的相关标准,主要是根据房间数的多少来划分。

1.小型酒店

客房数在300间以下的为小型酒店。

2.中型酒店

客房数在300—600间的为中型酒店。

3.大型酒店

客房数在600间以上的为大型酒店。

(五)根据酒店的建筑投资费用分类

1.中低档酒店

根据国际酒店建筑投资标准,中低档酒店一般每个标准间的建筑投资为2万—4万美元,其中包括建筑材料、室内装饰、各种设备、用具、陈设的费用;另外也包括建造中所需的各种技术、人员训练费用等。中低档酒店的标准间建筑面积①为25 m²。

2.中档或中档偏上等级的酒店

中档或中档偏上等级的酒店一般每个标准间的建筑投资为4万—6万美元,费用构成与

① 酒店建筑面积,除客房的面积,走廊、楼梯、电梯约占客房建筑面积的25%。

中低档酒店类似。其标准间建筑面积为 36 m²，客房室内设备包括：较为舒适的卫生间，室内陈设的沙发、写字台、彩色电视机、音响系统、中央空调系统、壁画等，所有用具均采用优质品牌产品。

3. 豪华级酒店

豪华级酒店一般每个标准间的建筑投资为 8 万—10 万美元，其中包括建筑材料、室内装修、大厅、走廊、公共康乐中心、健身设施、管理设施、音响设备、室内陈设、用具的费用以及各种技术、人员训练的费用等。豪华级酒店的标准间建筑面积为 47 m²。

(六) 新型酒店

1. 分时度假型酒店

分时度假型酒店开始是人们在度假地购买房产时，只购买部分时段的产权，几个住户共同拥有一处房产，共同维护、分时使用的度假形式。后来逐渐演变成每户在每年只拥有某一时段的度假地房产使用权，并且可以通过交换系统对不同房产的使用权进行交换。分时度假是一种将酒店业、房地产业、游览观光业以及其他相关行业完美结合的边缘性行业，也因此成为现时全球旅游业增长最快的细分行业。国际上比较通用的惯例是将一处酒店客房的使用期分为 52 周，将 52 周中的 51 周分时销售给顾客，约定的时间不等。分时度假概念具有两重含义：一是分时使用权，二是度假时段的交换；它引入时空经济学原理，对旅游业、房地产业、金融资源进行整合，扩大了资源边际效用，实现了资源共享。

20 世纪 60 年代的欧洲，度假风气兴盛，法国地中海沿岸开发了大量海滨别墅，成为欧洲乃至世界的休闲度假中心。由于房产价格高昂，多数家庭无力单独购买度假别墅，而部分有能力购买别墅的用户，每年的使用时间非常有限，房产空置率很高，所以出现了亲朋好友联合购买一幢度假别墅供大家不同时间分别使用的情况，最早的分时度假概念由此产生。法国阿尔卑斯山地区的滑雪度假地首先以分时销售的方式招揽客户，标志着分时度假产品的开始。分时度假自 20 世纪 60 年代问世于法国以来，在世界范围内得到迅速发展，成为风靡世界的休闲旅游度假方式。70 年代中期，美国泡沫经济造成了大量房地产积压，为处理房间空置，充分盘活闲置房产，美国从欧洲引入分时度假概念，取得了巨大成功。1974 年、1976 年全球两家最大的分时度假交换公司 RCI(Resort Condominiums International)和 II(Interval Interational)在美国成立，以及 1984 年以后 Marriott Cendant、Hiltion 和 Disney 等世界著名酒店连锁集团及休闲娱乐企业的加入，逐步确立了美国在全球分时度假业的龙头地位。1977 年美国 95% 以上的度假物业是由其他房地产开发项目改造过来的，美国已成为世界上分时度假产业最发达的国家。20 世纪 80 年代，分时度假交换的概念从美国传播至英国和西班牙，进而至欧洲大部分国家。1999 年 5 月，RCI 欧洲分公司完成对点数制网络的测试，并于 2001 年前后将其推向全球。

近年来，分时度假模式在我国也迅速发展。主要原因在于，人们生活水平提高，对文化与休闲产品的需求日趋增长；法定节假日达 13 天/年，休假制度相继出台，度假市场已经形

成,经济的出行方式是必然选择;社会经济高速发展,商务活动日趋频繁,商务旅行急剧增长,企业希望降低商务住宿费用;酒店业超常规发展,酒店空房率高,资源浪费严重;一些地区房地产积压严重,急需寻找处置盘活的有效途径;全国出现许多家产权酒店,需要进行整合营销,为业主提供度假权益交换;酒店市场需要解决旅游供求结构性矛盾的商业模式。分时度假则为以上问题提供了较好的解决途径,销售"分时度假"的公司越来越多。但由于国内对分时度假了解不多,加之法律和相关的监管体系还没有建立,致使针对"分时度假"的投诉、举报此起彼伏,涉及"分时度假"的仲裁、诉讼官司接连不断。因此,国家有关职能部门应重视分时度假经销的混乱现状,尽快为分时度假行业确立主管部门、出台相关法律法规,以便更好地促进这个行业规范、健康地发展,保障消费者的合法权益。

2. 产权式酒店

产权式酒店,是将酒店产权分散给多个业主,业主可以自用,也可以委托酒店管理公司经营,享受与酒店管理公司约定的固定回报,这种酒店的每一个客房都各有独立的产权,投资者可以如同购买住房一样投资置业,也可以从经营利润中分红,其实质就是"分时度假+房产投资"。它将酒店的每一单位分别出售给投资人,投资人再委托酒店管理公司经营或分时度假网络管理,获得一定的投资回报。由于客房年度利润分红足以抵消分期付款的费用,还有可观的盈余,经营有方的酒店通常还可带来物业的增值效应。一般情况下,投资人拥有该酒店每年一定时间段的免费居住权,可以作为一般投资者在郊区的第二居所或企事业单位的度假基地。

产权式酒店实际上为酒店起到了一个组合投资的作用。首先投资者获得的是明确界定的产权;其次,其产权除了单独界定的酒店中的某间客房外,还包括酒店统一提供的各种配套服务设施的享用权;第三,投资者不用承担酒店经营的风险,也不享有类似股东的权益。对酒店投资者来讲,产权式酒店是一种风险小、回报稳定的投资方式,有明确的产权界定作为投资凭证,具有很强的稳定性和地值预期;对酒店业来讲,产权式酒店为直接融资开辟了新的渠道,是实施滚动发展的有效措施;对当地政府来讲,增加了新的税源。

产权式酒店源于20世纪70年代的欧洲,近年来这种经营和投资方式,为越来越多的投资者认识和接受,在世界范围的旅游城市已迅速发展起来。资料表明,1995年全球81个国家4000个旅游景点,有35万个家庭购置了产权式酒店,90年代初,全球产权式酒店销售收入达40亿美元,到1999年,就有540万个家庭参与了分时度假网络,全球分时度假物业销售额达到67.2亿美元。这十年来,全世界产权式酒店每年平均以15%以上的速度递增,2004年全球产权式酒店的销售额已达到300亿美元。

20世纪末,产权式酒店进入中国,北京、海南、秦皇岛、大连、青岛、深圳、南京等地陆续出现大批产权式酒店。国内发展产权式酒店的市场消费潜力大,市场氛围已经形成,一方面旅游度假区随着国内旅游消费能力的提高而逐步形成气候,另一方面分时度假概念逐步被人们接受。但国内市场的制度、法规和秩序仍有待规范,顾客投资产权式酒店的信心和安全感也来源于此,而且国内分时度假体系还不够成熟,如全球最大的分时度假交换公司RCI在中国的成员酒店仍不够充足。同"分时度假"酒店的发展一样,国家应当制定相关的法律法规,尽快为产权式酒店提供良好的发展环境,以更好地促进这个新兴行业规范、健康地发展。

3. 智慧酒店

随着科技的快速发展,智慧酒店的建设不断推进,酒店行业中产生了无人酒店。借助科技的手段,酒店不需要工作人员就能为顾客提供全方位的酒店服务,而且更加高效、安全、舒适。

2018年,阿里的FlyZoo Hotel酒店在杭州开业,这是全球第一家支持全场景刷脸住宿的酒店,其包含全流程的智慧服务。在阿里无人酒店,客人在App上办理登记后,可以直接在线选房,甚至选床。当客人到达酒店时,无人酒店大堂负责接待的是一个身高不到1米的小机器人天猫精灵"福袋",负责迎宾、指引,顾客可在手机上凭电子身份证或人脸识别技术自助办理入住。传统酒店与无人酒店的比较如表1-1所示。

表1-1 传统酒店与无人酒店的比较

项目比较	传统酒店	无人酒店
预订	电话、互联网等	手机、互联网
客人入住	人工、设备	手机
酒店问讯	人工、设备	机器人
电梯、房间打开	人工	刷脸
房间设备使用	人工	刷脸
酒店用餐、康乐	电话、互联网	机器人
客人结账离店	酒店前台确认账单办理	客人手机确认自助办理

无人酒店颠覆了传统酒店业劳动密集的特点,通过科技智能来替换人工,节约人力成本,提高工作效率。但如果酒店系统出错也会带来不可预测的后果,科技产品的后期维护也是一个大问题。目前无人酒店仍处于探索阶段,大多数酒店只是运用智能科技实现酒店居住空间的智能化,所谓的"无人"也还停留在基础服务上,无法应对不同特质的客人的不同需求。酒店最重要的是为客人提供温馨的服务体验,充满高科技机器人的无人酒店该如何为顾客提供个性化、温暖的服务体验还需要探索,无人酒店未来的发展仍然充满挑战。

4. 康养酒店

随着人们生活水平的提高,以及老龄化社会的到来,人们对健康、养老的需求越来越大,这种需求与旅游的结合,就形成当今的康养旅游。康养旅游经济在全球,尤其是亚太地区和中国发展迅速。康养概念在高档酒店开发中越来越成熟,万豪、希尔顿和温德姆等全球大型酒店集团近几年不断推出新的举措,将康养概念融入客户住宿体验,为客户提供特别设置的健身客房、养生菜单,组织身体训练和精神修炼课程、烹饪课程、研讨会等。

2018年,健康旅游协会更新了对"康养中心"的定义,指出一个康养中心至少应包含四个要素:住宿服务设施、与康养相关的活动组织、与康养相关的餐饮选择、与康养相关的硬件设施,这为康养酒店的发展提供了重要依据。康养酒店主要包含以下四种业态。

(1)以精神健康和休养为核心的康养酒店。酒店内提供专家指导的课程和活动,如瑜伽、心理解压等。

(2)融合传统医疗和现代诊疗技术的康养酒店。对客户在短期住宿期间提供全面身体检查、定制短期可量化身体健康指数的训练计划。此类酒店主要针对亚健康人群,以预防疾病和养生为目的的客户群。

(3)将SPA、饮食调养、户外运动融合的三位一体的康养酒店。主要针对以身心放松、休闲度假为目的的客户群。

(4)以美体美容为核心的康养酒店。酒店主要提供皮肤、身体塑形类相关的项目,有时间短、见效快和表层性修复等特点,应与医院和专业美容院提供的全方位深度理疗项目相区别。

5.绿色酒店

坚持绿色发展,必须坚持节约资源和保护环境的基本国策,坚持可持续发展,坚定不移走生产发展、生活富裕、生态良好的文明发展道路,加快建设资源节约型、环境友好型社会,形成人与自然和谐发展的现代化建设新格局,推进美丽中国建设,为全球生态安全做出新贡献。

习近平总书记曾在不同场合多次阐述绿色发展观的深刻内涵,如"坚持绿色发展是发展观的一场深刻革命"(习近平总书记在山西考察工作时的讲话,人民日报,2017年6月24日),"要坚持和贯彻新发展理念,正确处理经济发展和生态环境保护的关系,像保护眼睛一样保护生态环境,像对待生命一样对待生态环境,坚决摒弃损害甚至破坏生态环境的发展模式,坚决摒弃以牺牲生态环境换取一时一地经济增长的做法"(习近平总书记在十八届中共中央政治局第四十一次集体学习时的讲话,2017年5月26日)。党的十八届五中全会把绿色发展作为我国今后经济社会发展的重要引领,党的十九大谋划了我国生态文明建设和绿色发展的路线图,要求推进绿色发展,加快建立绿色生产和消费的法律制度和政策导向,建立健全绿色低碳循环发展的经济体系,践行绿水青山就是金山银山的理念。党的二十大报告提出要推动绿色发展,促进人与自然和谐共生。因此,我国酒店业应深刻学习和领会习近平总书记对绿色发展观的重要阐述和对企业发展观的重要理论指导,充分认识到绿色发展观的重大意义,全力提高酒店业全体员工对绿色发展观的认识,正确树立企业的绿色经营管理理念,认识到企业实行绿色管理的重要性。

绿色酒店即生态效益型酒店,是指能为社会提供舒适、安全、有利于人体健康的产品,并且在整个经营过程中,以一种对社会、对环境负责的态度,坚持合理利用资源,保护生态环境的酒店。面对日益扩大的绿色市场和日益增长的绿色旅游需求,酒店业应树立绿色经营管理理念,广泛应用绿色科技,定位绿色市场,开发绿色产品,开展绿色营销,建设绿色酒店。

酒店的绿色营销管理是一项系统工程,其途径主要有:树立酒店的绿色形象,如绿色产品形象、绿色员工形象;做好绿色培训,如绿色计划制订、绿色能力训练;开发绿色产品,如绿色客房、绿色餐厅;加强绿色沟通,如绿色广告、绿色公关;坚持6R绿色行动原则,如减量化原则(Reducing)、再使用原则(Reusing)、替代原则(Replacing)、循环使用原则(Recycling)、研究原则(Research)、保护原则(Reserve)等。

二、酒店的等级

酒店等级是指一家酒店的豪华程度、设施设备水平、服务范围、服务质量的级别。国际上采用的酒店等级制度与表示方法大致有以下几种。

（一）星级制

星级制是把酒店根据一定标准分成的等级分别用星号(★)表示出来,以区别其等级的制度。比较流行的是五星级别,星越多,等级越高。这种星级制在世界上,尤其是欧洲,采用最为广泛。

（二）字母表示法

许多国家将酒店的等级用英文字母表示,即A、B、C、D、E,共5级,A为最高级,E为最低级。有些国家,虽分5级但只用A、B、C、D四个字母,最高级用"A_1"或"特别豪华"来表示。

（三）数字表示法

用数字表示酒店的等级,一般以"豪华"代表最高级,继豪华之后分别用数字1、2、3、4表示其他等级,数字越大,等级越低。

（四）其他分类

除上述等级表示方法外,还有价格表示法、以类代等法等不同的表示酒店等级的方法。等级制度的划分是一件十分严肃的事情,一般由国家政府或权威机构做出评定。但不同的国家或地区评定酒店的机构不完全相同(如表1-2所示)。国外比较多的是由国家政府部门和酒店企业或旅游业的协会共同评定,也有一些地方由几个国家的酒店协会联合制定统一的标准,共同评定。我国酒店等级的评定,主要由国家主管旅游业的职能部门国家文化和旅游部,根据各自所管理监督的范围进行评定,有一套完备的申请、调查、复查和抽查的鉴定程序。

表1-2　世界部分国家酒店等级评定情况

国家及地区	酒店等级名称	酒店等级评定机构
中国	五星、四星、三星、二星、一星	中华人民共和国文化和旅游部
美国	五星、四星、三星、二星、一星 5颗钻、4颗钻、3颗钻、2颗钻、1颗钻	美孚石油公司 美国汽车协会
欧洲	五星、四星、三星、二星、一星	英国汽车协会

续表

国家及地区	酒店等级名称	酒店等级评定机构
阿根廷	特别豪华、A、B、C、D	政府
奥地利	A_1、A、B、C、D	酒店协会
加蓬	豪华、舒适、现代化	酒店协会
希腊	A、B、C、D、E	政府
伊朗	豪华、四星、三星、二星、一星	政府
爱尔兰	A_1、A、B、BC、C、D	政府
以色列	五星、四星、三星、二星、一星	政府和酒店协会
意大利	豪华、第一、第二、第三、第四	政府
挪威	乡村、市镇、山区、观光	政府
葡萄牙	观光、商业	政府

第四节　酒店业发展史

一、西方酒店业发展史

（一）客栈时期

住宿设施的历史可以追溯到很久远的时代，据说在古希腊和古罗马时代就已出现。埃及古墓的图画中显示，在意大利南部旅游胜地庞贝和黑古拉宁，都留存着几千年以前的客栈遗迹。当时的客栈往往是由奴隶和战俘从事管理和劳作的。古代经商者组成的骆驼队或其他形式的商队，都住在沿途各国为保护商队而修建的客栈里。

在西方，客栈时期一般是指12世纪到18世纪之间这段漫长的历史时期。客栈作为一种住宿设施虽然早已存在，但其真正流行是在15世纪到18世纪期间，以英国客栈最为著称。

早期的英国客栈多设在乡间和小镇，随着公共马车的出现，每隔10到15英里（1英里≈1609.34米）的车站旁就设有客栈。从设施上讲，客栈规模较小，设备简陋，住宿设施主要是一幢大房子，内有几间房间，每个房间摆一些床；从服务上讲，顾客在客栈往往挤在一起睡觉，吃食也是和主人吃的差不多的家常饭。

后期的英国客栈有了很大的改善。到了15世纪，有些客栈已拥有20间到30间客房，当时比较好的客栈通常配有酒窖、食品室和厨房，还有供店主及管马人用的房间。许多古老客栈还拥有花园草坪，以及带有壁炉的宴会厅和舞厅。此时的英国客栈已成为人们聚会交往、交流信息的主要场所。实际上，在18世纪，世界许多地方的客栈不仅仅是过路人寄宿的地方，甚至已成为当地的社会、政治与商业活动的中心。

客栈时期经历的时间较长,总的说来有以下特点:①客栈经营规模小、独立;②客栈设施简陋,仅提供基本食宿;③服务项目少,质量差,安全性低。

(二)大酒店时期

大酒店时期又称豪华酒店时期。19世纪中叶,欧洲大陆上出现了许多以"酒店"命名的住宿设施。该时期的酒店,以昔日王公贵族上流社会的生活方式为样板,无论是豪华的建筑外形,还是高雅的内部装修,奢华的设备、精美的餐具,还是服务和用餐的各种规定形式,都是王公贵族生活方式商业化的结果。与其说酒店是为了向旅游者提供食宿,不如说是为了向他们提供奢侈的享受。所以人们称这段时期为"豪华酒店时期"。

一般认为,欧洲第一个真正可称为酒店的住宿设施是在德国的巴登-巴登建起的der badische Hof(巴典国别墅)。此酒店有带廊柱的大门厅,还有许多大小不一的厅堂,有一个带楼厅与活动舞台的音乐娱乐厅,有一个装饰幽雅的大餐厅,有许多通风良好的客房和宽敞精美的罗马式浴池。酒店附设马厩、带游廊的花园、温室、喷泉和其他豪华的设施。

随后,欧洲许多国家大兴土木争相修建豪华酒店。当时颇有代表性的酒店有1850年在巴黎建成的巴黎大饭店,1874年在柏林开业的凯撒大饭店,1876年在法兰克福开业的法兰克福大酒店和1889年在伦敦开业的萨沃伊酒店等。19世纪末20世纪初,美国也出现了一些豪华酒店,其中有些酒店,如纽约的广场酒店,至今仍称得上是美国一流的酒店。大酒店时期的代表人物是凯撒·里兹(Cesar Ritz),他提出了"客人永远不会错"的观点,极力倡导以满足顾客欲望和提供优质服务为酒店企业管理的根本出发点,并在实践中加以运用。里兹开办的酒店,可以说是豪华酒店时期最有代表性的酒店。他建造、经营的酒店及他本人的名字都成为当时最豪华、最高级、最时髦的代名词。

豪华酒店与以往的客栈有许多根本的区别。豪华酒店大多是建在繁华的大都市,规模宏大,建筑与设施豪华、装饰讲究,供应精美的食物,布置高档的家具摆设,许多豪华酒店还成为当代世界建筑艺术的珍品。

大酒店时期酒店的主要特点包括:①酒店企业规模较大,设备豪华,服务设施齐全,室内环境和布局装潢讲求艺术性,生活用品舒适完善;②豪华酒店的接待对象主要是王室、贵族和官宦,为满足他们的虚荣心理和奢华需求,豪华酒店管理十分重视服务质量和服务技巧;③酒店投资者投资的动机是享有较高的社会地位,建造酒店的目的并非完全为追逐利润。

(三)商业酒店时期

商业酒店时期,大约从20世纪初至20世纪50年代。美国的埃乌斯沃思·斯塔特勒被公认为商业酒店的创始人。1908年,他在美国巴法罗建造了第一个由他亲自设计并用他的名字命名的斯塔特勒酒店。该酒店拥有300间客房,是全美国第一家全部客房附有卫生间的酒店,每间客房房价仅为1美元50美分。同时,在设施上有许多新的创造,如一间客房有一部电话,电灯开关安在屋门旁边,门锁与门把手装在一起等。他的酒店还设有自动冰水供应、送饭上门等服务项目。斯塔特勒提出了酒店经营成功的根本要素是"地点、地点、地点"的原则,其创建的酒店被誉为现代商业酒店的里程碑。

和以往住宿设施相比,商业酒店时期酒店的主要特点是:①商业酒店的服务对象是一般的平民,主要是从事商务活动的旅游者。它的设施与服务项目讲求舒适方便、清洁、安全与实用。②实行低价格政策,顾客感到价格合理,物有所值。③商业酒店时期酒店经营者与拥有者逐渐分离,经营者以盈利为目的。经营根本是尽可能地改善经营管理,降低经营费用,薄利多销,以获得最佳利润。

（四）现代酒店时期

从20世纪50年代至今为现代酒店时期。这是社会生产力高度发展,社会消费结构深刻变化,国际旅游活动"大众化""普及化"的必然结果。这一时期,兴起了大量的新型酒店,其规模、数量、功能、豪华程度大大超过了传统酒店。一些有实力的酒店管理公司,以签订管理合同、特许经营等形式,进行国内甚至跨国的连锁经营。现代新型酒店主要布局在城市中心、旅游胜地、公路边、机场附近等地方,主要面向大众旅游市场。其特点是规模不断扩大,连锁经营的酒店占据越来越大的市场;类型多样化,开发了各种类型的住宿设施;服务综合性强,提供住、食、旅游、通信、商务、康乐、购物等多种服务。

二、中国酒店业的发展

（一）中国古代旅馆业的发展

中国古代旅馆时期是指从公元前12世纪的殷商时代到1840年鸦片战争这段漫长的历史时期。

1. 中国古代旅馆设施技术

从旅行中食宿消费的最基本需求出发,古代旅馆中的食宿接待,需要三项最基本的技术:①备宿技术,满足住宿需求;②供膳技术,满足饮食需求;③保安技术,满足安全需求。

事实上,原始形态的中国古代旅馆技术,正是围绕这三个方面逐步形成和发展起来的。旅馆的出现与发展,促进了这三项技术的发展;而三项技术的发展,也促使中国古代旅馆活动得以在社会经济活动中立足与发展,并成为区别于其他部门和职业的专门行业活动。

对中国古代旅馆的形成影响最大的备宿技术是房屋建筑和家具制作。中国古代很早就有了比较先进的房屋建筑技术。7000多年前的河姆渡文化遗址,就发现有干栏式房屋建筑（一种用木桩架空坪板的木结构房屋）。夏时房屋建筑技术,已相当成熟,商周时已达很高水平。家具制作技术最早在备宿方面的应用,体现在卧具的发明和使用。1957年,河南信阳第一号楚墓出土了战国时期的一张实物床,与现今所使用的木制床大体相同。可见床的形制,至少在战国时期已基本定型。先秦以前,床卧具的出现,为当时旅馆提供备宿服务产品创造了可能的条件。

与中国古代旅馆供膳活动关系最大的供膳技术,主要包括食物生产、食物储存和食物加工。在食物生产方面,我国栽培稻谷已有7000年以上的历史。河姆渡遗址发现有大量水陆生长的果实以及外壁刻猪纹图像的陶钵,说明当时各种植物的采集、生产和猪的饲养已出现。

在食物储存方面,盛物的陶器在黄帝、尧、舜时期就由手工制作转向轮制,以黑陶文化著称的龙山文化就产生于夏代。到了商代,食物盛器已出现觚、爵、尊、鼎、鬲、簋等青铜器件,并在器型上日趋完善与配套。

在食物加工方面,中国古代的烹饪技术就已十分发达。由黄帝时的明火烧烤、石热泥焖等原始烹饪技术,发展到夏商的水煮汽蒸等系列烹饪方法。商代以前,人们制作菜肴主要靠水煮盐拌,缺乏常用的调味品。到商代,随着食物种类和调味品的增多,烹调技术大为提高。

与旅行者旅途住宿安全相关的古代旅馆保安技术,除了体现在房屋的建筑外,在住宿场所的选址、顾客身份验鉴上都有所反映。

《左传》中写道"缮完葺墙,以待宾客",修缮加高墙垣,可以接待顾客。有的馆舍还在墙外挖壕设堑,加以防备。白天设明岗,夜晚伏暗哨,巡夜人敲打竹梆,一可恐吓贼盗,二则安抚客使,三可查看火烛。子产盛赞晋国旅馆的保安工作:"宾至如归,无宁灾患,不畏寇盗,而亦不患燥湿。"

出于恐有奸盗的忧虑,中国古代很早就形成了查验顾客身份的有效手段。《周礼》曰:"门关用符节。"周代就已出现需持"符节"方能在驿站投宿的制度,有的符节一分为二,双方各执一半,符验时两半相合才有效。

在漫长的历史朝代变更中,备宿技术和供膳技术,始终是旅馆接待技术进步的主要支柱,并且分成两股潮流,彼此自立,相互影响,共同发展。保安技术的进步,则融汇在备宿和供膳技术之中,形成相辅相成的发展格局。这种格局,在商代就已基本形成,并在以后的朝代中不断发展和完善。

2.中国古代旅馆业发展历程

(1)商周时期。

中国古代旅馆业自商代起源,到周武王时,为了巩固朝廷统治,加强与诸侯封邑的联系,大力整治驿传交通,修筑驿道,建造传舍,因而有"周道如砥,其直如矢"之说。西周驿道,全长3000多公里,沿途设置"庐、宿、市"等备膳供宿设施,如《周礼》中介绍西周驿亭传舍时说:"凡国野之道,十里有庐,庐有饮食;三十里有宿,宿有路室,路室有委;五十里有市,市有侯馆,侯馆有积。"这说明周时驿道,每隔三、五十里就设有宿和市。宿就是营地,在营地中开设的旅馆设施叫路室。市就是集市,在集市中开设的旅馆叫侯馆。路室和侯馆都备有住所、饮食、粮草和马匹。在宿和市之间还设有庐,庐可提供饮食,每十里为一庐。

(2)春秋战国时期。

春秋战国时期,诸子斗法,百家争鸣,各种文人、贤士等士大夫旅行活动异常丰富,名门贵族纳贤养士成为时尚,各种接待文人养士的"养士馆""传舍"相继出现,并形成一定规模。如燕昭王在燕都郊区设置的投贤馆、吕不韦的招贤馆,孟尝君的"传舍"分为高级的"代舍"、中级的"幸舍"和低级的"传舍"三等,以接待不同身份的养士食客。战国时,商旅业已非常活

跃并具规模,"天下熙熙,皆为利来,天下攘攘,皆为利往"。商旅的活跃,促使了民间旅馆的昌盛。中国古代民间最早以盈利为目的的商业性旅馆"逆旅、客舍、宿舍"得以迅速发展。

（3）秦汉时期。

秦始皇统一六国后,为了加强管理与控制,征发大批力役,整治天下驰道和驿道,并制定和颁布了"邮驿法令"。同时,秦以都城咸阳为中心,在各地驿道上设立"驿站"和"邮亭",为过往的官吏、驿使和民间商旅供宿备膳。秦汉时期,城市发展迅速,城市中为商旅、官吏提供食宿的旅馆,也得到相应发展。汉代,长安各区都设有"谒舍"招待商旅,朝廷也在城内设"郡邸"和"邸舍"接待官吏使臣,长安城内还设有专门接待外国商贾的"蛮夷邸"。汉时进京朝觐的官吏常住在城里的邸舍,此外,城市里还有王室贵族豢养食客名士的各类"养士馆"。

（4）魏晋南北朝时期。

魏晋时期,民间旅馆特别发达。曹操为促进贸易和繁荣经济,鼓励、支持发展民间旅馆,主张"逆旅整设,以通商贾";刘备也提出"起馆舍,筑亭障",用于接待官吏、商旅使用;吴国也大力发展交通驿道的"邮亭"和"传驿",从而促进了三国时期旅馆的大发展。北齐武平之后,黄门侍郎颜之推,奏准立关市、邸店之税。在朝廷的税制默许下,有权势的王公贵族和官吏巨贾的私有旅馆,逐渐在城内靠近市场的繁华地带大量出现,成为现代商业旅馆的雏形。

私营旅馆获利之厚,使超尘脱世的佛门弟子也为之眼开,利用寺庙建筑兼营旅舍的情况,从南北朝开始日渐普遍。如北魏有寺庙3万多处,分散在全国各个角落,对当旅行中的备膳供宿活动起到了不可忽视的作用。

（5）隋唐时期。

隋唐时期,官办旅馆的情况和秦汉有了很大变化,亭已取消,驿邮合一兼有旅舍职能,故有"馆驿"之称,仍三十里一置,规模比以前大,供旅行者使用的公共活动空间增多。唐之馆驿,根据业务繁忙程度和接待规格高低分等级,每驿设驿长一人,驿夫数人至数十人不等。《唐律》明确规定,馆驿只招待公差并持有符券的驿使以及一定级别的官吏,招待的规格视官品职位高低有别。至于一般百姓,不准投宿,违者"笞四十"。所以在馆驿的旁边,经常会有一些私营旅馆,这也为私营旅馆的发展提供了机会。而且,唐代出现了外籍商人在各大城市开设的私人旅馆,开创了外国商人在中国创办旅馆的先例。韩愈"府西三百里,候馆同鱼鳞。"的诗句就是隋唐时期旅馆兴旺发达的最好写照。尽管民间旅馆发展迅速,但仍供不应求,唐都长安的住宿设施曾一度比较紧张。如白居易初到长安谒见顾况,顾即以"长安居大不易"告之,白居易在长安长期无住所,故有《卜居》所写的"游宦京都二十春,贫中无处可安贫,长羡蜗牛犹有舍,不如硕鼠解藏身。"的感叹。后来,他当了校书郎的官,在常乐坊找到住处,"阶庭宽窄才容足,墙壁高低粗及肩",可见也并不宽敞。当时许多被荐送到长安候选的士人,也无处安身,只能租借寺庙和民家居住。外地商人到此也常苦于无店停歇,由于住宿紧张,唐时一些专营饮食的民间"食店"也开始增设铺位兼营"住宿"。

（6）宋元时期。

宋代民间旅馆兴盛,与当时政治安定,经济繁荣、旅游风行有关。旅馆种类包括王室贵族私办的邸店、中下级官吏经营的旅馆和普通百姓开办的民间旅馆等。这一时期的旅馆开始出现富有文学色彩的店名,如汴梁城内的"清风楼客店""熙熙楼客店"等。清风楼取自苏东坡的名句"清风徐来",表示此店环境幽雅,适宜旅客憩息。熙熙楼出自《史记》:"天下熙熙,皆为利来;天下攘攘,皆为利往。"是向商旅表示,来这家旅店的商客生意兴旺。此时旅馆的经营者已发现文学性商业广告的作用,这类旅馆都有自己的目标市场和客源类型。例如城内有专门接待进京赴试举子的旅馆,如状元店、连升店、高升店、三元店,意皆在于祝福投宿者每试即中;有接待一般旅行者的客店,如悦来客店、吉顺店等;也有专门接待商旅的招商旅店等。汴梁城内,旅店连接于街市,宋人张择端所作《清明上河图》中有所描绘。城镇闹市如此,小镇和村野的旅馆也比比皆是。

到了元代,元因宋制,将驿、馆合并,统称站赤,站距过长的在道末别置客舍,叫作"腰驿"。驿站除接待驿吏信使外,也接待过往商旅、官员、王侯。因此,驿站有时也称"馆舍""驿舍"。民间旅馆则将正店与食店合二为一统称"饭店"。元代杂剧《甑江亭》中出现"我要吃饭呵,走到那饭店门前"。这里"饭店"是食店、酒楼。

(7)明清时期。

明清时期,官方驿站在区位设置和选址方面大多沿袭旧制,馆驿分布在驿道上,"四方馆"在城镇内。明代官办驿站接待标准等级分明、严格,在饮食标准上实行"廪给"制,又称"行三坐五"制,有公差与非公差之分。清沿明制,驿站的饮食管理制度采用"给驿"制度。

在民间旅馆经营方面,明代对客房划分等级,分为"头房"和"稍间"两种档次。"头房"又称"头间房",为上等客房;"稍间"又称"陋房",为下等客房。到了清代,民间旅馆把客房分为"官房"、"普通房"和"通铺"三种。"官房"为上等房,多为官员下榻,设施较好;"普通房"相当于明代的"稍间";"通铺"是供十余人一起睡觉的大房间,为下等房。客人可根据经济能力选择不同等级的客房。

(二)中国近代酒店业发展

我国近代酒店业是在19世纪初随着外国资本的侵入而逐渐发展起来的。这一时期,我国酒店大致可以划分为西式酒店、中西结合式酒店、民间旅店三种类型。

1.西式酒店

第一次鸦片战争以后,帝国主义列强侵入中国,划分势力范围,设立租界,并相应成立了许多工矿企业和西式酒店。到1939年,北京、上海、南京、天津、广州、沈阳、汉口等23个城市中,已有外国资本建设并经营的西式酒店近80家。受19世纪初西方国家商业酒店发展的影响,这些西式酒店一般规模较大、装饰华丽,并且符合西方商业酒店要求,拥有客房、餐厅、舞厅、酒吧、会客室等,备有电话、暖气及卫生间,采用标准的服务和规范的管理,主要接待来华的外国人员,为当时上流社会人物、达官贵人的集会提供服务。如广州的维多利亚酒店,济南的斯坦酒店,北京的三星酒店、宝珠酒店,天津的裕中酒店等都是由外国人建造和经营的西式酒店。西式酒店的进入对我国近代酒店业的发展起到了一定的促进作用,尤其是把西方商业酒店的建设、经营、服务及管理方法带到了我国,使我国商业酒店得到迅速发展。

2.中西结合式酒店

中西结合式酒店是指受西式酒店影响而发展起来的,由我国民族资本经营的酒店。20世纪初期,受西式酒店的影响,我国民族资本开始向酒店业投资,并相继建立了一批中西结合式风格的酒店。如北京的长安春酒店、东方酒店、西山酒店、中央酒店、华安酒店,上海的中央酒店、大中华酒店、大上海酒店、扬子酒店、百乐门酒店,天津的国民酒店、惠中酒店、世界大楼等。中西结合式酒店摒弃了我国传统酒店的庭院或园林式建筑风格,在经营项目和经营方式上受西方酒店影响,不仅实行了酒店、交通等行业的联营,而且在服务和管理方面也接受国外商业酒店的做法,从而使中国近代酒店业的发展接近了西方酒店业的水平。

3.民间旅店

在西式酒店和中西式结合酒店发展的同时,我国民间旅店也进一步发展壮大。特别是近代交通工具的改善和发展,为我国传统的民间旅店的发展提供了新的机遇。到20世纪30年代末期,全国各铁路沿线及车站的民间旅店或招商客栈已发展到1000多家。这些旅店在规模上有所扩大,客房也分为不同等级,提供餐饮、住宿服务,在设施和装潢方面也较以前的旅店有较大改善,从而成为中国近代酒店业的重要组成部分。

(三)中国现代酒店业的发展

新中国成立以后,由于部分西方国家对我国采取经济封锁,我国酒店业转为以事业性接待为主,主要服务对象是国内出差人员。除了少数接待国外贵宾的宾馆仍保持较高的服务设施和服务质量外,大多数酒店转向了招待所型的服务。1978年,我国仅有415家涉外酒店,其中能接待外宾的仅208家,致使我国现代酒店业的发展长期滞后于西方发达国家。改革开放后,通过国家、地方、部门、集体和个人共同努力,促进酒店建设投资形式多样化,并大力引进外资和外方管理,使我国的酒店业无论是行业规模、建筑设施、服务项目,还是经营观念、管理水平都取得了长足的进步。这一时期我国酒店业的发展具有以下几方面的特点。

1.事业单位招待型管理走向企业单位经营型管理

1978年以前,我国大部分酒店是事业型单位,在财政上实行统收统支、实报实销制,服务上只提供简单的食宿,谈不上满足客人的各种需求;经营上没有指标,也没有计划,酒店没有压力,更缺乏活力,因而根本不可能满足旅游发展的需要。1978年至1983年旅游行政管理部门重点围绕三个方面,即如何使我国酒店业从招待型管理转轨为企业化管理,如何提高酒店管理水平和服务质量,如何提高管理人员素质使之掌握现代化酒店管理知识,做了大量的工作。在总结和推广当时一些酒店先进经验的基础上,提出酒店应在经济性质上实现企业化;在管理上建立岗位责任制;在经营上增加服务项目,开展多种经营;在管理队伍建设上,重视管理人员的培训和知识更新。经过几年努力,使一大批原来的事业单位初步实现了企业化,酒店经营水平有了明显变化,服务质量有了显著提高。

2.由经验管理走向科学管理,酒店经营管理水平趋于国际化

1984年,国务院批转了国家旅游局(现文化和旅游部)《关于推广北京建国饭店经营管理方法有关事项的请示的通知》,"百家酒店学建国"的活动热潮把中国酒店业的内部体制改革推向了一个新的高度。富有活力的人事、劳动制度和总经理负责制开始贯彻,新旧体制开始转换,酒店由经验管理走向科学管理,标志着中国的酒店业迈向现代化。

我国现代酒店业起步较晚,为了适应需要,自改革开放之初,酒店业就率先引进外资和外方管理。自广州白天鹅宾馆、北京长城酒店、丽都酒店和深圳的西丽湖度假村等第一批引进外资建造和聘外方管理的酒店开始,各地相继引进了大批外资和外方管理模式,使我国酒店业的服务和管理水平得到迅速提高。许多酒店在借鉴国外先进经验和科学管理的同时,结合我国实际,创造了独特的酒店经营风格和管理特点。同时,随着国际酒店管理集团相继进入中国市场,在强化我国酒店业竞争态势的同时,也促进了我国酒店管理水平的提高。

3.推行星级评定制,进入国际现代化管理新阶段

中国酒店业为了与国际接轨,开始推行星级评定制。1988年8月,国家旅游局正式颁布了《中华人民共和国评定旅游(涉外)饭店星级的规定》,开展涉外酒店星级划分与评定,标志着中国酒店行业走向成熟。这一标准于1993年上升为国家标准;1997年第一次修订,减少必备项目,增加选择项目;2003年第二次修订,强调"酒店氛围的整体性、酒店产品的舒适性、酒店管理的专业性",增加有效期。每一次修订都较好地适应了我国酒店发展的需要,促进了我国酒店业管理水平尽快达到国际标准。

4.建立酒店管理公司,酒店走向专业化、集团化

1994年,国家旅游局审批公布了16家酒店管理公司,标志着酒店行业走向专业化、集团化。经过几十年的发展,我国酒店业积累了丰富的管理经验,培养出一大批管理人才,为我国酒店管理集团的发展奠定了基础。

5.酒店服务内容质量规范化

为了使我国酒店业尽早与国际水平接轨,国家旅游局通过广泛的调查研究,相继出台了一系列酒店服务标准,对规范酒店服务起到了积极的推动作用。2004年,由中国饭店协会起草,国家质量监督检验检疫总局、国家标准化管理委员会发布的《饭店业职业经理人执业资格条件》(GB/T 19481—2004)于2004年8月1日正式实施。2007年,由中国饭店协会起草、商务部发布的《饭店业星级服务人员资格条件》国家行业标准(SB/T 10420—2007),于2007年7月1日起实施。2008年9月27日,由中国饭店协会起草、商务部发布的国家行业标准《饭店业星级侍酒师技术条件》(SB/T 10479—2008),于2009年3月1日起正式实施。2008年9月27日,由中国饭店协会起草、商务部发布的国家行业标准《饭店服务礼仪规范》(SB/T 10476—2008),于2009年3月1日起正式实施。

23

课后练习

1. 什么是酒店？酒店应具备哪些条件？
2. 酒店有哪些功能？
3. 酒店产业特征表现在哪些方面？
4. 试述酒店的业务特征。
5. 根据顾客特点及用途可将酒店分为哪些类型？
6. 根据酒店市场特点可将酒店分为哪些类型？
7. 根据计价方式可将酒店分为哪些类型？
8. 试述酒店等级制度与表示方法。
9. 试述西方酒店业的发展阶段及其特点。
10. 试述中国古代旅馆业的发展阶段及其特点。
11. 简述中国近代酒店业的特点。
12. 简述中国现代酒店业的特点。

参考答案

经验性训练

调研当地3—5星级酒店的类型及其主要特点。

一、概述

将学生们分成若干个小组，调研当地3—5星级酒店，根据酒店提供的资料，将酒店分类，总结所调研酒店的主要特点，并与酒店的类型比照，分析酒店的特色是否鲜明。

二、步骤

1. 学生按学号分成若干小组（5人左右为一组）。
2. 各小组选举产生小组长，小组长负责组织本次调研任务。
3. 组织学生上网查阅相关资料，各小组分别确定并上报指导教师本次活动的计划。计划内容包括：调研时间、酒店名称、酒店的地理位置、行车路线、酒店等级、酒店经营特色等。
4. 授课教师批准学生的计划，并与学生已经确定的酒店取得联系，以便学生能够顺利进行下一步工作。
5. 各小组成员到所选酒店进行实地调研，方式自行确定。
6. 根据调研酒店取得的资料，将酒店分类，总结所调研酒店的主要特点，并与酒店的类型比照，分析酒店的特色是否鲜明。由各小组组长执笔，写出一份调研报告。
7. 上交调研报告，授课教师审阅后做总结。

第二章 →

酒店集团

学习目标

1. 了解酒店集团的含义与特征
2. 掌握酒店集团经营管理模式
3. 了解酒店集团的优势
4. 了解国际酒店集团发展史
5. 掌握中国酒店集团扩张模式
6. 掌握酒店集团发展模式核心因素

第一节　酒店集团概述

一、酒店集团的概念与特征

（一）酒店集团的概念

酒店集团又称连锁酒店或酒店联号,是指酒店公司在本国或世界各地拥有或控制两家及两家以上的酒店,这些酒店采用统一的店名、店标,统一的经营管理方式,统一的管理规范和服务标准、联合经营形式的系统。

（二）酒店集团的特征

（1）酒店集团拥有属于自身产权的酒店,且对其有经营管理权;而酒店集团管理公司是以其特有的专业技术管理人才向酒店输出管理,不一定有属于自己产权的酒店。

（2）酒店集团采取统一的操作程序和服务标准,便于酒店集团统一营销和统一管理,从而形成品牌进行市场推广。

（3）酒店集团是酒店的联合经营体。各酒店之间可实行联合促销、联合培训、管理输出，同时可互荐客源、互为预订等。

二、酒店集团的类型

在酒店集团经营过程中，涉及三个基本要素：资产、品牌和业务。经营者对这三个要素进行不同的组合，就形成了以下三类比较典型的酒店集团。

（一）以资本输出和专业化管理有机结合形成的酒店集团

这类酒店集团拥有一定数量的酒店集团股权，同时自身拥有酒店管理公司，如巴斯、希尔顿、雅高等。我国酒店市场上的本土酒店集团绝大多数是资本纽带加专业化管理并举的集团，集团既是业主又是经营者，拥有管理、品牌和房地产的所有权。

（二）以品牌输出为主的酒店集团

这类酒店集团不一定持有酒店资产，只输出管理，其拥有的品牌多为知名的、成熟的管理品牌。

（三）以业务为纽带的酒店集团

这类酒店集团就是酒店联盟，是由加入该联盟的独立酒店共同构成的一种较为松散的酒店联合体。酒店联盟以市场的一些共性特征为基础，以共同的关注点为主要纽带。

三、酒店集团的经营管理模式

（一）集团投资拥有形式

集团投资拥有形式又称为全资公司、全资酒店集团，是指酒店集团或酒店联号自己投资建造酒店，或购买酒店，或兼并酒店，或参股酒店并控股，获得酒店的所有权，由集团直接经营管理酒店。即酒店集团同时拥有并经营数家酒店，各酒店所有权都属同一个酒店集团，同属一个企业法人。在国际酒店业发展的初期，这是一种主要的经营形式。

这种经营形式下，同一集团中的各种酒店资源共享，有利于酒店集团节约成本，管理上更容易到位并容易形成独立的风格。但同时，经营权与所有权合二为一，酒店集团各酒店隶属同一法人，在集团的经营过程中，由于资产的连带关系，集团投资经营风险较大。集团投资是一种传统的经营形式，是酒店集团发展路上必不可少的过程。以这种形式经营的酒店是酒店集团的基础和中坚力量；酒店集团则以这些酒店为基本力量，再采用其他经营形式，逐步壮大集团的经营规模。

（二）租赁经营形式

租赁经营是指酒店集团承担不属于本集团产权控制范围的酒店，取得对该酒店的经营管理权，使该酒店成为酒店集团的一员，但不转移其所有权。

有些酒店集团采取在本国以及其他国家或地区租赁酒店进行管理的方式，不断扩大连锁规模。也有酒店集团不准备经营自己拥有的某些酒店,便租让给其他酒店集团公司经营,条件是仍须按照原集团的名称、经营方向和规模来实行连锁经营。上述两种情况中,酒店的所有权和经营权分离,酒店的业主和经营者分别属两个独立的公司。经营公司只承担经营风险,一旦失败,由于酒店大多数固定资产属于业主,经营者受到一定保护,降低了风险。租赁经营通常有以下几种具体形式。

1. 直接租赁形式

直接租赁形式是由承租公司使用酒店的建筑物、土地、设备等,负责经营管理,每月交纳一定的租金。酒店集团要经营成功需要一段较长的时间,因此,在租赁合同中要规定租赁年限,以避免酒店集团在经营成功之际被所有者收回酒店。

2. 盈利分享租赁

在酒店行业中,许多酒店集团采用分享经营成果的租赁方式,酒店所有者愿意将租金与营业收入和利润挂钩。根据收入与利润来计算租金,具体计算方法有以下几种:

(1) 按营业总收入的一定百分比计算;

(2) 按经营利润的百分比计算;

(3) 按营业总收入和经营利润混合百分比计算。

一般来说,酒店所有者不愿承担经营风险,更倾向于根据营业总收入的百分比来计算租金。若根据经营利润计算租金,对酒店所有者来说则会增加不必要的风险。有些酒店区位优越,设施豪华,但由于经营公司管理不善,利润未达到应有的水平而使酒店遭受损失。因此,在协商租金时,酒店所有者往往要求加上最低租金限额的保障条款。

3. 出售—回租形式

出售—回租形式是企业在将酒店产权转让给他方的同时,又要求他方将酒店租回己方再继续经营的形式。企业出售酒店产权出于不同的动机,有些企业拥有酒店产权但急需使用现金,因此需将酒店资产转变成现金;有些企业想减少风险而不愿在经营某些酒店的同时拥有这家酒店的产权;还有些企业是依赖贷款建造的酒店,负债沉重,故不想拥有产权。这些公司将产权出售给另一家公司,但要求仍然经营该酒店时,就必须签订出售—回租协议,承租经营管理的酒店集团必须定期向酒店的所有者交纳租金。对产权的卖方来说,这不失为一种筹措资金、扩大经营规模的方法。这种租赁形式在国际上相当流行。

(三) 特许经营形式

特许经营是指酒店集团(转让方)通过向酒店(受让方)让渡其特许经营权(包括允许受让酒店使用其具有知识产权性质的名称、注册商标、成熟技术、客源开发预订系统以及物资供应系统等)扩大其成员,谋求相应经济利益的行为。

国际酒店业最早使用特许经营转让的人是恺撒·里兹,他于1907年授予纽约、蒙特利尔、波士顿、里斯本、巴塞罗那等地的豪华酒店使用其酒店集团的品牌、形象、声誉、管理模式、销售网络、预订系统等。许多大型国际酒店集团如希尔顿、马里奥特等都采用了这一经

营方式,扩大集团的规模,增加集团的收入。

一般来说,特许经营的转让方需要对受让酒店在可行性研究、资金筹措、建筑设计、内部装修、员工培训、广告宣传、原料采购、客房预订、服务管理、操作规程等方面给予指导与帮助,并定期对受让方进行检查,以保证市场中同一品牌的酒店集团产品保持质量的一致性。受让方酒店向转让方酒店集团支付特许权让渡与使用费作为回报。特许经营者(受让方)实际上是酒店的投资者和经营者。对于跨国酒店集团而言,特许经营的优势在于以较少的资本投入,实现迅速的增长和扩张,而且在获得额外的收益或利润以及市场份额和市场潜力的基础上可以避免直接投资的风险。现在,特许经营已成为酒店集团经营活动中常用的一种经营方式。

特许经营权转让可分为两种:①单一特许经营权转让,指受让者只经营一个企业;②多单元特许经营权转让,指转让方给予受让方某一地区的发展权利和总体特许经营权转让。总体特许经营权转让是特许经营转让方与受让方公司签订一份特许经营合同,允许其在一定地区发展特许经营业务。

酒店特许经营之所以成为各酒店集团进行跨国连锁经营的主要形式,究其原因:一是特许经营是一种经营技巧,是对业务形式的许可,是一种知识产权的授予,它不受资金、地域、时间的限制,可以在同一时间发展多家连锁店。二是酒店特许经营是一种对国家旅游业(尤其是酒店业)、转让方、受让方和消费者都有好处的连锁经营形式。

特许经营对受让方的好处:①受让方进入被公众广泛接受和认可的酒店集团,不必担心酒店开张初期的客源问题,不存在酒店开创初期经营的艰难,从而降低了创业风险,增加了成功机会;②受让方可以使用转让方酒店集团已被公认的驰名商标和无形资产;③受让方可以得到转让方酒店集团系统的管理训练和营业帮助;④受让方可以用较少的广告宣传费用就达到良好的宣传效果;⑤特许经营的酒店比独立经营的酒店更容易得到贷款。

特许经营对转让方的好处:①转让方可以不受资金的限制,迅速扩张规模;②特许经营可以增加转让方酒店集团的市场价值;③转让方酒店集团可以降低经营费用,集中精力提高酒店管理水平。

但是特许经营也有一定的缺陷。对受让方来说,酒店的经营受到严格的限制,缺乏自主权;酒店集团出现决策错误时,加盟的酒店也会受到牵连;受让方酒店的退出或转让受合同的限制。对于转让方来说,酒店集团的声誉和形象会受到个别经营不好的特许经营酒店的影响;当发现受让方不能胜任时,也无法立即更换。

(四)管理合同形式

管理合同又称委托管理,是指通过合同约定的方式取得企业的经营管理权,运用法律约束的手段,明确委托人和受托人之间的义务、权利及责任,使合同约定的双方当事人的权益得到保护和落实。在酒店市场上,一些酒店集团所有者以签订管理合同的方式将酒店交给酒店管理公司来经营管理。酒店管理公司一般可分为两种形式:一种是隶属于酒店集团的酒店管理公司;另一种是独立的酒店管理公司。酒店管理公司与酒店所有者签订管理合同,就形成了委托管理关系。

管理合同形式与租赁经营形式有某些相同之处,如酒店的所有权和经营权分开,收取管理费和收取租金采用相似的分成方法。但这两种经营形式的性质不同,在租赁经营形式中,酒店集团完全独立于企业所有者,酒店的职工属于酒店集团,酒店集团必须对职工负责,酒店集团必须承担经营酒店的风险。在管理合同经营形式中,酒店管理公司是酒店所有者的代理人,酒店管理公司代表酒店所有者来经营酒店和管理职工,酒店所有者向职工负责。

采用管理合同经营方式,酒店集团不必筹措酒店或投资酒店,只承担酒店的经营管理责任,负责酒店的日常经营管理工作。管理合同经营形式是国际酒店集团化全球扩张,加速规模发展的重要途径,也是国际酒店集团增加经济效益的主要方法之一。

(五)战略联盟形式

战略联盟是指两个或两个以上的企业(如酒店集团)为了增强自身的竞争能力,提高市场竞争力,通过共享资源而达成的合作关系。战略联盟起源于生产制造业,后来发展到酒店行业,其基本理念是"企业需要竞争对手,更需要合作伙伴",联盟是企业保持竞争优势的重要策略。

酒店集团的战略联盟又称为合作联营,是酒店集团之间的合作经营形式,联盟采用统一的标志,实行订房系统联网,推行统一的质量标准,联合从事市场拓展和广告宣传,建立共同的市场营销网络等。这种经营形式将企业间的关系由相互抗衡变为相互合作,促进共同发展,改变了企业间的恶性竞争局面。

战略联盟的具体方式主要包括以下五种。

1. 营销联合体

营销联合体是战略联盟中采用最多的一种模式。在营销联合体内,各成员酒店集团相互合作,联合进行广告宣传,进行产品组合、产品包装,建立共同的销售网络。

2. 资源和技术的开发利用

各成员酒店集团开发新技术,如电脑技术、管理技术、服务技术;开发新产品,如商务俱乐部、贵宾卡、套票等;开发新设备,如客房电子设备、电脑、叫醒设备等。在联合体内进行先进技术以及各种资源的交换,实现相互促进。

3. 供应合同

战略联盟的成员酒店集团联合起来,与供应商建立供货关系。采用集团订货,大宗买卖的方式,能够压低价格,降低进货成本;同时能保证货物的质量,突显酒店集团的采购优势。

4. 出售—回租联营

出售—回租联营是为了减轻债务、盘活资产,推广品牌的一种酒店集团的联盟形式。

5. 平衡投资

战略联盟的成员酒店集团采取少量股权加新技术开发研究参与的方式,实现酒店集团的资本增值。

四、酒店集团的优势

与单体酒店集团相比,酒店集团主要具有六个方面的优势。

(一)规模经济优势

规模经济又称规模利益,是指在一定的产量范围内,随着产量的增加,平均成本不断降低的事实。国际酒店集团一般规模大,其品牌在国际上享有较高的声誉,在公众中易产生较深刻的印象。在拓展酒店业市场时,单体酒店通常没有大额资金开展广告宣传,品牌知名度不高,不易被公众发现并接受。而酒店集团能集合各子酒店的资金进行大规模广告宣传,采用多种经营管理形式拓展酒店业市场,推销所属酒店产品与旅游经营商进行交易,进一步提高酒店集团知名度。

(二)范围经济优势

范围经济是指企业进行多元化经营、拥有多个市场或产品时,联合经营要比单独经营获得更多的收益。酒店集团通过品牌延伸、产品延伸及多元化经营,实现范围经济,分散企业风险。在集团化进程中,由于企业品牌声誉的提升,产生了未被充分利用的市场,而现有产品与满足这些需求之间的关联性,为实现产品线延伸提供了可能,进而实现跨市场和产品的多元化经营。由于市场机制的不完善和信息的不对称,企业生产经营活动中存在许多不确定因素,酒店会面临各种经营风险。酒店集团将成员酒店按业务性质、地区、产品等分成各自独立的企业,通过多元化经营,调整资本结构,在扩充收益组合的同时,增强了应变能力,有效降低风险,使之在不断变化的市场环境下保持足够的竞争实力。而处于某一地点、服务于某一特定市场的单体酒店,可能会因为季节变化或其他市场环境变化而受到很大冲击。

(三)经验曲线优势

酒店集团通过产品服务标准化及管理模式的重复使用,来获得经验曲线效益。当企业长期经营某一产品或市场时,多年累积起来的经营诀窍能使生产作业及业务处理速度加快,使产品的单位平均成本趋于下降。酒店集团长期的服务经验积累,带来产品设计、服务程序和管理流程的改善,形成新的管理模式并实现标准化和程序化。管理模式和产品服务标准化是推动酒店集团化的重要手段,使酒店集团产品的量产成为可能,从而降低成本、获得价格优势,并在服务和管理方面大大提高劳动效率。

(四)统一营销优势

酒店集团一般都拥有自己的订房系统或强大的营销战略合作伙伴,协助各成员酒店预订客房、销售和会议业务等,并处理集团各酒店之间推荐客源的业务。同时,酒店集团在全球的销售机构和全球范围的宣传推销活动,对集团成员酒店国际市场客源的开拓起到良好的促进作用。同时,集团的一体化经营为酒店集团带来成员酒店之间的内部客源市场,扩大了酒店集团的市场规模。此外,酒店集团往往拥有知名的酒店品牌,具有很强的市场影响力,集团成员酒店使用集团的名称和标志,有利于酒店产品的销售。

（五）财务优势

一般来说,独立的单体酒店不易得到金融机构的信任,在筹措资金时可能会遇到困难。而酒店集团庞大的规模、雄厚的资本和可靠的信誉,金融机构对加入了酒店集团的酒店信任度较高,从而愿意提供贷款。同时,酒店集团还能为所属酒店提供金融机构的信息,并帮助推荐贷款机构。一些酒店集团拥有庞大的不动产,加入酒店集团,酒店往往可以得到集团的一部分资金,有利于酒店经营。酒店集团在长期经营中已形成一套比较完备的财务管理方法,酒店加入集团后,出于形象与声誉,酒店集团会尽可能帮助酒店盈利。

（六）人才优势

酒店集团可以从整个集团的实际需要出发,集中聘请各领域的专业人才,如工程技术、装潢、会计、促销、经济分析、人力资源管理、信息技术、食品技术等方面的专家,为酒店集团内的各酒店服务。他们具备专业技术,了解集团整体的战略与经营状况,处理事故快、解决问题及时。

第二节　国际酒店集团的发展

一、国际酒店集团发展历程

国际酒店集团的发展较早,酒店集团经营形式起源于美国,美国也是酒店资本、管理、技术的最大输出国。国际酒店集团是以酒店企业为核心,以经营酒店产品为主体,通过产权交易、资本融合、管理模式输出和营销网络等相互关联的企业集团,是在酒店业高度发展的基础上形成的以酒店母公司为主体,通过资本纽带关系和经营协作关系等方式,与众多酒店组织共同形成经济联合体。在过去几十年的发展中,欧美国家的酒店集团在市场需求和经济利益的牵引作用下,逐步完成了从无到有,从小到大,从单一品牌到多品牌,从国内到国际的发展过程,并先后经历了区域发展、洲际发展和全球整合三个阶段。

（一）区域发展阶段（20世纪40—50年代）

20世纪40年代,第二次世界大战之后,欧美等国出现了相对持续的和平、稳定、繁荣的历史机遇。五天工作制、高速公路及私家汽车的日趋普及,为那些按照制度化、规范化和标准化经营管理的酒店公司提供了极为广阔的市场。为满足市场需求并获得更大的经济效益,一大批现代酒店集团在欧美地区应运而生。

例如,1946年成立的最佳西方国际集团,1949年成立的希尔顿国际酒店公司,1952年成立的假日酒店集团等现代酒店集团都是这一阶段的典型代表。这些酒店集团的发展方向,

由本国或本土游客的流向来决定,哪里本国或本土游客最多,哪里就有这些跨国、跨市经营的现代酒店集团的身影。

由于当时交通条件的制约,各国的商务与休闲旅游大多局限于本国境内或周边邻国的小范围区域。酒店集团基本上处于巩固与发展各自国内市场或周边区域市场的阶段,各酒店集团凭借其人力、物力、财力和网络等资源规模优势,逐渐取代了单体酒店在国内市场的竞争地位,开创了世界酒店集团管理的新纪元。

（二）洲际发展阶段（20世纪60—70年代）

20世纪60年代,伴随着发达国家民航业的蓬勃发展、洲际高速公路交通网络的逐步建设以及人们带薪假期的增加,各国的商务和休闲旅游也从本土性、区域性向洲际性、国际性方向发展。此时,旅游市场产生了新的需求,部分酒店集团将其发展目标转向国际市场。20世纪50年代末期到70年代,一些著名的酒店集团利用其品牌不断扩展,华美达、马里奥特、凯悦、四季、雅高、天天等酒店集团相继涌现。

为使本国出境游客在异国他乡感受到"家外之家"的温馨、安全与舒适,众多欧美酒店集团联合航空公司,到本国出境游流量较大的国外旅游目的地或中心门户城市接管或开设酒店。例如德国汉莎航空公司在科隆机场发展新的酒店,法国航空公司在科西嘉岛接管酒店,并向纽约市场拓展业务。另有一些航空公司与酒店集团联合。例如,1967年,美国环球航空公司与希尔顿成立国际联盟;1972年,法航与法国艾美酒店联合等。这一系列的成功案例打破了以往以区域为单位的集团联合,形成了一大批跨国、跨洲经营的国际酒店集团。

（三）全球整合阶段（20世纪80年代至今）

20世纪80年代,随着中国的改革开放,许多有实力的欧美酒店管理集团纷纷抢占中国市场,世界酒店集团的发展呈现全球整合趋势。这一阶段最显著的特征就是酒店集团扩张模式的改变。它突破了以往单一酒店和单一品牌连锁的规模局限,而向跨酒店集团甚至是跨行业的兼并、收购与联盟转型。

从1981年大都会兼并洲际酒店集团开始,整合趋势持续发展。香港新世界集团收购兼并华美达集团、英国巴斯有限公司收购兼并假日集团和洲际集团、法国雅高集团收购兼并6号汽车旅馆公司等一系列大型收购兼并案例层出不穷。

进入20世纪90年代后期,国际酒店集团开始向亚洲、东欧、拉美等区域拓展,大型酒店集团跨国经营所涉及的国家范围不断扩大,90年代末期已形成酒店集团全球发展的雏形。酒店集团的迅速扩张和全方位发展对当时幸存的单体酒店、区域性酒店或小型酒店管理公司造成了极大的威胁。

二、国际酒店集团排名特点

国际酒店集团的发展离不开其品牌优势,强有力的品牌联想度和忠诚度,为集团在全球酒店业市场竞争中创造了诸多优势。国际酒店集团排名是衡量其品牌影响力的重要方法之

一、《HOTELS》杂志的"全球酒店排行榜"在业界较被认可，根据2023年发布的数据，榜单排名主要有如下特点。

（一）全球酒店行业集中度高，中国酒店业发展迅速

从300强客房数量的分布来看，前5强的客房总数占到300强客房总数的近40%，而前10强客房总数占了300强客房总数近60%。基本符合20%的大公司占据了80%的市场份额的定律，全球酒店市场集中度比较高。

从各国上榜数量来看，中国酒店集团在前10强占据了3个位置，前100强中占据了24个位置，说明中国酒店集团正在崛起，未来发展前景可观。

（二）以客房规模作为排名依据

《HOTELS》杂志是以客房规模而不是销售额作为排名依据。相对而言，客房规模比销售额更能反映管理公司的能力。因为管理公司发展规模存在较大的差异，各个酒店管理公司在不同国家、不同品牌采取的拓展模式也不同，这会直接影响酒店销售收入情况。

（三）综合排名最强并非意味着实力最强

酒店集团客房数最多并不意味着实力最强，但至少在一定程度上说明公司的管理能力。《HOTELS》的榜单没有区分经营中和筹建中的酒店，没有区分拓展方式，也没有区分酒店类型，总的来说，其反映的是一个综合排名。

三、国际酒店集团在中国的发展

国际酒店集团在中国的发展大致分为三个阶段，分别为20世纪80年代的引进阶段、20世纪90年代的全面铺开阶段和21世纪初开始的纵深发展阶段。

（一）引进阶段（20世纪80年代）

1982年香港半岛集团管理北京建国饭店，标志着国际酒店集团进入中国市场。1984年，假日集团管理北京丽都假日酒店，并先后在拉萨、桂林、广州、西安、厦门、大连、成都、重庆等城市形成网络，成为当时国内管理酒店最多的国际酒店集团。此后，喜来登、希尔顿、雅高、香格里拉、新世界、华美达、凯悦等十余家酒店管理集团也陆续进入我国市场。

在此阶段，进入中国的国际酒店集团以中高档经营模式为主，多数分布在沿海的中心城市，尤其是直辖市和著名的旅游城市。国际酒店集团进入中国市场的第一个十年里，只有假日集团形成管理十家以上酒店的规模。

（二）全面铺开阶段（20世纪90年代）

20世纪90年代，国际酒店集团进入中国市场的步伐明显加快。这一时期我国旅游业蓬勃发展，国际酒店集团更积极地扩大市场份额，中国市场出现了一批规模相当的国际酒店集团。据国际饭店与餐馆协会的资料统计，2000年世界酒店管理集团排行前10的分别为圣达特、六洲、马里奥特、雅高、精品国际、希尔顿、最佳西方国际、喜达屋、卡尔森、凯悦，除了圣达

特未进入中国市场外,其余9家酒店集团已在中国建立或管理酒店,并逐步涵盖了高中低各个消费档次,中国成为世界著名酒店集团的集聚地。

(三)纵深发展阶段(21世纪至今)

进入21世纪,国际酒店集团在我国的发展呈现出市场规模扩大、品牌多元化、管理模式创新的特征。这既是国际酒店业发展的必然趋势,也是全球经济一体化的必然结果。

1.市场规模扩大

随着中国经济的持续增长和旅游市场的不断扩大,国际酒店集团品牌纷纷加速在中国市场的布局,例如截至2024年,希尔顿酒店集团在中国开业酒店数量已超过600家。由于中等收入群体的不断扩大和消费能力的提升,市场对高品质住宿的需求持续增长,为国际酒店品牌在下沉市场和奢华酒店领域提供了较大的发展空间。同时,中国旅游市场的持续繁荣也带动酒店业的发展,无论是商务出行还是休闲度假,都为国际酒店品牌带来更多的客源。

2.品牌多元化

国际酒店集团在经营中逐步建立为顾客所熟悉与信任的品牌,保持顾客的忠诚度,以获得更高的价格和更稳定的客源,品牌优势在构成强大进入壁垒的同时,也有利于形成产品差异。国际酒店集团不断加强在中国市场的布局,尤其是在中端和高端酒店市场,通过推出新的酒店品牌和升级现有品牌,以满足不同消费者的需求。例如,2014年希尔顿酒店集团旗下的中高端酒店品牌希尔顿欢朋进入中国,拓展了免费早餐、免费Wi-Fi以及友善、可靠、关怀、周全的特色服务,还提供具有中国本土化特色的设施和服务。而同样隶属于希尔顿酒店集团的希尔顿花园酒店品牌在经营理念方面则主张让客人在尽情探索旅途的同时与世界保持联系。酒店提供现点现做的餐饮服务、客房送餐服务,全方位服务的餐厅及酒吧、健身中心和商务中心,承诺尽一切努力确保客人满意。

3.管理模式创新

为适应中国市场的变化,国际酒店集团也在调整其经营管理策略,例如适应"国潮风"趋势,推出具有中国文化特色的酒店产品;挖掘下沉市场的潜力,提供高性价比的住宿体验。国际酒店集团品牌在中国市场采用了多种管理模式,包括直营、特许经营、委托管理等,这些模式不仅有助于降低运营成本,还能够快速扩大市场份额。

第三节　中国酒店集团发展

一、中国酒店集团的发展阶段

(一)萌芽阶段(1982—1987年)

1982年,北京建国饭店作为中国内地首家中外合资酒店正式开业,并由香港半岛酒店管理集团来管理,香港半岛集团由此成为进入中国内地的第一家国际酒店集团。1984年假日、香格里拉登陆中国内地,1985年雅高进入,此后国际著名酒店集团纷纷进入中国市场。同一时期,中国自己的酒店集团和酒店联合体也逐渐形成。1984年上海锦江(集团)联营公司成立,1985年上海新亚集团联营公司成立,1987年中国饭店联谊集团、华龙旅游酒店集团和友谊旅游酒店集团相继成立。

萌芽阶段主要是国际酒店集团在扩张,它们一般通过投资管理或管理合同方式进入,国际酒店集团的扩张为中国酒店业引入了现代管理模式,培养了大批优秀的管理人才,促使中国酒店业的发展产生了质的飞跃,为此后的国内酒店集团的扩张打下了坚实的管理基础。

(二)探索阶段(1988—1997年)

这一阶段有两个突出的特征,即政府政策的变化和酒店集团的真正发展。1988年4月,国务院办公厅转发国家旅游局《关于建立饭店管理公司及有关政策问题请示》,强调中国的酒店管理公司在原则上享受外国酒店管理集团在中国享受的同等待遇,并确立了酒店管理公司的性质、意义和职能。为扶持我国酒店管理公司的发展,1993年7月,国家旅游局颁布了《饭店管理公司暂行办法》。两大利好政策为国内酒店集团扩张扫清了管理体制的障碍。

在酒店集团方面,这一阶段最主要的任务是探索如何在单体酒店的基础上建立酒店集团和酒店管理公司,进而实现连锁化扩张。1988年,浙江萧山宾馆开业,在这家酒店基础上逐步发展而来的开元旅业集团成为中国一大民营酒店集团。1988年湖南华天大酒店开业,1993年成立了华天集团,1995年成立华天国际酒店管理公司,开始酒店集团化连锁发展。1996年第一家经济型酒店集团——锦江之星旅馆有限公司成立;1998年北京旅游集团(2000年更名为首旅集团)和建国国际酒店管理有限公司(现名为首旅建国)成立;2002年金陵饭店整体改制为金陵饭店集团有限公司。这一阶段,锦江、首旅、凯莱等国内酒店集团的世界排名日益上升,中国酒店集团开始引起国际酒店业的关注。

(三)发展阶段(1998年至今)

这是一个特殊的阶段,外部环境不断变化,内部竞争环境也日益恶化。1998年,中国酒店行业出现全行业亏损,而2003年"非典"过后更是雪上加霜。2004年迎来拐点,中国酒店开始恢复性增长,集团化扩张竞争趋势显现。

2002年如家酒店集团成立,并于2006年在纳斯达克上市,正式开启了中国经济型酒店的发展道路。2005年海航国际酒店管理公司成立,主要托管海航集团旗下酒店,并对外开展业务。2006年锦江酒店在香港上市,成为香港市场首只内地纯酒店股。2007年金陵酒店在上海证券交易所上市。2008年广东白天鹅酒店集团有限公司成立,标志着"白天鹅"从单一酒店转向集团连锁经营。

在这一阶段,国内酒店集团借助天时地利人和的主场优势,发挥收费适中、成本低廉的价格优势,将发展扩张定位在中低档酒店管理市场上,逐渐占领并巩固了中国内陆城市和沿海中小城市的酒店市场,为国内低星级酒店的现代化管理和集团扩张立下了汗马功劳。

2024年6月,在中国旅游饭店业协会主办的第二十一届中国饭店集团化发展大会上公

布了《中国饭店管理公司(集团)2023年度发展报告》及2023年度中国饭店集团60强名单。根据2023年度中国饭店集团60强名单,客房数达到10万间以上的酒店集团有10家,位居前三位的是上海锦江国际酒店股份有限公司、华住集团、北京首旅酒店(集团)股份有限公司。从整体统计情况看,2023年饭店数量同比增长7.8%,客房数量同比增长8.4%,在筹开饭店名单中,中端型酒店占47.5%,这一比例均高于其他档次酒店的占比。

二、中国酒店集团扩张的原因

中国酒店集团扩张的原因可以分为两类,一类是行政主导而形成的扩张,一类是按照企业发展的内在要求而形成的扩张。

(一)行政主导的扩张

行政主导的扩张是通过政府行政干预促成的扩张。通常是由国有资产管理部门授权将原来国家投资设立的酒店的产权授权给核心酒店持股,或者是由政府行业主管部门或地方政府将其所辖的国有酒店以行政划拨的方式并入核心酒店,作为全资子公司由核心酒店管理。还有一种是建立在行政干预基础上的酒店联合体,这种酒店联合体缺乏资本纽带,是一种松散的酒店联盟。

无论政府采用何种形式使企业得以扩张,都是特殊历史时期发展和经济管理体制转型的需要。随着改革的深入,国有企业必须实现从政府行政机关的附属向市场主体的转变,因此国家通过改组、联合、兼并、租赁、承包经营和股份合作制、出售等形式在国有大中型企业推进建立现代企业制度试点,放开搞活国有企业。国有酒店正是基于这种大环境,而被动实行了集团扩张,其根本原因是政府职能转变的需要。1996年第八届全国人民代表大会上对国有企业改革提出了"抓大放小"的思路,对国有企业实施战略性重组,这又进一步加快了国有酒店整合扩张的步伐。例如锦江集团在上海市政府的主导下,经历若干次重组才具有了现在锦江国际集团的规模。

(二)企业自发形成的扩张

1. 应对竞争的需要

国际酒店集团凭借其强有力的品牌形象,成熟的管理模式及统一稳定的质量标准,在中国市场站稳了脚跟,并且不断增强自身的品牌渗透力。导致国内酒店市场竞争愈发激烈,出现了"国内市场国际化、国际竞争国内化"的局面,国际酒店集团大规模扩张态势令我国的酒店面临巨大的生存压力。尽管中国酒店集团已经有了长足发展,但从总量上仍与国际酒店集团有一定的差距。要在激烈的竞争中立于不败之地,国内酒店集团唯一的选择就是迅速成长,提高自身实力,扩张是必经之路。

2. 内部经济的需要

(1)追求规模经济,实现规模效益。

独立经营的酒店,由于规模小,导致经营成本和管理费用居高不下,即使市场需求增大,受其规模限制,销售收入也难以同步增长。酒店集团则可以把上述成本分摊给各酒店成员,从而使个体酒店成本水平得以下降。如在市场营销方面,酒店集团能够集合各成员酒店的资金共同承担世界范围内的大型广告开支,各成员酒店分摊的促销成本得以减少。尤其是新开业的酒店,由于缺乏营销经费,往往难以开展大规模的宣传促销活动,而参与集团的成员酒店,则可享受到联合促销的实惠;在采购方面,集中采购一方面可以严格监控质量,保证企业的质量水平,另一方面可以降低成本,同时还可以增强与供应商讨价还价的能力。

（2）追求范围经济,实现交易内部化。

由于市场本身的不完善,如信息不对称、机会主义、道德欺诈和人类有限理性等方面的因素,导致生产者之间、生产者与消费者之间在进行交易时会存在昂贵的信息成本和交易费用。为了减少市场交易成本,企业可通过扩大经营范围,实现交易的内部化,从而实现范围经济。通过与上下游企业的纵向垂直一体化,酒店集团可以使许多交易得以在集团内部完成,从而降低企业在供应商、销售渠道上的交易成本。在资本运作方面,酒店集团的整体实力会降低企业在筹资贷款时同各个金融机构打交道的信息和交易成本。

3. 满足需求的需要

酒店产品需求的快速增长也是酒店集团扩张的内在动力。自1978年实行改革开放,我国在四十多年的时间里从单一的入境旅游发展成入境、出境、国内旅游三大板块。国内旅游成为国家大力发展的重点,五天工作制、黄金周、带薪休假制度等各种利好政策不断出台,带动了国内旅游的发展。可以预见,随着社会经济进一步增长,人们的旅游需求也越来越强烈,旅游活动变得更加大众化和普及化,出行将越来越普遍。入境旅游和国内旅游的强劲增长态势必将增加对酒店产品的需求,扩大市场份额是酒店集团的最佳选择,良好的行业发展前景更成为酒店集团的扩张动力。

三、我国酒店集团扩张运作方式

国际酒店集团通过连锁经营的形式在全球范围内扩张,其基本形式主要有独资、合资、带资管理、特许经营、管理合同、租赁管理等。以上几种形式中,独资和合资是外商直接投资（FDI）,属于股权控制模式;带资管理也可以看作一种股权控制形式。而管理合同、特许经营模式则属于非股权控制模式。租赁管理形式则是介于股权和非股权之间的一种模式。国际酒店集团的扩张,既可以实现股权与控制权的统一,如独资、合资、租赁管理、带资管理等形式;也可以实现股权与控制权的分离,如管理合同、特许经营形式。在全球范围的扩张过程中,国际酒店集团可以对附属成员酒店实施所有权与实际经营控制权的分离,实现非股权模式的扩张,并同时保持对其的实际控制权,这种扩张趋势越来越明显。

所谓非股权扩张形式是指国际酒店集团在经营管理的酒店中不参与股份,因而不能凭借股权对成员酒店进行控制和管理,而是通过技术、管理、销售渠道等各种技术资源的控制,并通过一系列合同,为成员酒店提供各种服务,与成员酒店建立起密切联系并从中获利。非股权扩张形式对国际酒店集团来说,既大大降低了集团经营风险,又可以通过若干合同形式

获得可观的利润和一定程度的实际控制权,是一种灵活的扩张模式。

酒店集团的扩张手段多种多样,但其扩张属性总与所有权和管理权相关,从这两个因素出发,我国酒店集团扩张运作方式可以分为三种,即带资管理、股权控制和契约管理。

（一）带资管理

带资管理通常是由酒店集团直接投资建设或购买酒店,自行经营管理,并承担一切经营风险。直接经营是一种传统的经营形式,要求酒店集团有较强的经济实力,有丰富的酒店经营管理知识和管理技能。其扩张过程表现为单个酒店集团的独立运作,是在不改变企业产权、股权结构的前提下,主要依靠积累和不断挖掘内部资源而进行扩张。内部扩张重视企业的实力积累,强调依靠自身资源。

随着中国酒店集团的发展,带资管理的形式已逐步减少,酒店的前期投资较大、投资回收期较长等问题制约了集团选择这种方式进行扩张。但作为一个酒店集团,拥有自己投资和经营的酒店是进一步采用其他经营类型,扩大酒店集团规模的基础。因此,带资管理的形式仍是当前酒店集团经营的基本方式之一。例如,锦江集团一般会将资金投在各个发展区域的核心城市,带资管理建造标志性豪华酒店,但旗下经济型酒店锦江之星的运作大多采用租赁经营、直营或特许经营方式。

（二）股权控制

股权控制以资本联合为特征,实现产权主体多元化。酒店集团通过对其可支配的资源和要素进行运筹、谋划和优化配置,进而实现资本最大限度的增值。从集团角度来看,股权控制可以实现企业间的重新组合,迅速膨胀企业规模,扩大市场份额,提高规模经济效益;从行业角度来看,股权控制可以避免酒店重复建设。酒店业需要投入大量资金以维持日常运营和实力扩张,而仅靠酒店自我积累、自我复制等传统手段来募集发展资金已经无法适应飞速发展的市场竞争环境。伴随着中国酒店业的不断发展,通过股权控制而进行酒店市场的投融资活动将愈演愈烈。

（三）契约管理

契约管理主要是通过输出品牌与管理等核心能力,实现无形资产的有形化,以低成本进行高效率扩张。契约管理包括委托管理、特许经营、管理合同、租赁经营等主要形式。由于契约方式没有直接投资,避开了资本量的限制,有利于提高酒店集团的扩张速度,同时减少了风险。契约管理一般不涉及企业的产权问题,因此在进行跨地区、跨所有制或跨系统扩张时,集团遇到的阻力较小。但这种方式最大的障碍在于内部无股权关系,成员之间的联合紧密度较低,缺乏稳固的联合基础。

委托管理是我国酒店集团采取契约管理扩张时最常用的一种方式,这反映了我国大多数本土酒店管理公司的管理水平已趋于成熟,酒店人力资源储备、技术储备等方面充足。

第四节　酒店集团发展模式核心因素

酒店集团发展壮大所依托的要素主要包括资本、品牌、管理能力或技术等,任何一项要素发挥到极致,都可以成就一家大型酒店集团。

一、以资本为核心要素的发展模式

国内酒店集团发展模式从一开始的市场思维逐渐转向资本思维。市场思维关注的是如何经营酒店,顾客在哪儿,如何对其进行营销,如何对酒店进行日常的管理等,这些方面国内酒店发展前期已有了很大进步,从资本的角度思考集团发展在后期才逐渐开始。

(一)运营与管理:由重资产模式到轻资产模式

酒店发展模式变化的一个重要方面体现在由重资产模式向轻资产模式的转变,其本质是对酒店运营资本成本问题的思考。

资金雄厚的企业集团以资本为核心要素介入酒店的投资和资本运作,建立起大型酒店集团。例如以万达集团、保利地产和绿地集团为代表的房地产商,他们凭借前期的资金实力,建设了不少酒店,并委托国际或国内酒店集团进行管理。随着酒店数量增多,部分房地产商开始筹建自己的酒店管理公司。

有些酒店集团把酒店运营管理与资产管理剥离开来,将自己的酒店资产打包通过酒店不动产信托投资基金(REITs)模式上市,如开元酒店集团在香港以 REITs 模式上市、绿地酒店集团在新加坡以 REITs 模式上市等。这样酒店投资得以变现,以达到资产变轻的目标。国际上一些酒店集团将资产管理和分时度假业务分拆分别上市来实现轻资产运作。例如,万豪国际剥离酒店资产后组建了以 REITs 模式上市的 HOST 公司,剥离分时度假业务组建了万豪国际度假公司,而万豪国际专注于酒店管理和特许经营业务。2017年,希尔顿控股将旗下部分酒店不动产拆分并重组为不动产投资信托公司 Park Hotels & Resorts,而分时度假业务被拆分为希尔顿分时度假俱乐部,分别进行上市。

(二)融资:酒店集团融资模式从债权型到股权型关系

初创型精品酒店、主题酒店、中端酒店、经济型酒店以及精品民宿等住宿业态的快速发展,基本都依赖于风险投资或私募股权基金等融资模式,如君亭、花间堂、亚朵酒店等。

具备一定规模的中端酒店集团多采用引进战略投资或财务投资实现融资目的,例如维也纳酒店集团先后引入软银赛富资本和奇力资本进行股权融资,获得资金支持。或可以通过被上市公司收购的方式实现资产证券化,例如,铂涛酒店集团被锦江集团以82.69亿元收购81%股权,并达成战略合作协议,实现了资产证券化。

（三）介入主体：从酒店运营公司到金融资本公司

从进入行业的主体看，早期主要是产业资本，后期金融资本开始积极介入酒店投资和运营管理。例如，安邦保险公司收购了纽约华尔道夫酒店和黑石集团旗下酒店，产业投资公司复星集团先后收购地中海俱乐部和日本北海道的星野度假村。

（四）扩张：从内生增长到外延扩张

以前酒店集团扩张多采用内生增长模式，而现在越来越多采用并购重组或参股等外延增长模式。例如锦江、首旅、华住等酒店集团实施了多项并购交易，海航旅游集团60亿美元收购希尔顿集团25%股权和美国卡尔森酒店集团，集团规模迅速壮大。

二、以品牌为核心要素的发展模式

以品牌为核心要素形成的酒店品牌运营公司，多采取委托管理、品牌特许以及租赁经营等模式。如温德姆、万豪国际等酒店集团以品牌输出为主，卡尔森饭店集团、速8等经济型酒店等则采用出售品牌区域特许经营权的发展模式。软品牌模式（单体酒店加盟酒店集团后，仍用原来的名字）也是基于品牌影响力来运营的，比如豪华精选、星程联盟、尚美生活等。

（一）本土酒店集团的品牌谱建设已较为多元和完善

如果按照酒店数量和客房来统计，我国本土酒店集团已经在世界上占有重要位置。据《HOTELS》杂志2023年数据统计，全球酒店集团100强中共有24家中国酒店品牌；但是就品牌影响力而言，中国本土酒店集团还需进一步加强。

（二）精品酒店软品牌及其模式

精品酒店的发展面临着个性化与规模化的平衡困境；个性化意味着高成本，规模化可降低成本、增强盈利能力，但将弱化个性化。对于单体精品酒店而言，应解决保持独立性、独特性与营销、预订等运营成本过高之间的平衡问题；对于精品酒店连锁集团，应解决规模化、标准化与个性化、独特性之间的平衡问题。其化解之道就是建设精品酒店的软品牌。

软品牌又称为准品牌或签名品牌。其不同于酒店联盟，而是超越一般联盟，以公司化、集团化模式来运营。精品酒店软品牌在国际上已有近60年的历史，罗莱夏朵和万豪集团的豪华精选都是较早以软品牌营销的酒店。21世纪，软品牌模式开始在国际上流行，特别是欧美国家精品酒店较多采用软品牌模式，但国内精品酒店软品牌仍处于萌芽状态。

软品牌是相对于硬品牌而言的。我们可以把那些拥有一套统一的VI系统、硬件和软件标准的品牌称为硬品牌。硬品牌酒店通常会被视为标准化和千篇一律，降低了业主独立性，也限制了其创造力。在酒店业发展的几十年中，酒店集团、酒店管理公司的硬品牌和特许经营模式，在国内市场取得了很大的成果，培养了一大批优秀的酒店管理人才。然而随着奢华及高端酒店品牌开始向三四线城市下沉，却无法带来足够的客源和价值时，品牌价值也将被不断弱化。

而软品牌酒店不受品牌标准的束缚，不需要统一的标识系统、设施设备、酒店用品、人员配备等,给予了业主更大的灵活性,可保留酒店名字的独立性和自己的品牌身份,独立经营自主决策,保持酒店的个性特征和魅力。软品牌让独立酒店充分利用软品牌或所属酒店集团的中央预订系统、营销和销售渠道、顾客忠诚计划等资源,以更高效地获取客户;软品牌还可提供后台管理系统、收益管理系统、人员培训、酒店采购等,以降低营业成本,提升运营效率。

精品酒店软品牌模式大体可分为以下三类。一是独立发展的精品酒店软品牌,如目的地酒店等。二是附属于大型酒店集团的精品酒店软品牌,如洲际酒店集团旗下的奢华及精品系列品牌洲至奢选、雅高酒店集团奢华品牌铂翎汇臻选,万豪旗下的豪华精选、傲途格等,这类软品牌的名字中通常以 Collection 或 Portfolio 为后缀。从品牌定位来看,这些软品牌面向的都是高品质的高端独立酒店。三是代表公司型的精品酒店软品牌,例如立鼎世酒店、璞富腾酒店、罗莱夏朵、SLH(Small Luxury Hotels)等。这些独立软品牌旗下的酒店更倾向于发展自有品牌,从而避免加入第三方品牌而产生的成本、限制,以及由于委托管理、特许经营合同而产生的负担。

无论是哪种软品牌经营模式,软品牌酒店管理公司都要制定准入门槛和进行品质监管。并且软品牌在商业方面更具有持续性,保留了硬品牌的优势,但不必承担长期合同和高成本的特许经营费等负担。加入软品牌介于加入连锁品牌和保持独立运营之间,软品牌更像是一个合作伙伴,很多软品牌费用是基于绩效而定的,合同期限3到5年,也有1年的。

千禧一代到来,年轻消费群体正在重新定义品质出行。飞猪平台上的预订数据显示,"95后"成为出游主力军,"00后"旅游预订量增速最快。新一代消费群体出游大胆、爱尝鲜且有激情,民宿、网红酒店等单体住宿单元在国内爆火,独立酒店也开始迅速崛起。目前,在中国市场上,可以观察到少数采用类似软品牌模式来运营的酒店,如华住酒店集团的星程酒店(中档酒店)、尚美生活的 AAROOM(经济型酒店)和99旅馆连锁推出的99优选。

华住集团推出星程精品酒店品牌,其定位于中高档酒店市场,面向商务人群,价位在400—600元,硬件设施达到四星级标准,整体风格高雅、装修精致,突出这一阶层顾客的文化及艺术需求。从价位上看,该品牌属于中档酒店里的高端品牌。

尚美生活推出 AAROOM 计划,与全国中小城市的单体酒店合作,为其提供统一的品牌标识、会员价格体系和部分设施物资。成员酒店通过"AA旅行"APP 的中央预订平台预订房间,共用尚美生活全国千万级的会员网络,并统一使用尚美生活的云酒店管理系统。

99旅馆在市场分析时发现,很多20到60间房的小体量酒店做得不错,只是苦于没有品牌优势。于是适时跟进,推出了99优选。99优选酒店以尊重本土化、个性化为产品理念,采取轻标准加盟的方式,最大限度地保留酒店原有的硬件设计特色,通过对客用品的品质提升,优化顾客体验。每家店都是店主精心打造,为消费者提供更加舒适、安心的住宿体验。

精品酒店是独立运营还是选用品牌连锁,或是选用软品牌,需要考虑酒店的目标消费者、营销收益、设计和运营指导原则以及与品牌化相关的成本。当酒店业主缺乏管理经验、目的地尚未成熟时,加入硬品牌可以带来客源;当业主拥有较丰富的管理经验或目的地较为成熟时,则可以独立经营或加入软品牌。相对加入硬品牌而言,加入软品牌一般成本更低,

合同更灵活。酒店可节省重新装修、更新标识系统和酒店用品以及人员培训的费用,但获得软品牌公司或背后品牌酒店集团的推荐网络和预订系统,需要支付一定的费用。软品牌的费用结构一般是会员费＋收入百分比＋营销费用。

加入软品牌后,在管理方式上,若业主具有运营能力,可选择自己经营,也可采取委托集团管理或第三方酒店管理公司管理。在酒店名称上,那些坐落在历史建筑、地标性建筑、特色鲜明的建筑或知名度高的建筑里面的精品酒店,更愿意保留自己的名称和品牌。而一些新建精品酒店在加盟软品牌时通常会在名称里植入软品牌,例如海口中弘傲途格酒店。在客房价格层面,相比硬品牌酒店明确的客户群和定价策略,软品牌酒店有更广泛的用户基础和更为灵活的定价策略,具有更强的独立性和独特性。

总体而言,加入软品牌,精品酒店可在保持独立性的同时获取连锁化带来的好处,同时也带给消费者更加个性化、更加满意的体验。精品酒店的软品牌将会成为国内精品酒店发展的一种新模式和新趋势。

三、以管理能力为核心要素的发展模式

如果一家酒店公司既没有强大的资金实力,又没有具有影响力的酒店品牌,其还可以凭借良好的酒店运营管理能力构建第三方(独立)酒店管理模式,并发展成大型酒店集团。第三方酒店管理模式是第三方专业管理公司接受业主委托,获得其他酒店集团的品牌特许,来负责酒店日常运营的管理模式。酒店业主向品牌持有人支付品牌费,第三方酒店管理公司依据管理合同收取管理费。

从国际酒店集团发展的进程看,当酒店品牌的成长与发展壮大到一定程度时,都会借助第三方酒店管理公司进行市场拓展。国内酒店品牌正处在高速成长阶段,与第三方管理公司合作能加强自己的品牌输出与管理,助推酒店集团的成长和品牌的国际化。同时,国内酒店业经过多年发展,酒店业主对于各类酒店管理模式已较为了解,他们越来越注重经营的实效,注重长远效益及其资产的投资回报。在业主看来,第三方酒店管理公司成为业主与品牌方的"中间人"和协商平台,可以缓解他们之间的利益冲突,且第三方酒店管理公司的沟通半径相对较短,没有过多的束缚。因此业界对第三方酒店管理模式的认同度在不断提升。

第三方酒店管理模式的最大优点是将品牌与管理分离,给予业主很大的自主权,更具灵活性。业主可以根据运营情况选择和更换品牌,可以将国际化与地方性结合,综合利用各种资源组合等。国内许多酒店作为房地产发展的衍生品或整体项目规划中的配套项目,但酒店运营并非房地产开发商的强项,此时,第三方酒店管理则可以为其提供更专业化的经营与管理服务。第三方管理的介入在实现良性运营的同时为酒店留下了宝贵的运营机制和扎实的管理团队,若后期业主决定改为自主经营,成熟的建制和班底将成为其经营的核心力量。

四、以技术为核心要素的发展模式

若一家既无资本、业务品牌又无运营管理能力的公司想介入酒店投资或运营管理领域,

凭借先进的商业模式和技术手段,也可能发展成一家住宿企业集团。以爱彼迎、途家网、小猪短租等为代表的住宿分享平台公司,就构建了以互联网技术为核心要素整合分布在全球的住宿单位的短租/度假租赁运营管理模式。

除了互联网,酒店业还尝试应用人工智能、生物识别技术、虚拟现实、大数据、物联网、3D打印、低碳环保技术等,以使酒店住宿业更加智能高效,更加绿色低碳。在酒店的选址、消费行为分析、市场定位、产品设计、市场营销、收益管理、供应链金融等多个领域,大数据技术已得到广泛应用,为企业投融资和运营管理决策提供重要支撑。科技正在重塑酒店住宿产业链,其带来的产业变革和价值链各环节的优化,进一步帮助酒店企业提升效率,降低成本,挖掘需求,精准营销,捕捉顾客所需,提升客户体验。

（一）生物识别技术的应用

生物识别技术开始应用于酒店入住,例如阿里飞猪推出的"未来酒店",采用刷脸入住。客人直接操作酒店的刷脸机,输入身份证号码,成功通过人脸识别后,即可迅速办理入住,整个过程不到1分钟。飞猪的刷脸入住系统,直接将酒店、飞猪、公安系统连通,入住酒店只需要一次身份认证,对酒店和消费者来说都大大节省了时间。

（二）人工智能技术的应用

智能门锁在酒店中已得到普遍应用,智能服务机器人的使用也越来越多。例如海航希尔顿酒店,精通四十国语言的商务智能服务机器人"润"穿着海航专属服饰,成为前厅部和礼宾部最红的职员。在移动过程中,"润"可以自主躲避周围的人和障碍物,自动通过互联网程序上下电梯,从而引导客人到达房间、餐厅、会议厅、ATM机等区域。"润"可以承载十公斤重的物品,完成运送拖鞋、矿泉水等日常任务。当有客人打电话到前台要求送东西时,工作人员只需准备好物品,输入密码打开"润"的储物仓放入,并设置好要去的房间号,"润"就会自行前往,到达客人房间门口后,"润"会自动拨打房间电话通知客人开门取物,完成任务后它会按原路自主返回。没有任务时,"润"则会安静地回到充电桩上为自己充电,充满电后可连续工作六小时。智能科技的运用,能降低酒店的人工成本,当智能科技相对成熟后,其投入成本不是太高,在酒店未来发展中具有一定市场。

（三）大健康技术的应用

睡眠科技是大健康技术中最受关注的一项。现代社会不少人都存在睡眠质量问题,酒店也尝试借助睡眠科技产品提高客户的睡眠体验。例如智能睡眠检测仪,可在睡眠时穿戴使用,监测记录心率、移动、打鼾以及打盹时的环境噪声和呼吸数据,帮助改善睡眠质量。

维也纳酒店集团聚焦"深睡眠、大健康"核心价值理念,旗下成立了好眠科技公司,致力于为顾客打造"五感睡眠空间"。维也纳本着"帮客人找回好睡眠"的愿景,将高科技手段与产品结合,打造舒适合理的助眠床品系统,根据人体工学及仰卧习惯设计推出了"愉梦之床"和好眠枕,以让顾客得到全身心的放松。

东莞的慕思健康睡眠酒店,其装修和服务设计都密切围绕睡眠主题。酒店的165间精

品客房,配备了慕思旗下不同风格系列的寝具,可以匹配不同人群的睡眠模式,办理入住时酒店即可根据不同客人身高、体重,身体曲度及睡眠习惯,安排不同的房间及寝具。房间配备了睡眠香薰、睡眠音乐、智能按摩椅、按摩浴缸等设施,帮助顾客获得健康睡眠新体验。同时,酒店专门设有健康睡眠体验中心,顾客可以体验专业的"智能化健康睡眠测试",量身定制健康睡眠系统,用科技改善睡眠;还可以体验催眠房、享受专业的睡眠理疗,找回最健康最舒适的睡眠状态。

(四)低碳环保技术的应用

环保节能新技术在酒店产业中的应用主要涉及设备、工程安装、设计和运营四个方面。

苏州科技城源宿酒店8字形的建筑设计使主要区域的90%面积有自然采光,室内天然采光最大化,屋顶绿化面积也大大增加。同时,酒店还采取了房间以过滤直饮水系统代替瓶装饮用水,地毯用可回收材料制作等环保举措。

天津京蓟圣光万豪酒店注重在细微之处体现环保低碳,如大堂的旋转门内安装了发电机,进出时产生的动能可以转化为电能,为门顶上的低能LED灯供电。

洲际酒店集团旗下所有酒店均加入了洲际绿色环保参与计划,这是一个创新性的环境可持续发展在线系统,它为酒店提供行之有效的方法以衡量并管理日常运营对环境产生的影响。洲际绿色参与计划紧密跟踪酒店对能源、碳、水的使用情况,废物管理及相关成本,可以在酒店生命周期的每一个阶段管理环境影响。酒店可以从精心设计的200多种"绿色环保解决方案"中进行选择,从而帮助酒店降低能耗、节约用水、减少废物,改善日常运营对环境的影响。这套系统帮助酒店履行负责任企业的重要承诺,同时帮助酒店削减能源损耗造成的经济损失。

课后练习

1.什么是酒店集团?酒店集团的特征有哪些?
2.酒店集团分类有哪些?
3.试述酒店集团经营管理模式。
4.试述酒店集团优势。
5.试述国际酒店集团的发展历程。
6.试述国际酒店集团在中国的发展。
7.试述中国酒店集团发展阶段。
8.试述酒店集团发展核心因素。

参考答案

案例分析

A公司是法国一家专门管理和经营度假旅馆的连锁公司,目前在法国开有7家饭店和两家快餐厅。这个公司由路易先生创立,他曾在巴黎一家大酒店当了10年的厨师。他一直想积攒一笔资金和他的表哥亨利合伙经营一家自己的公司。亨利曾在欧洲许多高档饭店担任过餐饮部经理。

A公司所属的7家饭店,都是专门接待短期度假客人的中低档、中小型饭店。两家快餐厅经营各种手工制作的甜点、快餐、冰淇淋、巧克力糖果以及系列咖啡、茶和饮料,其造型精美且味道独特,特别受顾客的青睐。每个餐厅大约都各有40多个餐位。路易和亨利始终直接控制着所属饭店和餐厅的经营,在经营时采取统一的管理原则。他们这样做的目的是使全公司在经营中能互相协调,一致发展,但在某种程度上也限制了各餐厅的经营与管理,所以公司的发展未能达到应有的速度。

公司会计师向他们做财务报告时提出,公司已积累了相当多的资金,可以考虑再开新的企业,并建议他们采取A公司经营权让渡的方式,在法国和欧洲其他国家进一步发展,扩大公司的实力,提高公司的知名度。

路易和亨利知道很多人对他们公司的产品、管理、经营十分感兴趣,他们每周都要收到十几封从欧洲其他国家寄来的信,要求使用A公司的名义,在经营权让渡特许合同之下开办同类餐厅。因此,他们决定听一听会计师的建议和想法。他们在会计师写来的财务报告上批示如下:

尊敬的会计师:

我们对您提出的建议非常感兴趣,我们的确很想让我们的公司打入整个欧洲市场,但在我们打入欧洲前,我们急需了解使用公司特许经营权让渡的经营方式有哪些利和弊。

盼望您能尽快答复。

路易和亨利

案例思考:

假设你是这位会计师,请你写一份建议书给路易和亨利,回答他们批示中提出的问题。

第三章 →

酒店管理的理论与方法

学习目标

1. 了解酒店人本管理
2. 了解制度管理法、表单管理法、现场管理法
3. 掌握酒店柔性管理法
4. 掌握酒店收益管理法
5. 掌握优化我国酒店管理的方法

第一节　酒店管理概述

一、管理的内涵

管理是人类组织社会活动的一个最基本的手段,广泛存在于社会的各个领域,如国家行政管理、军事管理、经济管理等。在社会活动中,特别是一切有组织的活动中都离不开管理。这就要求我们必须先了解管理是什么。关于管理,从不同的视角有不同的解释,比较具有代表性的解释有以下几种。

(1) 管理是由计划、组织、协调、控制等职能要素组成的活动过程。

(2) 管理通过对各种资源的有效利用,达到个人或团体的目标。从这一点来讲,作为一个管理者,有数种资源供他使用,其工作就是调剂各种资源,利用它们为团体谋利。资源总括起来有六种:人力、物资、方法、机械、资金、市场。由于这六种资源的英文单词词首都是"M",国外称之为"6M"。

(3) 管理就是决策。这一观点是由赫伯特·西蒙提出的,他认为企业管理过程就是不断决策的过程。决策过程可以分为四个阶段:①调查情况、分析形势、收集信息,找出制定决策的理由。②制定可能的行动方案,以应对面临的形势。③在各

种可能解决问题的行动方案中进行抉择,确定比较满意的方案,付诸实施。④了解检查过去决策方案的执行情况并做出评价,以便适时进行新的决策。任何组织、任何层次的管理者在进行管理时都要有决策过程,因此可以认为管理就是决策。

(4)管理是各个团体组织协调行动,达到共同目标的一种过程。它主要包括三个方面的内容:①管理的核心是协调组织成员的行为;②管理者应根据人的行为规律激发人的积极性,使同一组织的人员具有共同的目标;③管理的任务就是要使组织成员之间相互理解与沟通,为完成共同目标而努力。

(5)管理是有效地使用各种资源,对顾客提供最佳服务、对员工提供最佳待遇的一个过程。它主要包括两个方面的含义:①有效地利用管理资源;②满足顾客与员工的需要。

以上几种定义分别从不同的角度揭示了管理的含义,描述了管理的某一方面的属性。综合以上定义,我们认为管理是人们为了达到一定目的,有意识、有组织地通过实施决策、计划、组织、指挥、协调、控制等管理职能,对管理客体发生作用的社会活动。

二、酒店管理的概念

酒店管理,即酒店全体员工和各部门协调行动,通过执行决策、计划、组织、指挥、协调、控制等管理职能,有效地利用酒店各种资源,包括人力资源、物力资源、财力资源、设备设施、市场资源等,保证酒店业务均衡发展,达到酒店的经营目标和管理目标的活动过程。

(一)酒店管理中的可利用资源

酒店管理者对酒店实施有效管理的首要前提是正确了解与评价市场,通过充分的市场调查、市场预测及市场分析,科学分析酒店所处的内外环境的优势和劣势,同时结合酒店的特征以及可以利用的人、财、物、信息、技术等资源,从而定位酒店市场,并据此确定酒店的战略规划组合。一般酒店可利用的资源有以下几个方面。

(1)人力资源。在酒店经营过程中,需要具有管理技能的管理人员、训练有素的服务人员及具备专业知识技能的技术人员。

(2)财力资源。酒店经营活动中,必须具备一定数额的资金,资金的来源包括自有资金、银行贷款、上市融资等多个方面。

(3)物力资源。物力资源包括酒店的建筑、设施设备、储备物资、当地食品原材料的供给、能源等。

(4)信息资源。酒店的一切经营管理活动都离不开信息。酒店信息可分为外部信息与内部信息。外部信息为酒店经营决策提供依据;内部信息为酒店改善经营管理所服务。

(5)技术资源。现代技术的运用改变了酒店产品的形态,拓宽了销售渠道,延伸了市场半径,有利于酒店管理水平的提高。

(6)品牌资源。酒店在社会公众心目中的良好形象以及与周围其他企业、团体、政府职能部门的良好关系等。

从酒店可利用资源的构成可以看出,酒店管理既包括经营又包括管理。经营和管理是

酒店经济活动中,密切联系、相互依存、相互渗透,但又有所区别的两个方面。酒店管理就是经营过程和管理过程的统一。经营是酒店经济活动的中心,是管理产生和发展的基础;而管理是从经营中分离出来的一种职能,是随酒店经营规模扩大和分工协作关系深化而逐渐发展起来的。管理从经营中独立出来后,对经营起着双重作用。一是管理为经营服务,即管理必须围绕酒店经营这个中心内容进行,将酒店经营的各要素和条件按照一定的方式和比例结合起来,并按照一定顺序投入经济运动过程,为获得良好的经营效果提供保障。二是管理驾驭经营,即管理把经营活动过程及其各种要素作为管理对象,运用各种管理方法和手段来指导、控制和推动经营活动。总之,管理与经营既有联系又有区别,经营的侧重点面向外部,针对市场和需求,是酒店的一切经济活动的中心,是根本;而管理的侧重点面向企业内部,针对具体业务和运转过程,必须为酒店经营服务。二者互相联系、互相制约、互为条件。

（二）酒店管理的主要工作

酒店管理者只有掌握了管理的要点,抓住主要工作,才能管理好酒店。一般酒店管理的主要工作有以下几个方面。

1. 资产管理

酒店管理者要掌握酒店的资产经营设施、设备标准和服务要求,以及设施设备的采购、安全维护、更新的要求等。

2. 计划管理

酒店管理者要规划在未来一段时间内的工作目标和实现目标的行动方案。

3. 组织管理

酒店管理者要掌握酒店的机构(部门)设置、岗位设置,明确各机构和岗位的责任、权利及相关规章制度的规定等。

4. 人力资源管理

酒店管理者要确定酒店每一部门和岗位所需要的员工数量,挑选录用员工,将不同员工分配到合适的岗位上,培训员工,并对员工进行日常管理,其中包括工资管理、评估考核管理、奖惩、晋升、辞退等。

5. 督导管理

酒店管理工作大多数是在工作现场的督导管理,管理人员指导下属员工按操作程序和服务标准执行工作指令,按照员工的能力或技能分配工作。管理人员进行督导管理的过程,就是向下级发号施令、下级必须服从并执行的过程。

6. 沟通管理

沟通就是信息传递与反馈的双向交流。酒店管理者要实现有效的指挥与指导,就需要做好信息处理工作,通过传递信息,来增进了解,调整工作情绪,提高工作效率,以达到预期的工作目标。

7.控制管理

控制管理是指酒店管理者根据各种工作标准指导和检查员工的工作,发现问题,分析原因,及时补救。

8.协调管理

酒店管理者要正确、及时地发现各种冲突,分析其性质、类型,并选择适当的方法及时解决。

9.预算与财务管理

预算是指每一个酒店管理者对计划工作将产生的收入与支出,以及最终损益的估算。而财务管理就是通过酒店财务报表,如酒店的经营情况表或损益表,对实际的财务收支状况与预算的收支标准进行比较分析,负责收支的各级管理者要及时发现存在的问题,并找出问题的原因和解决办法,对收支进行有效的控制。

三、酒店管理的基本职能

管理是通过管理职能实现的,管理职能是管理在社会活动中所具有的职责和功能。法国管理学家法约尔在《工业管理与一般管理》中提到,管理具有计划、组织、指挥、控制和协调五个要素,即管理的五大职能。

(一)计划职能

计划职能是酒店管理的首要职能,是指在开展酒店经营管理工作或行动之前,确定目标和拟定实现目标方案的过程。计划工作是为事物未来发展规定方向和进程,因此,计划重点要解决好两个基本问题。一是目标的确定。目标选择不对,即使计划再周密、具体也是枉然,这是计划的关键。二是进程的时序。事物发展都有一定的规律和顺序,先做什么、后做什么、可以同时做什么,都不能错位,这是计划的准则。

(二)组织职能

酒店管理的组织职能是把酒店管理要素中的人、财、物,按目标要求组合成一个协调的整体。它有两个基本要求:一是按目标要求设置机构、明确岗位、配备人员、规定权限、赋予职责,并建立一个统一的组织系统;二是按实现目标的计划和进程,合理地组织人力、物力、财力,并保证它们在数量和质量上相互匹配,以取得最佳的经济效益和社会效益。组织职能实际上是酒店管理的组织保证功能。

(三)指挥职能

指挥即发令调度的意思。酒店管理的指挥职能就是运用组织权限,发挥领导的权威作用,按计划目标的要求,把所有的管理对象集合起来,形成一个高效的指挥系统,保证人、财、物在时间和空间上相互衔接。指挥是一种带有强制性的管理活动。酒店管理者主要通过命令、指示等形式,调控管理对象的行为,使众多人的意志行为服从于权威的统一意志,保证全

体员工按整体要求履行职责,全力以赴完成任务,不折不扣地实现酒店管理目标。

(四)控制职能

酒店管理的控制职能是对计划执行情况不断进行监督检查,发现问题后,及时采取纠正偏差的措施,以保证原定目标有序实现。控制必须具备三个基本条件:①有明确的执行标准。比如,数量、定额、指标、规章制度、政策等。②及时获得发生偏差的信息。比如,报表、简报、数据、原始记录、口头汇报等。③有纠正偏差的有效措施。缺少任何一个条件,管理活动便会失控。

(五)协调职能

协调是管理中的管理,它具有综合性、整体性。协调职能是保证各项活动默契配合,不发生冲突和矛盾,以保持整体平衡,它是管理本质的体现。协调职能包括垂直协调和水平协调,内部协调和外部协调。在酒店中协调职能主要体现在各部门间的依存关系上,这种依存关系主要有以下三种形式。

1. 整体依存关系

酒店的部门或个人在具体工作上相互之间是相对独立的,但他们都必须依存于酒店这个整体。例如,酒店的洗衣房和商品部的关系。

2. 顺序依存关系

某部门或个人的工作必须等待另一部门或个人完成以后才能开始。例如,酒店的洗衣房与客房部的关系。

3. 相互依存关系

双方的工作互相依存,一方完成工作的情况直接影响对方的工作,双方必须密切配合,才能完成各自的工作。例如,酒店的总台与客房部的关系。

酒店管理的五大基本职能,各自发挥着独特的功能和作用,但它们并不是割裂开来的,而是密切联系的,它们是围绕着管理目标而形成的有机整体,这就体现了酒店管理职能的整体性。

第二节 酒店管理的基础理论

酒店管理理论是以管理学为基础,结合酒店管理自身特点形成的新的管理系统分支。作为对管理学的继承,酒店管理理论延续了管理科学理论体系中的三个主要学派的思想,即科学管理理论、行为科学理论和现代管理理论。

一、科学管理理论

科学管理理论形成于19世纪末20世纪初,其主旨在于解决原来家庭式的经验性管理所带来的弊端,倡导并推行管理的制度化和标准化,它是区别于原始的经验管理而形成的特定范畴。科学管理理论以追求生产效率为目标,运用科学的方法,按企业的生产规律进行管理。这一时期的主要代表人物有泰罗、法约尔等人。

（一）泰罗的科学管理理论

泰罗是科学管理理论的创始人,被人们称为"科学管理之父"。他开创了西方管理理论研究的先河,他的科学管理理论为现代管理理论的形成和发展奠定了坚实的基础。

泰罗1856年生于美国宾夕法尼亚州。22岁到米德维尔钢铁公司当学徒,在技术水平、管理能力上得到锻炼,从工头、车间主任一路提拔为总工程师。从1880年开始,他对工人的操作方法及劳动时间进行了一系列的长期研究和试验,逐渐形成了"泰罗制"。

1. "泰罗制"的主要观点

（1）科学管理的根本是谋求最高工作效率。最高效率是工厂主与工人共同富裕的基础,可以提高工厂主扩大再生产的兴趣,提高工人的积极性,促进生产发展。所以提高劳动生产率是泰罗创立科学管理理论的基本出发点,是其确定科学管理理论原理、方法的基础。

（2）达到最高工作效率的手段是以科学管理代替传统管理。即在管理实践过程中建立明确的规定、条例、标准,使一切管理工作科学化、标准化、制度化,从而提高管理效率。

（3）科学管理的核心是要求管理人员和工人双方实现重大的精神变革。即树立彼此的责任观点,化对立为合作来争取更多的收入和企业利润。

2. "泰罗制"的主要内容

（1）定量作业和标准化原理。即通过改进操作技术和方法,进行动作研究和时间测定来定额,规定工人的作业量,并通过劳动工具和劳动环境的标准化来提高劳动生产率。

（2）在工资制度上实行差别计件制。按照作业标准和时间定额,规定不同的工资率。

（3）对工人进行科学的选择、培训和提高。

（4）制定科学的工艺规程,并用文件形式固定下来以利推广。

（5）使管理和劳动分离,把管理工作称为计划职能,把工人的劳动称为执行职能。

（二）法约尔的组织管理理论

泰罗的科学管理是一个革命,其侧重于对局部和个体的研究。然而企业是由多工种、多部门组成的,分工较细,是协作紧密的整体组织,企业组织管理的水平同样极大地影响着企业的效率。法约尔经过长期的实践和研究,较完整地提出了企业组织管理的理论,其主要内容包括以下四个方面。

1. 任何企业都有六种基本活动

企业经营活动包括六个方面:技术活动(工厂的生产、制造和加工等)、商业活动(企业与社会的交换活动,包括买和卖)、财务活动(资金的筹措、资金的运用)、安全活动(设备安全、生产安全、职工安全、企业风险的避免)、会计活动(对资金运动的记录,对成本、收入、利润的核算)、管理活动(对企业的管理)。

2.企业管理的14项原则

劳动分工原则、权力与责任原则、纪律原则、统一指挥原则、统一领导原则、个人利益服从整体利益原则、报酬合理公平原则、集权与分权原则、等级链原则、秩序原则、公平原则、人员稳定原则、首创精神原则、团队精神原则。

3.法约尔跳板原则

等级链原则确定了组织中直线指挥和逐级领导的原则。按此原则,如果两条链的下层之间需要联系和协调,需由各条链的下层逐级向上报告,最后到最高层去解决,这样就会延误时间。法约尔提出,在上述情况下,两条链的平级下层可直接联系,直接在该层解决问题,以减少信息失真与时间延误,这就是法约尔跳板。

4.管理的五要素

法约尔认为管理活动由五种要素构成,即计划、组织、协调、指挥、控制。这是其在管理学理论上最突出的贡献。这一观点奠定了管理学的基础,建立了管理学的主要框架。

二、行为科学理论

行为科学是以人为研究对象的科学。主要研究人的本性、需要和行为动机,尤其关注生产中的人际关系,对工人在生产中的行为以及行为产生的原因,其目的是按照人的心理规律去调动人的积极性、挖掘人的潜力,充分利用人力资源达到企业最优化的效果。

(一)人际关系理论

人际关系理论的代表人物是美国的乔治·埃尔顿·梅奥,其主持了在芝加哥电器公司霍桑工厂进行的人际关系实验,即霍桑实验。该实验旨在研究企业生产中各种有关因素对生产效率的影响程度,根据实验以及实验中对工人的访问交谈的结果,梅奥等人总结得出主要结论"生产效率不仅受物理、生理因素的影响,而且受社会环境、社会心理的影响"。由此形成了人际关系理论,这一理论的观点包括以下几个方面。

1.企业员工是"社会人",而不是"经济人"

梅奥认为,人们的行为并不单纯出自追求金钱的动机,还有社会方面、心理方面的需求,如追求友情、安全感、归属感和受人尊敬等,而后者更为重要。

2.企业中除了正式组织之外还存在非正式组织

正式组织是依据明文规定的组织结构、规章制度形成的。非正式组织是正式组织在共同工作过程中,由共同利益、共同的思想感情而形成的非正式团体,是一种无形组织。它对员工的行为产生影响,是影响企业效率的重要因素。

梅奥指出,非正式组织与正式组织有重大差别。正式组织以效率、成本为主要标准,管理约束员工;而非正式组织以感情为主要标准,要求成员遵守人群关系中形成的非正式、不成文的行为准则。如果管理人员只是根据效率、制度来管理,而忽视员工的感情因素,那么二者必将发生冲突,影响企业生产效率的提高和目标的实现。因此,管理者必须重视非正式组织的作用,注意在正式组织的效率、制度与非正式组织的感情因素之间保持平衡,以便管理人员与员工之间能够充分协作。

3.生产效率取决于员工的满意度

生产效率不仅受工作方法和工作条件的制约,还取决于员工的满意度,即员工对社会、心理方面需求的满足程度,如归属感、安全感等。这些需要的满足又取决于个人、家庭、社会生活(如上级、同事、社会对个人的认同),以及企业中人与人的关系。

(二)需求层次理论

需求层次理论由美国心理学家亚布拉罕·马斯洛提出。他把人的需求分为五个层次:生理需求、安全需求、感情需求、尊重需求和自我实现的需求。

马斯洛认为对人的激励可以通过满足需求的方法来达到。对于一般人来说,在较低层次的需求未得到满足以前,较低层次的需求就是支配他们行为的主要激励因素,一旦较低层次的需求得到满足,下一层次的需求就成为他们新的主要激励因素。因此,管理者应当了解下属员工的主要激励因素(即未满足的需求),并设法把实现企业的目标和满足员工个人的需求结合起来,以激发员工完成企业目标的积极性。

(三)X—Y理论

X—Y理论也称人性假设理论,是由美国心理学家麦格雷戈创立的。他认为企业管理指导思想对即员工本性的看法上存在着两种对立的思想。他把这两种思想分别称为X理论和Y理论。

1.X理论

麦格雷戈把传统的管理思想称作X理论,其主要内容如下。

(1)多数人天生是懒惰的,尽可能逃避工作。

(2)多数人没有雄心大志,不愿承担任何责任。

(3)多数人生来以自我为中心,不顾组织目标。

(4)多数人工作是为了满足基本的生理和安全需要,他们安于现状、不求进取。

(5)多数人符合上述设想,只有少数人能克制感情冲动,鼓励自己,具有解决问题的想象力和创造力。这些人才能担负起管理的职责。

X理论强调客观因素,其管理思想在于管理工作的重点是提高生产率,管理是少数人的事,管理应按制度从严要求,员工的重要任务是听从管理者的指挥,用软硬兼施的方法对待员工,用金钱刺激员工的生产积极性,用严厉的惩罚措施对待消极怠工。

2.Y理论

麦格雷戈认为,在X理论的基础上,需要一个关于人员管理工作的新理论,它必须建立在更为恰当的对人的特性和行为动机的认识基础上。于是他提出了Y理论,其主要内容如下。

(1)如果环境适宜,人们运用智力和体力从事工作就如游戏和休息一样自然。

（2）控制和惩罚不是实现组织目标的唯一方法。人们对自己所参与的目标能实现自我指挥和自我控制。

（3）对组织目标所承担的义务同获得成就的报酬直接相关。

（4）在正常情况下，一般人不但能接受而且能主动承担责任。

（5）在人们中间广泛存在着高度的想象力、创造力和独创性。

（6）在现代工业条件下，一般人的智力只用了一部分。

Y理论强调人的内在因素，根据Y理论，管理应采取的措施包括少用外部控制，鼓励员工自我控制；重视人和人际关系，创造一种适宜的环境，使员工能发挥自己的潜力进而实现目标。

三、现代管理理论

科学管理和行为科学是企业管理中对生产过程、对物和人的管理的革命。生产力的发展和社会科技的进步使企业状况与社会环境都发生了极大的变化，现代管理理论也随之产生。现代管理理论有两个基本前提：一是认为企业管理是建立在三个因素基础之上的，即物、人和环境三个因素，从而把企业从封闭系统转到了开放系统，管理重点从内部转到了经营，将决策放到重要位置。二是认为企业和环境都是不断变化的，管理要适应这种变化而随机应变。

54

（一）系统论

系统管理理论把管理对象看作一个整体，是一个有机联系的整体系统，研究企业管理的任何个别事物，都要从系统整体出发，既要研究此事物与系统内部组成部分的关系，又要研究此事物与外部环境的相互联系。企业在研究部门工作时，应把内部因素与外部环境相结合进行全面分析，研究各部门的相互联系与制约关系，以求得各部门工作能保证企业最优的结果。系统理论认为各部门的工作优化固然重要，但企业整体目标的优化更为重要。

企业作为一个系统，一般由人、财、物、设备、信息和任务六要素构成，企业组织管理据此可分成多个子系统。由于企业系统总是处于变化之中，所以研究系统管理不仅要研究其静态结构，更要研究系统的动态变化。系统管理离不开数学方法、模糊理论和计算机技术以及行为观点，所以也可以说系统管理理论是对现代管理科学的综合。

（二）决策理论

决策理论认为，决策是从多个达到目标的行动方案中选择最优的方案，管理的关键是决策。这一理论的代表人物是美国的赫伯特·西蒙，其主要观点如下。

（1）企业组织的结构、职能和决策联系在一起。

（2）企业活动的中心是决策，管理就是决策。

（3）决策是一个复杂过程，它至少分为三个阶段：搜集信息阶段、拟订计划阶段、选定计划阶段。其中每个阶段都是一个决策过程。

（4）决策的类型可分为程序化决策和非程序化决策，风险型决策和非风险型决策等。

（5）企业在决策时，受信息获得难易程度、知识能力以及经济因素的影响，往往很难获得最佳的行动方案，但应制定令人满意的准则并据此进行决策，只要达到或超过了这个标准就是可行的方案。

（三）权变理论

权变理论认为，不存在一成不变、普遍适用的最佳管理理论和方法，企业管理应根据企业所处的内部和外部环境随机应变。它认为管理与环境之间存在着一种函数关系，环境是自变量，管理的思想、方法和管理技术是因变量，因变量随自变量的变化而变化。管理者应根据自变量与因变量之间的函数关系来确定一种最有效的管理方式。

第三节　现代酒店管理的基本原理

一、人本原理

人本管理是以人为本的管理制度和方式。把员工作为组织最重要的资源，以组织、员工及利益相关者的需求最大满足与调和为切入点，通过激励、培训、领导等管理手段，充分挖掘人的潜能，调动人的积极性，创造出和谐、宽容、公平的文化氛围，使大多数人从内心中感受到激励，从而达到组织和个人共同发展的最终目标。

（一）人本管理的构成要素

人本管理的构成要素包括企业人、管理环境、文化背景、价值观四个方面。

1. 企业人

人是管理活动的主体，也是管理活动的客体。在管理的主体和客体之间有着人、财、物、信息等管理活动和管理联系，正是这些活动才使企业管理的主体与客体形成了紧密依存、相互联系的管理关系。管理关系是人的关系，首要的管理就是对人的管理。

（1）管理主体。作为管理主体，人必须有管理能力，并拥有将管理知识、技能和能力付诸管理实践的权威和权力。管理能力包括管理主体对企业问题的观察、判断、分析、决策的能力。

（2）管理客体。管理客体是接受管理的人、财、物、信息，是管理主体施展管理活动的对象和不可缺少的因素。管理客体可分为人与物两类。财和信息是物质的衍生状态。接受管理指令的第一对象是人，因此人是第一管理客体，是整个管理活动中最能动、最活跃的因素。作为管理客体，人具有客观性、能动性的特征。

管理主体与管理客体作为生物体的同质性，决定了管理客体与管理主体的相关性。

2. 管理环境

管理活动是在企业的物质环境与错综复杂的人际关系环境两者相复合的系统中进行，这些综合起来称为管理的环境。

（1）公共关系对管理环境的影响。

① 对团结的影响。企业是否拥有健康的企业氛围、内部员工能否团结一致是衡量一个企业素质高低的重要标志。

② 对工作效率的影响。工作成绩跟人数并不成正比关系，每个人仅凭个人的才能无法保证企业的成功，而组织内部人际关系的协调跟工作成绩的关系极为密切。

（2）改善管理环境的方法。

① 努力提高员工对共同目标与利益的主导意识，创造条件增强集体的"向心力"。

② 协调领导与员工的关系，帮助建立健全各项规章制度以保证企业的正常运行。

③ 借助健康的文体娱乐活动，积极培养和弘扬先进的意识以增进全体员工的感情联系。

3. 文化背景（现代企业文化的构成）

（1）表层的物质文化。

物质文化是现代企业文化的第一个层次，是由企业员工创造的产品和各种物质设施等所构成的器物文化。

（2）浅层的行为文化。

行为文化是企业员工在生产经营、学习娱乐、人际交往活动中产生的文化。这种文化特征是企业精神、企业目标的动态反映，具有导向功能。

（3）中层的制度文化。

制度文化是企业生产经营活动中形成的与企业精神、企业价值观等意识形态相适应的企业制度、规章、组织机构等。这种文化是一种强制性文化，具有约束功能。

（4）深层的精神文化。

精神文化是企业文化的核心层，是企业在生产经营中形成的独具本企业特征的意识形态和文化观念，是企业多年经营中逐步形成的，其具有凝聚功能、激励功能和辐射功能。

4. 价值观

价值观是人类在社会活动中产生的关于客观现实的主观意念，具有稳定性和持久性。现代企业的价值观是企业在追求经营成功的过程中所推崇的基本信念及奉行的行为准则。企业价值观经历了以下三个阶段的演变。

（1）第一阶段是最大利润价值观。

最大利润价值观是18世纪至20世纪初在工业发达国家普遍盛行的一种管理方法。它的特点是企业基于自身立场把最大利润作为营销的价值目标，企业的全部营销活动都必须服从利润最大这个要求，并以此作为评价营销管理业绩的标准。在这种价值观的支配下，企业管理方式是专制式的，管理者把职工看成"经济人"或"实利人"，因而完全采用经济手段即奖励和惩罚来实施管理。

这种价值观虽然对提高营销利润有一定作用,但引起了人们之间的利益冲突,因此很难在企业内部达到统一,常常造成营销行为的不规范。

(2)第二阶段是经营利润合理价值观。

这种价值观要求在合理利润条件下,实现企业的长远发展和企业员工自身价值。

(3)第三阶段是企业与社会互利的价值观。

这种价值观是在确定的利润水平上将员工、企业、社会的利益统筹考虑,也就是将社会责任看作企业价值体系中不可缺少的部分。

(二)酒店管理中的人本原理

人本管理的核心是人。在人本管理的系统范畴中,人是企业最重要的资源,是管理的主要对象。人本管理思想的基本内容是根据人的思想、行为规律,运用各种手段,充分调动和发挥人的主动性、积极性、创造性来实现企业的目标。酒店管理中的人本原理主要体现在以下几个方面。

1.酒店为人的需要而存在,也为人的需要而生产

酒店是以人为主体组成的,是依靠人进行生产经营活动的,同时也是为人的需要而进行生产的。这是酒店进行经营管理的指导思想。

2.酒店的首要任务是对人的科学管理

在酒店中,人是唯一能同资本和一切生产工具结合起来的生产要素,在管理过程中实施对人的科学管理是酒店的第一任务。因此,酒店应把对人的管理放在酒店管理的首要位置,对人进行科学管理,尊重人的生理、心理感受,尽最大可能满足员工正当的物质、文化需求,调动和激发员工的积极性。

3.人力是酒店最重要的资源和财富

形成人力资本的关键是知识化,包括教育、培训、技术推广等,现代社会经济增长的主要动力和决定性因素就是人力资本。

4.酒店管理目标的实现,必须依靠全体员工的努力

全员思想强调充分发挥全体员工的积极性、创造性,通过员工的工作热情来促进工作效率的提高,只有通过全体员工的努力才能实现酒店的生产经营目标,全员思想是人本管理思想的具体化。

5.关心员工思想状况是调动员工积极性的有效方法

人的思想不断受客观存在及周围环境的影响,因而酒店必须关心员工的思想状况,了解他们的思想动向,调节员工的思想情绪,使员工保持良好的精神状态。这有助于形成一种和谐的关系,从而激发员工的积极性、主动性和创造性。

二、整分合原理

现代高效率的管理,必须在整体规划下明确分工,在分工的基础上有效地综合,这就是整分合原理。在这个原理中,整体观念是大前提,分工是关键。管理工作必须从整体出发,充分了解整体全貌及其运动规律,否则分工必然是盲目的。酒店内部的分工,就是把一个统一的劳动过程划分为若干相对独立的专业劳动,并把员工分别安置在各劳动岗位上。没有分工,酒店就没有协作,无法成为现代的有序系统。分工不明确不利于提高效率和调动各部门的积极性;而分工越细,部门之间的联系也越密切,造成脱节的可能性就越大。如果只有分工没有协作,就会导致各自为政,从而破坏系统的整体性;原理中的合即综合,指酒店各部门的协作,这是酒店管理过程中最希望得到的结果。

三、专业化原理

随着科学技术在酒店服务中的应用和发展,酒店管理需要处理和传递的信息越来越多,酒店服务及管理需要的硬件也越来越现代化,能源与安全系统、计算机管理系统等越来越受重视,这就需要各种各样的专业人员、技术人员。因此,酒店服务及管理的顺利运作需要酒店树立人员专业化的观念,把专业技术工作留给技术人员去做,充分发挥专业人员的作用和专业特长。

58

四、优化原理

优化原理是管理科学的核心。该原理认为酒店在充分利用内外部各种有利条件来进行服务管理活动的过程中,总是有潜力可挖掘的。因此,它提倡为达到最佳的经济效益,酒店管理人员在决策时应综合考虑,运用技术经济的分析方法进行定性和定量的分析,比较所有可能实施的方案,从中确定最佳方案并付诸实施。

五、反馈原理

反馈是控制论的一个基本概念,是指控制系统把信息输送出去,再把其作用结果返送回来,以便对信息的再输出产生影响并起到控制作用。世界上一切事物都是由原因产生结果,结果又构成新的原因,反馈是原因和结果的桥梁;因果之间的相互作用是为了达到共同目的,反馈在因果性与目的性之间建立了紧密联系。管理是否有效,关键在于是否有灵敏、准确、有力的反馈,这就是反馈原理。反馈有正反馈和负反馈之分。正反馈会增大输入对输出的影响,负反馈会减小输入对输出的影响。酒店经营管理的目标以及方式方法都必须根据它们的变化随时进行适当调整,否则就达不到管理的要求。反馈是酒店正常经营达到预期目标的重要条件,它能让计划不脱离实际,又保证计划得以贯彻到实际工作中去。

六、环境作用原理

环境作用原理认为,良好的工作环境是提高员工服务生产率的重要前提。它从生理学、心理学和社会学的角度出发,全面分析了工作环境(包括物理环境、化学环境、生态环境和社会环境)对员工生产服务中的影响,并据此提出如何改善和创造良好的服务环境,减少员工在服务中处于不良环境而引起的烦躁情绪和疲劳等方面的建议。

七、激励原理

激励就是通过各种科学方法引导、激发人们蕴藏的巨大潜在力,使人的能力、积极性和创造性得到充分发挥,让每个人都感到力有所用、才有所展、劳有所得、功有所奖,自觉地努力工作。酒店管理活动中运用激励原理的目的,就在于充分调动人的积极性和创造性,不断提高劳动效率,实现酒店的经营目标。人们的任何行为都有一定的目的性,而这种有目的的行为总是离不开满足需求的欲望,得不到满足的需求是产生激励的起点。酒店管理任务,就是通过满足各种正常需求来控制行为,使人们的行为尽可能符合整体利益的要求。为了进行有效的激励还需要采用正确的激励方法,主要有目标激励、支持激励、榜样激励、数据激励、关怀激励和领导行为激励等。

八、弹性原理

为了适应客观变化和动态管理的需要,管理必须具有适应性和应变能力,这就是弹性原理。管理的弹性不应当是消极弹性,而应当是积极弹性。消极弹性的特点是"留一手",如把指标压得低一些,资金要得多一些,积压人才等;积极弹性则是遇事"多一手",如事先预备好可供选择的多种方案,实施中充分发挥人的智慧和企业的各种潜力等。弹性原理在酒店经营管理中有多方面的应用。第一,在酒店制订经营计划时运用弹性原理,可以采取弹性计划。第二,对于各种管理规范、管理活动,确定出一个有效幅度的控制界限,允许在执行或实施过程中在此幅度范围内上下波动,多方面扩大经营范围和经营品种,以便及时发现和利用市场机会,充分运用企业资源并减少经营风险。

九、系统管理原理

系统管理原理源于系统理论学,是指将企业作为一个有机整体,把各项管理业务看成相互联系的网络。它是一种满足整体、统筹全局,把整体与部分辩证统一起来的科学方法,这一理论比较重视对组织结构和模式的分析。

(一)系统管理理论要点

1.企业是一体化系统

企业是由人、物资、机器和其他资源在一定的目标下组成的一体化系统,它的成长和发展同时受到这些组成要素的影响,在这些要素的相互关系中,人是主体,其他要素是被动的。

2.企业是社会技术系统

企业是一个由许多子系统组成的,开放的社会技术系统,是社会这个大系统中的一个子

59

系统,它受到周围环境(顾客、竞争者、供应者、政府等)的影响,同时也影响环境。它只有在与环境的相互影响中才能达到动态平衡。企业内部又包含若干子系统,主要包括以下五种。

(1)目标与价值子系统。包括遵照社会的要求和准则,确定战略目标。

(2)技术子系统。包括为完成任务必需的机器、工具、程序、方法和专业知识。

(3)社会心理子系统。包括个人行为和动机、地位和作用关系、组织成员的智力开发、领导方式,以及正式组织系统与非正式组织系统等。

(4)组织结构子系统。包括对组织及其任务进行合理划分和分配、协调他们的活动,并由组织图表、工作流程设计、职位和职责规定、章程与案例来说明,还涉及权力类型、信息沟通方式等问题。

(5)外界因素子系统。包括市场信息、人力与物力资源的获得,以及外界环境的反映与影响等。

3.企业是投入产出系统

如果运用系统观点来考察管理的基本职能,可以把企业看成是一个投入产出系统,投入的是物资、劳动力和各种信息,产出的是各种产品或服务。基于系统观点,管理人员不至于只重视某些与自己有关的特殊职能而忽视了大目标,也不至于忽视自己在组织中的地位与作用,可以提高组织的整体效率。

管理是一种系统性极强的活动。随着社会历史的发展,管理规模日益庞大,相关要素越来越多,管理过程的复杂性、综合性、变动性不断增强,这就引出了系统管理的客观要求。系统管理方法,就是在管理中运用系统论的观点和系统方法,对系统进行整体优化的管理,即为管理活动提供最优规划和计划,进行有效的协调和控制,使之获得整体最佳效益的管理方法。

(二)酒店运用系统管理的原则

酒店运用系统管理方法时,一般应遵循整体性原则、相关性原则、动态控制原则和最优化的原则。

1.整体性原则

整体性原则是系统最鲜明、最基本的一个特征。系统之所以成为系统,首先必须是一个有机的整体。这一原则认为,系统整体是由相互关联、相互制约的各个要素和部分以一定结构组成的有机整体;系统整体的性质和功能由系统中要素与要素、部分与整体之间的关系决定。各部分任务和作用的不同,决定了它们在全局中所处地位和所占比重的不同;只有协调一致,形成合力,才能产生整体效益。整体性原则就是把酒店管理对象看作由各个构成要素形成的有机整体,从整体与部分相互依赖、相互制约的关系中揭示对象的特征和运动规律。

2.相关性原则

系统的相关性原则是指系统与要素之间,要素与要素之间,系统与环境之间存在相互影响、相互制约、相互作用的关系。相关性原则认为,系统的内部和外部之间存在复杂的联系,且这种联系还具有等级差异性。系统是由要素组成的,一个系统同时又是上一级更大系统的子系统(要素),所以系统具有层次性。高层次系统作为整体,制约低层次系统;低层次受制于高层次,但又有一定的独立性。现实的系统都是开放的,系统向环境开放,使得内因和外因联系起来,系统才具备了得以存在和发展的条件,系统的结构和功能的关系才能成为现实的关系。系统的功能只存在于系统与环境和其他系统的相互作用之中。一个封闭的系统,没有相互作用,也就没有功能可言。系统的结构和功能是互相联系、互相制约的辩证关系。一方面,系统的结构是系统功能的基础,对功能具有决定性作用,只有系统的结构合理,系统才能具有良好的功能。另一方面,功能在适应不断变化的环境的同时反作用于系统的结构,促进系统结构的改变;改变后的结构又可以具有更佳的功能,使功能得到更好的发挥。

3. 动态控制原则

动态控制原则认为,系统不是静止不变的。系统作为一个运动着的有机体,其稳定状态是相对的,运动状态则是绝对的。其不仅作为一个功能实体而存在,更作为一种运动而存在。不论是系统要素的状态和功能,还是环境或联系的状态都是变化的。

(1)运动是系统的生命。系统内部各要素之间、系统与环境之间的相互作用和相互影响,使系统处于运动、变化、发展的过程中。在这个过程中,系统通过信息反馈机制的控制作用,对环境的影响做出反应、调整、选择,使系统的运动和发展在一定阶段上相对稳定地向着既定目标运行。

(2)要利用信息反馈机制进行管理。反馈是系统的输出和输入之间,以及系统中的不同要素、不同关系之间的相互作用。当系统中的信息输出后,其作用的结果又反过来作用于系统的输入端,对系统的再输出产生影响,进而对系统的整个功能的发挥起调节、控制的作用。反馈有正反馈和负反馈两种基本形式。负反馈是使下一个输出产生的影响减小,缩小同既定目标的差距,保持系统的稳定性的反馈。正反馈是使下一个输出产生的影响增大,推动系统偏离原有目标,离开既有的稳定性,甚至导致原有系统解体的反馈。正反馈和负反馈都是客观存在的,都对系统具有重要的控制、调节作用。管理是一个动态的变化发展过程,一劳永逸的决策是不存在的。因此,必须建立起相应的反馈机制,为适时修正决策提供依据和手段。管理者要善于及时、准确地获取信息,正确地加工、处理信息,及时反馈,修正决策。

(3)要实行弹性管理,提高应变能力。弹性管理是系统的动态性对管理的要求,弹性管理的基本思想是,管理必须留有调节的余地,保持一定的弹性,以适应可能发生变化的各种情况,特别是一些意料不到的情况。通过提高系统的适应性、灵活性,保持系统的相对稳定性,提高整体效益。实施弹性管理,一是要保持思维弹性。管理者要立谋虑变,在谋略决策时必须预测各种可能变化,留有充分的余地,做好以变应变的准备。二是计划方案要有弹性。要制订、预备多种计划、方案,从最不利的情况着眼,向最好的方向努力,防止在遇到突发或意外情况时措手不及。三是人员、物资的安排和保障要有弹性。

4. 最优化原则

人类实践的一般目的是追求系统优化,实现系统最佳目标。系统最优原则是系统方法

的最高原则,强调系统具有整体性,系统的优化只能是系统整体的优化,要根据系统的目标和现有条件,进行优化设计、优化管理、优化控制,调整部分与整体的关系,使系统获得最佳的组织结构和功能,处于最优运行状态,从而实现系统总体的最优化目标。根据这一原则,在管理实践中需要注意以下问题。

（1）各子系统的运行必须在系统整体优化的前提下进行。在系统的运行过程中,各子系统都有自己相对独立的功能和目标,都要追求自身活动的最佳效益,但是必须服从和有利于系统整体的优化和目标的实现。从系统与要素、整体与部分的关系看,系统优化有三种基本情况。一是各子系统效益好,系统整体也最优;二是子系统效益好,但系统整体并非最优;三是各子系统并非都很好,但系统整体最优。系统最优原则就是要根据既定目标,处理好局部与整体的关系,争取子系统最优,整体系统也最优。

（2）要处理好长期目标、长远利益与短期目标、短期利益的关系。长期目标与短期目标、长远利益与短期利益之间也有三种情况,即长期与短期一致;长期有利,短期不利;短期有利,但长期不利。根据系统最优原则,应该以长期目标、长远利益为出发点,照顾到短期目标、短期利益,处理好长期与短期的辩证关系。系统优化原则的可贵之处在于,在短期利益不佳的情况下,通过整体优化,合理规划,既能实现短期利益,又有利于长远利益。只有既考虑短期目标、短期利益,又有利于系统未来的长远目标、长远利益的计划、方案才是最优的。

第四节　酒店管理方法及新思想

管理方法是连接和沟通管理主体和管理客体的桥梁和纽带。没有一定的管理方法就谈不上管理活动。管理活动的实质就是采用一定的方法,计划、组织、指挥、协调和控制管理系统的矛盾运动。管理方法是构成管理活动的特殊因素,是贯穿管理过程始终的灵魂。

一、酒店主要管理方法

酒店是综合性的企业,管理方法是多种多样的,以管理的基本方法为基础,结合酒店的业务特点,针对不同的部门与不同的管理对象的特点,酒店基本管理方法主要有以下几种。

（一）制度管理法

制度管理法是指酒店将管理中一些比较稳定的和具有规律性的管理事务,用制度的形式规定下来,并通过有效地执行以保证经营管理活动正常进行的管理方法。制度管理法具有可行性、严肃性、稳定性等特点。

1.制度管理的可行性

制度管理的可行性即酒店的制度制定与实施应具有客观基础和现实条件。

酒店制度必须根据酒店经营管理的需要和全体员工的共同利益来制定,服从酒店经营管理的目标。在制定制度时,必须有科学严谨的态度,要做到认真研究、仔细推敲,做到制度条文明确、具体、易于操作。同时,制定酒店制度要注意层次性。一般酒店制度可分为三个层次:一是刚性制度,即要求员工不折不扣执行的制度,如有违反,必受处罚;二是弹性制度,即规定基本准则,而不规定具体步骤与方法,员工可以在基本准则内根据具体情况,灵活处理;三是导向性制度,即希望员工努力做到的,组织将依据员工的行为表现,给予不同程度的奖励。

2.制度管理的严肃性

制度管理的严肃性是指要维护制度的权威性和强制性。要让每个员工清楚地认识到制度规范作为一种带有法规性质的管理手段,具有无差别性的特点,在规范约束范围内一律平等,没有变通的余地;遵守制度,按制度办事,是每个员工应尽的义务,制度是不可违背的,违反制度将受到惩罚。

3.制度管理的灵活性

在酒店的制度管理中,酒店管理者既要严格按照制度办事,又要在具体管理中做到具体情况具体分析、灵活处理,做到以理服人、以情感人,把执行制度和思想工作结合起来,把执行制度和解决员工实际问题结合起来。

(二)行政管理法

行政管理法是指根据酒店各级行政组织的行政命令、指示、规定、制度等有约束性的行政手段来管理酒店的方法。行政管理法的特点如下。

(1)强制性。即行政命令、指示等必须执行,不得拖延和违抗。

(2)权威性。即行政权力,下级对上级的指令必须遵守并执行。

(3)垂直性。即行政方法直接作用于被管理者,一级管一级垂直进行,处理问题及时高效。

(4)无偿性。即下级对上级的指令必须无条件服从和执行。

在酒店管理中使用行政管理法时,首先,应根据本酒店的实际情况,建立合理的组织机构,形成合理的行政层次或能级。其次,应按照行政管理的程序发布指令、贯彻执行、检查反馈和协调处理。行政管理法的优点是能使酒店在总经理的领导下实行集中统一的管理,但管理效果的好坏与管理人员的水平有密切关系。

(三)经济管理法

经济管理法是指酒店根据客观经济规律,运用各种经济手段对劳动者进行引导和约束的管理方法。经济管理方法的特点如下。

(1)间接性。它是以经济手段调节人的利益关系,而非直接干预和控制员工的行为。

(2)有偿性。按多劳多得的原则调节员工的行为。

(3)平等性。具有统一的获利标准,如以规章制度来保证每位员工能平等获利。

(4)关联性。各种经济利益之间存在一定的关系,并且是相互影响的。

运用经济管理方法管理酒店,把员工的工资和奖金同酒店的经营成果和员工的劳动贡

63

献联系起来,能够充分调动员工的积极性和主动性,有利于加强经济核算,合理使用酒店资源,降低劳动消耗,提高酒店经济效益。

（四）表单管理法

表单管理法就是酒店通过表单的设计制作和传递处理,实施酒店业务经营活动的方法,其关键是设计一套科学完整的表单体系。酒店的表单一般分为三大类:第一类是上级部门向下级部门发布的各种业务指令;第二类是各部门之间传递信息的业务表单;第三类是下级向上级呈递的各种报表。表单管理必须遵循实用性、准确性、经济性、时效性的原则,主要有五个方面的具体规定。一是表单的种类和数量,既要全面反映酒店的业务经营活动,又要简单明了,易于填报分析;二是表单的性质,即明确其属于业务指令,还是工作报表;三是传递的程序,即向哪些部门传递,怎样传递;四是时间要求,即规定什么时候传递,传递所需的时间;五是表单资料的处理方法。

（五）定量管理法

定量管理法是指酒店通过对管理对象数量关系的研究,遵循其量的规定性,对酒店业务活动进行控制的方法。酒店的经营活动,要用尽可能少的投入,取得尽可能大的有效成果,不仅要有定性的要求,而且必须有定量分析,无论是质量标准,还是资金运用、物资管理以及人员的组织,均应有数量标准。应该说,运用定量方法管理经济活动,一般具有准确可靠、经济实用、能够反映本质等优点。当然,真正做到切实可行,关键是定量要科学合理,执行要具体严格。

64

（六）现场管理法

现场管理法也称为"走动管理法",就是根据现场问题的需要进行即时管理的一种管理方法。现场管理是一种随机的管理,其管理水平与管理质量主要由管理者的个人知识、经验、心情和心理所决定,并在很大程度上与管理者的个人兴趣、爱好、能力和魅力有关。

现场管理法的实质是,管理者在现场发现问题,现场就即时解决问题。巡视管理是现场管理的一种主要形式,是指酒店管理者通过深入基层,自由接触员工,进而在酒店内部建立起广泛的、非正式的、公开的信息沟通网络,做到体察下情、沟通意见、解决问题,达到酒店管理目的的一种管理方式。运用现场管理法管理酒店时应注意以下几点。

（1）现场管理是一种随机的、即时的但很实用的管理方法。因此,管理者在巡视过程中,要弄清酒店服务操作现场的实际工作情况、存在的问题和员工在操作中遇到的困难,才能运用自己积累的工作经验,指导部门或岗位的具体工作。

（2）在现场管理中,管理者要及时找出酒店目前发生的最急需解决的问题,并现场解决,这不但能使员工顺利地完成工作,还能提高管理者的管理效率。

（3）在现场管理中,管理者要尽量掌握顾客的动态,了解顾客对酒店服务的需求,并及时、迅速地给予满足,努力提高顾客对酒店的满意度。

（4）在现场管理中,管理者必须深入了解员工工作中的精神状态,关心、爱护他们,有针对性地解决员工工作中遇到的实际问题,让员工从中认同酒店的核心价值与目标,从而提高员工的工作积极性。

(5)现场的随机管理只有在酒店发展机遇及运行环境良好的情况下才能取得良好的成效。在激烈竞争的环境下,酒店还应采取其他科学的管理方法,才能最终取得成功。

(6)由于现场管理无法摆脱决策管理人员主观臆断的影响,难以客观、科学地按经济规律办事,使得管理的可靠性低,经营上所担负的风险大。因此,酒店在运用这种方法时,应提高决策管理人员的素质。

(七)柔性管理法

柔性管理法是指酒店以管理信息系统为基础,以市场为导向来进行产品设计开发、提供服务,且反应迅速的一种灵活管理方式。柔性管理是以权变管理和系统管理为理论基础的新管理模式,其所依托的柔性组织是一种结构扁平的、外部导向的灵活组织,这种组织强调信息沟通、网络化结构和快速反应。柔性管理的内容包括特色产品(服务)、柔性生产、柔性组织、人性为本等。

1.特色产品

酒店的特色产品来自顾客的需求与指导。顾客要求产品应有更多的选择性,要求产品和服务具有个性化和特色化,为了能够满足和适应这些需求,让顾客指导或参与多样化、特色化和个性化的产品设计与开发,就显得非常重要,这样酒店才能开发和推出更符合顾客所需的一系列产品。

2.柔性生产

随着计算机的发展和应用,酒店应借助计算机技术,按顾客需要及时提供个性化的产品和服务,提高顾客的满意度。

3.柔性组织

酒店在产品特色化和生产柔性化的基础上,还应改变酒店的管理哲学、组织结构和市场网络,使酒店组织成为柔性组织。适用于酒店的柔性组织形式包括整体性组织、不规则组织、双模式组织和虚拟组织等。

4.人性为本

人性为本的目的是解放人的创造性,调动人的积极性。酒店可以采取尊重人性的工作方式,如弹性工作、远程工作和灵活工作组等;树立尊重人性的管理思想,如合作关系、伙伴关系、平等关系、对话式工作关系、奖励措施等,来提高员工的工作积极性。

(八)感情管理法

感情管理法是指酒店管理者通过对员工的思想、爱好、愿望、需求和社会关系的研究,加以引导,给以必要的满足,以实现预期目标的方法。在酒店管理中,人与人之间的关系不仅是经济关系,更是一种社会关系。所以,要激发员工的工作积极性,就必须了解员工的需求,

掌握员工的情绪,尊重员工的个性,注重对员工的思想教育与"感情投资",引导和影响员工的行为,使酒店的目标变成员工的自觉行动。

（九）教育管理法

教育管理法是指通过说服教育、引导启发等形式,激发员工工作积极性和创造性,从而达到管理目的的一种管理方法。教育管理法的特点如下。

（1）灵活性。教育管理方法没有统一不变的模式,需要因人、因地、因时而异。

（2）艰巨性。只有长期不懈的教育,才有可能改变人的思想并影响其行为。

（3）广泛性。人的思想和行为的形成原因众多,教育方法也应对症下药,多方着手。

（4）持久性。只有持久不断的教育才能有所成效,而一旦成效显著,其影响也会深远而持久。

（十）收益管理

收益管理,又名效益管理、收入管理等。收益管理是在旧的供求管理对策论的基础上发展起来的一种新的管理方法,是市场学、运筹学、决策理论、信息科学、统计学、管理经济学等多学科结合的产物,并随着这些相关学科研究的发展而发展。酒店收益管理是一种科学的经营管理方法,其宗旨是酒店以最快速的反应和最恰当的价格细分,在不增加酒店经营成本的情况下,使酒店每天都能以尽可能高的价格出售尽可能多的产品,从而实现酒店收入的最大化。

二、酒店管理新思想

（一）组织环境理念

组织环境是指超出组织边界,但对管理者获得有用资源存在影响的力量和条件的组合。组织环境中的资源包括组织生产产品或提供服务所需要的原材料、技术人员,也包括购买酒店产品或服务,为酒店提供资金来源的消费者等群体的支持。分析一家酒店成功与否的途径之一,就是衡量其管理者在获得稀缺的、宝贵的资源方面的能力。

影响组织获取资源能力的一个重要环境因素,就是环境变化的程度。外部环境的变化包括:技术的变化,它可以带来新产品,同时取代原有产品;新竞争者的加入;不稳定的经济环境等。通常而言,组织环境变化得越快,组织对资源的获取就会面临更多问题,也就更需要管理者寻找使组织内各部门人员协调合作的方法,以对环境变化做出快速、有效的反应。

当组织所处的外部环境是稳定的,管理者多倾向于选用垂直型结构来组织和控制组织内部行为,并使员工的行为具有可预测性。一个垂直型结构的组织里,权威集中于管理等级的高层。在这种组织中,工作和角色是清楚界定的,上级对下属实行严密的监督,强调的重点是严格的纪律和命令。在稳定的环境里,垂直型组织是最有效率的,管理者可以投入最低的成本,使组织对转化过程拥有最大限度的控制,并且能够使组织以最少的资源消耗最高效地提供产品和服务。

相反,当环境快速变化时,则很难获取组织所需要的资源。在这种情况下,管理者就需要以一种协作的方式组织其行为,以快速行动获取更多资源,并对意料之外的事件做出反应。在一个有机型结构的组织里,权力被下放、分散到中层和基层管理者手中,以鼓励他们承担责任,并快速地获取稀缺资源。鼓励各部门采用跨部门或跨职能的视角看待问题,使各部门能够对面临的问题进行最有效控制。

(二)企业组织结构扁平化理念

20世纪90年代,美国麻省理工学院迈克尔·哈默教授和CSC管理顾问公司的董事长詹姆斯·钱皮提出了企业流程再造的概念,即对企业的业务流程进行根本性的再思考和彻底性的再设计,从而使企业在成本、质量、服务和速度等方面获得进一步优化。企业流程再造的特点包括:在崭新的信息技术支持下,以流程为中心,大幅度地改善管理流程;放弃陈旧的管理做法和程序;评估管理流程的所有要素对于核心任务是否重要;专注于流程的结果,不注重组织功能;在方法上以结果为导向,以小组为基础,注重顾客,要求严格衡量绩效,详细分析绩效评估的变化。将企业流程再造应用于酒店管理之中,就形成了企业组织结构扁平化理念。

一些酒店企业组织形态仍处于一种传统、纵向的垂直组织结构形式。这种结构的酒店以总经理为中心,权力相对集中,管理的传递方式是层层向上汇报,级级向下传达,需要大批的中低层管理人员进行管理和现场督导,一线员工则按规定的标准和程序操作。管理强调对人的行为的控制,这样易形成部门间的条块分割,但难以适应市场发展的需要。

67

扁平化的趋势要求改变传统的管理模式并做结构性的变革,压缩一级管一级的管理层次。信息传递的电子化将取代中下层管理层次的大部分作用,权力被简化,酒店内部的沟通更加畅通,从而减少部门间的分割摩擦,提高管理效率,降低管理成本,最大限度地发挥第一线员工的作用,体现参与式的民主管理。

(三)品牌战略理念

在日益激烈的酒店市场竞争形势下,消费者认知品牌、选择品牌逐渐形成一种消费时尚,酒店品牌也成为竞争的热点。没有品牌的企业是缺乏竞争力的企业,没有品牌的经济是缺乏活力的经济。积极实施品牌战略,已成为酒店经营者的一个重要课题。酒店的品牌是酒店产品质量和信誉的标志,是酒店产品满足顾客需求能力的反映。著名的品牌既是一种重要的知识产权,也是一种可以量化的重要资产。酒店品牌的构成要素大致包括以下几个方面:①完善的酒店产品功能;②稳定的酒店产品质量;③鲜明的酒店企业形象;④高水准的经营与有效的管理;⑤高品位的文化内涵;⑥高额的市场占有率;⑦高效益。

酒店企业应制定可行的品牌规划,积极实施品牌战略;培育酒店员工的品牌意识,努力提高酒店产品质量;加强酒店文化建设,丰富企业文化内涵;加强企业形象策划,加大广告宣传力度,珍视酒店的美誉度;积极组建酒店,共同推行品牌战略。

（四）资产经营理念

资产经营是酒店的发展趋势。酒店业的经营主要包括三个层次：一是酒店的直接经营，即传统的主体产品，如住宿、餐饮、娱乐、商品的经营等；二是酒店的综合经营，即酒店直接经营的延伸，按照酒店的性质、特点、功能等多方面延伸，使潜在的效益变成现实的效益，如酒店全方位向社会开放等，一般可取得较好的效益；三是资产经营，即企业通过资本的形式，对资产的存量和增量进行管理，实现企业利润最大化的一种经济活动，并通过资产重组实现增量积聚和集中。资产经营首先要对酒店的资产进行深层次、全面的认识，酒店的人才也是资产，形成的品牌、商誉也是资产，因而酒店资产应是有形资产和无形资产的总和。在这个认识的基础上，要使要素的运用和产权交易在深层次上进行更本质的经营，要善于盘活存量资产，让现有资产流动起来，通过资产结构和表态的变化与重组，吸引外来资本，合股、合作或合资经营，滚动发展，在短期内使酒店资本量增大，资产增值。要完成这个转变，酒店除了重视形成利润中心外，还要重视考核资金利税率、资本利润率、投入产出率、资产负债比例、资产保值增值等指标，着眼于提高酒店资产和资本营运水平。

（五）精益化管理理念

精益化管理是美国研究人员通过大量实地考察与研究，在对西方大量生产方式与日本丰田生产方式对比分析的基础上，于1990年提出的最新管理方式。精益化管理源于精益生产。精益化管理中的"精"是指精干，"益"是效益。精益就是要以最小的投入，取得最大的产出，并用最快的速度设计生产出来，以最低的成本、合理的价格在市场上销售，以明显的竞争优势，全面、灵活、优质的服务和产品为顾客提供满意的服务，把成果最终落实到经济效益上。

精益化管理的核心是通过彻底排除浪费，降低成本，提高生产率，从而赢得最大的市场竞争力。它强调一专多能和协作精神，使员工置身于一种企业主人而非雇佣者的环境中，变过去那种上下等级森严、彼此相处紧张的人际关系为上下互通、彼此尊重、互相协作的人文气氛，充分调动员工的积极性。同时注重培养每位员工的质量意识，在每一道工序进行时注意质量的检测与控制，以保证及时发现质量问题，及时解决问题。

精益化管理已成为当今世界企业追求的热点，它首先对企业的管理思维进行革新，进而在产品设计方式、企业组织模式、计划与控制方式、供销体系、质量保证方式、人力资源管理等方面进行创新，然后才是设备的添置，从而进一步提高精益生产方式的效能。因此追求精益生产，推行企业精益化管理，对缺少资金和管理水平还不高的中国酒店业来讲，具有很强的现实意义和指导意义。

课后练习

1. 什么是酒店管理？
2. 酒店人本管理主要体现在哪些方面？
3. 试述酒店系统管理原则。
4. 什么是制度管理法？制度管理法有哪些特点？
5. 什么是行政管理法？行政管理法有哪些特点？
6. 什么是经济管理法？经济管理法有哪些特点？
7. 什么是表单管理法？酒店表单分为哪几类？
8. 什么是现场管理法？现场管理法的实质是什么？运用现场管理法应注意哪些事项？
9. 什么是柔性管理？柔性管理包括哪些内容？
10. 什么是收益管理？酒店如何运用收益管理？

参考答案

案例分析

巡视是基层管理者每天的职责,通过巡视发现并纠正问题,有助于提高酒店服务工作的质量。

某一天,餐厅经理赵宝元向餐饮部经理汇报完近期工作后,他们一起来到餐厅巡视。时间还早,顾客寥寥无几,赵宝元看了看桌椅和餐具,横、竖、斜都在一条直线上,感到很满意。而后他又将视线转向周围站立的服务员,个个笑容可掬,站姿标准。

两人走出餐厅交换意见,赵宝元不无得意地问:"经理,您觉得这个餐厅的工作怎么样?"餐饮部经理听出话外之音,反问道:"你看呢?"接着,餐饮部经理对赵宝元说:"巡视是现场控制,是直接检查目标执行情况的手段,及时发现问题,及时纠正并引起大家重视,实现目标才有保证。然而,怎样才能准确地发现问题?我看你刚才是先把眼睛盯向餐台,然后才去看服务员。你知道吗?当我们刚进餐厅时,有三个服务员正在那里聊天,见你进来后马上散开了,所以你再去检查服务员时,个个合乎标准。"

"哦,我明白了。"赵宝元抬头,望着餐饮部经理:"巡视也要讲究方法,否则发现不了问题。"

餐饮部经理点点头说:"就这种类型的巡视而言,应该先看面,后看线;先看动,后看静。"

赵宝元由衷地说:"经理,我真佩服您,您看那三名聊天的服务员应该怎么处理?"

经理说:"那就是你权力范围内的事情了。"

案例思考:

什么是现场控制,尝试通过案例说明如何在日常管理中做好现场管理。

第四章 →

酒店组织与计划管理

学习目标

1. 了解酒店组织管理的含义与内容
2. 掌握酒店组织结构设计的基本原则
3. 了解酒店组织结构形式
4. 掌握酒店组织制度
5. 了解酒店计划分类
6. 了解酒店计划指标及指标体系
7. 掌握酒店计划编制
8. 了解决策及其类型
9. 掌握酒店决策过程
10. 了解酒店企业战略制定的原则
11. 掌握酒店企业战略的选择

第一节　酒店组织管理

一、酒店组织管理的含义与内容

（一）酒店组织管理的含义

组织是一个含义广泛的概念，研究角度不同，组织的定义就不同。从狭义的角度来看，组织指企业管理的骨架，包括决定企业中管理的分工和协作，管理的层次与幅度，权力的上收与下放，各部门、各单位、各个人在企业中上下左右的关系，也称为组织结构。从广义的角度来看，组织不仅指为了达到目标而结合在一起的具有正式关系的一群人,而且其职能还包括根据自身的经营特点和发展目标建立组织结构,并不断调整以适应外部环境变化、市场变化和自身发展。总之,组织是指为了达到某些特定目标,由分工与合作及不同层次的权力和责任制度构成的人的集合体。它包含以下三层意思。

(1)组织必须具有目标。因为任何组织都是为目标而存在的,目标是组织存在的前提。

(2)没有分工与合作不能称为组织。分工与合作的关系是由组织目标决定的。

(3)组织要有不同层次的权力与责任制度。要赋予每个部门乃至每个人相应的权力和责任,以便实现组织目标。

现代酒店组织是酒店管理人员、服务人员和其他各种技术人员的组合体。组合体中这些人员之间存在着上下与左右、直接与间接等各种相互依存的关系。现代酒店组织管理就是通过运用各种管理方法和技术,发挥酒店组织中各种人员的作用,把投入酒店中的有限资金、物资和信息资源转化为可供出售的有形或无形的酒店产品,以达到酒店管理的目的。

酒店组织管理具有两重含义。静态的组织管理是指设置组织机构和管理体制,并使之适合酒店的客观运行规律;动态的组织管理是指为了实现酒店管理目标,合理而有效地调配酒店的人、财、物、信息、时间、空间等资源,有序组织进行业务接待。

（二）酒店组织管理的内容

组织管理是酒店管理职能之一,为有效实现酒店管理目的,酒店组织管理的范畴要充分考虑三个方面的问题。一是根据计划所定的目标,列出必须进行的工作和活动,并将其合并组合,设置相应的部门和人员,分别负责这些工作和活动。二是制定各部门、人员的权利和责任范围,以及酒店组织内人员之间的权责关系,明确酒店各项工作之间上下左右的协调关系。三是制定一系列制度,以保证酒店组织运转良好,发挥最大的组织效能。因此,酒店组织管理的内容主要包括以下方面。

1. 构建酒店组织管理系统

酒店应用组织管理理论,构建有效的酒店组织模式与结构,通过组织制度的建立与实施,运用各种管理方法和技术,发挥酒店组织系统中各种人员的作用和酒店组织系统的效能,进行酒店组织管理系统的运作与整合,从而达到酒店管理的目的。

2. 为酒店内各个职位选择和配备相关人员

这方面主要包括人员的招聘和定岗、训练和考核、奖惩考核,以及对人员行为的激励等。

3. 制定相关规章制度和管理制度

制定相关制度有助于酒店形成良好的指挥系统,从而保证组织的运转,使酒店的组织效能最大化发挥。

4. 处理协调内部关系

在完成组织目标的过程中,酒店组织应当妥善处理协调内部关系,适度分析和正确授权。

5.决定具体的组织结构形式

酒店需要根据组织的发展情况决定具体的组织结构形式。当内外部环境发生变化时，有效、及时地开展和实行组织的变革，始终发挥组织的最大效能。

二、酒店组织结构设计的基本原则

（一）分工协作原则

分工就是按照提高管理的专业化程度和工作效率的要求，把组织的目标和任务分成各层次、各部门及每个人的目标和任务，明确他们应做的工作以及完成工作的手段、方式和方法。通过分工，人们可以专心从事某一层次、某一部门或某一职权的工作，能够提高工作效率。协作是与分工相联系的一个概念，它是指明确部门之间、部门内部以及各项职权的协调关系与配合方法。组织作为一个系统，各部门或各项职权都是其子系统，它们不能脱离其他部门或其他职权而单独运行，必须相互协调，密切配合。分工与协作是相辅相成的，只有分工没有协作，分工就失去了意义；而没有分工也无从谈起协作。因此，在进行组织设计时，酒店要同时考虑这两个方面的问题。

（二）管理幅度和组织层次原则

管理幅度是指一名管理者直接指挥下级的人数。管理组织之所以能形成某种形式的组织结构，其基本原则在于管理幅度。上级直接管理下级的人数多，管理幅度大；反之，则管理幅度小。管理的因素是复杂的，管理者个人的能力又是有限的，适宜的管理幅度也就因人而异。因此，这种管理幅度的限制就导致了一定层级的组织结构。

一般管理幅度的规律为：高层管理者的管理幅度小于中层管理者的管理幅度，中层管理者的管理幅度小于基层管理者的管理幅度，每一层管理幅度都形成了大小不等的业务范围，从而覆盖全企业。酒店中各层次的管理幅度一般以3—15人为宜（高层3—6人，中层8—10人，基层小于15人）。

组织层次是指组织内部从最高一级组织到最低一级组织的各个组织等级。组织层次反映了组织内部的纵向分工关系，各个层次担负着不同的职能。组织层次受组织规模和管理幅度的影响。它与管理幅度成反比，管理幅度小则组织层次多，反之，管理幅度大则组织层次少；与组织规模成正比，组织规模大则组织层次多，反之，组织规模小则组织层次少。

（三）集权与分权原则

集权与分权是职权的集中与分散的趋势问题。一个企业的职权应当趋向分散还是集中，需要考虑一系列因素。例如，规模较大的企业倾向于职权分散；反之则集中。从内部扩展起来的企业，集权较多；合并或联合的企业，往往分权较多。各级管理人员的数量不足或素质不好，倾向于集权；若控制手段完备，则倾向于分权。若重视民主管理，则倾向于分权等。但是一个企业无论是倾向于集权还是分权，都必须贯彻统一领导、分级管理的原则，做到既能充分调动下级的积极性，又能保证上层不会失去控制权，从而达到改善和提高企业经济效益的目的。

（四）权责一致原则

权责一致原则指等级链上的每一个环节,都应贯彻权责对等原则,做到有职有权,有权有责。一般情况下,管理人员拥有的权力应与所负的责任相称。若责任重大而权力不足,完成任务会比较困难。相反,若管理人员被赋予的权力超出他所要负的责任,很容易出现权责不当情况。

（五）统一指挥原则

统一指挥原则是指组织的各级机构及个人必须服从一个上级的命令和指挥,保证命令和指挥的统一,避免出现多头领导、多头指挥的情况。在组织设计中,统一指挥原则要求组织的上下级之间形成一条连续的等级链。任何下级只能由一个上级直接指挥,不允许上级超过直属下级指挥,也不允许下级超过直属上级接受更高一级的命令。

（六）有效性原则

有效性原则要求组织具有明确的目标。首先,要求酒店企业的经营管理组织,包括该组织的结构和活动是富有成效的,有助于酒店企业目标的实现。其次,要求酒店企业的经营管理组织必须是有效率的,即各部门有明确的职责范围,具有良好的信息沟通渠道,有利于员工积极性与主动性的发挥等。

（七）弹性原则

酒店组织的经营环境是不断变化的,管理的目标、措施也会随之发生变化。这就要求组织结构不能僵化,应有较大的弹性,以适应经营环境的变化。根据弹性原则,设计和建立一个组织一定要留有适当余地,制定某些规定也要保留伸缩性,并设立一些富有弹性的组织体,以适应可能出现的变化。

三、酒店组织结构形式

组织结构是指企业组织这一系统的构成形式,是目标、协同、人员、职位、职责、相互关系和信息七个要素的有效排列组合。酒店组织结构是指酒店各部分的划分,各部分在组织系统中的位置、集聚状态及相互联系的形式。在我国,酒店组织结构多种多样,常见的组织结构有以下几种形式。

（一）直线制

直线制组织结构就是按直线垂直领导的组织形式。它的特点是各部门按垂直系统排列,酒店的命令和信息是从酒店的最高层向最底层垂直传播。这是一种最简单的形式,隶属关系简单、信息流畅、责任明确、管理效率高,直线制组织结构比较适合规模小、业务较单一的酒店。(见图4-1)

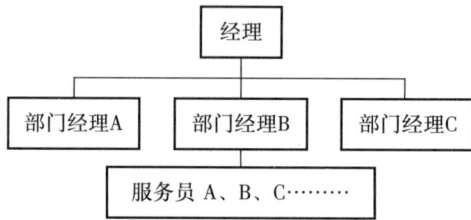

图 4-1　直线制组织结构形式

（二）直线职能制

直线职能制组织结构是我国酒店普遍采用的组织形式。这种组织形式是在直线制和职能制组织结构的基础上发展而来的。它吸收了直线制对组织控制严密和职能制能充分发挥专业人员作用的长处，兼有这两种组织形式的优点。

直线职能制组织结构把酒店所有部门分为两大类：一是业务部门（也称一线部门）；二是职能部门。业务部门按直线制的形式进行组织，实行垂直指挥，如酒店的前厅部、客房部、餐饮部、康乐部等均属于业务部门。职能部门按分工和专业化的原则分别执行某一类管理职能，如酒店的人力资源部、财务部、安保部、办公室等均属于职能部门。酒店的业务由业务部门负责，其管理者在自己的职责范围内有对业务的决策权和指挥权。职能部门只能对业务部门提供建议和相关管理职能的业务指导。（见图4-2）

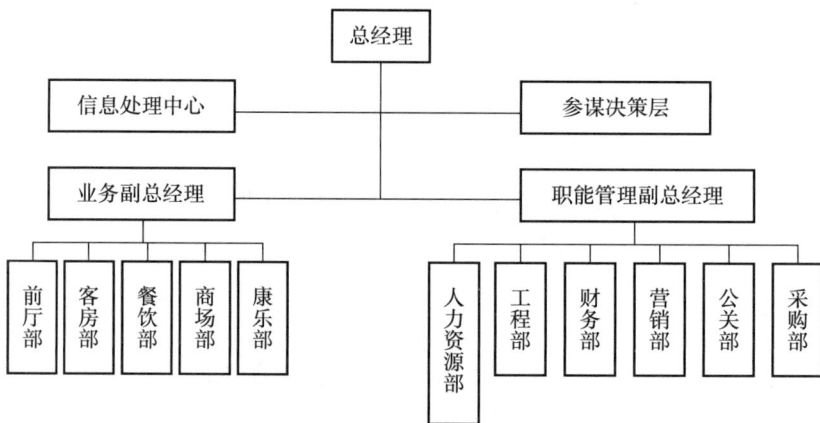

74

图 4-2　直线职能制组织结构形式

直线职能制的优点是职能人员减轻了业务人员的工作负担，使管理者有更多的时间和精力去解决更为重要的事情，而且领导集中、职责明确，特别是需要专门知识的情况下，职能人员的作用显得更为重要。但是这种组织结构形式也存在缺点，组织内经常产生权力纷争，从而导致业务人员和职能人员之间的摩擦增多。

（三）事业部制

事业部制是酒店对于具有独立的产品和市场、独立的责任和利益的部门实行分权管理的一种组织结构形式。这些部门必须具备三个要素:第一,具有独立的产品和市场,是产品责任或市场责任单位;第二,具有独立的利益,实行独立核算,是一个利益责任单位;第三,是一个分权单位,具有足够的权力,能自主经营。

事业部制组织结构的特点是:为了生产不同的主产品,在总公司领导下以产品为中心设立几个事业部,每个事业部生产特定的产品。根据总公司的决策,事业部分散经营,各事业部在经营管理上拥有自主权和独立性,实行独立核算。总公司应保持三方面的决策权:①事业发展的决策权;②关于资金分配的决策权;③人事安排权。公司职能部门的主要任务是对最高管理层和各事业部门做有效的建议、劝告与服务,它不是独立的利益责任单位,只起到参谋咨询作用。事业部制组织结构形式一般适用于大型的酒店集团或酒店管理公司。

酒店集团(酒店管理公司)经营规模的扩大,销售范围突破地域限制而延伸全国和世界,要求产生与之相匹配的组织结构取代直线职能制。事业部制组织结构能满足酒店集团(酒店管理公司)的发展需要,这种结构是在酒店集团(酒店管理公司)内部建立自我包容的单位,每个单位或事业部一般都是自治的,由分部经理对全面绩效负责,拥有充分的战略和经营决策权,其特点体现了"集中决策、分散经营"的思想,酒店集团(酒店管理公司)根据顾客、产品、地区等分别设立若干个事业部,总部对各事业部提供支援服务并进行外部监管。(见图4-3)

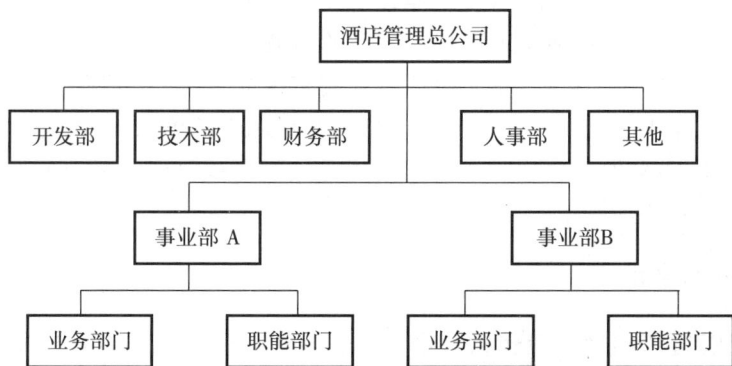

图4-3　事业部制组织结构示意图

事业部制组织结构的优点是:①有利于总部最高领导层集中精力做好经营决策和长远规划,并使各个事业部发挥经营管理的主动性,增强各事业部领导人的责任心;②使各事业部组成一个相对独立的经营管理系统,增强了企业的经营灵活性和市场适应性;③是培养全面型管理人才的较好组织方式之一。

事业部制组织结构的缺点是:①对事业部一级的管理人员水平要求较高,每个事业部都相当于一个单独的企业,事业部经理要全面熟悉业务和管理知识才能胜任;②事业部实行独立核算,各事业部只考虑自身的利益,可能会影响事业部之间的协作。

(四)矩阵制

矩阵制组织结构形式是由纵横两套管理系统组成的。一套是纵向的职能系统,是在职

能部门经理领导下的各职能或技术部门,即传统的职能部门;另一套是为完成各项工作任务而组成的横向项目系统,即任务小组。为了加强对项目的管理,每个任务小组由专门的高层领导人负责领导,小组由不同背景、不同技能、不同知识结构、不同部门的人员组成。项目完成后,小组成员各自回到原部门。这样若干职能部门所形成的垂直领导系统和为完成专门任务而形成的若干任务小组的临时系统,共同组成一个矩阵式的组织结构形式。(见图4-4)

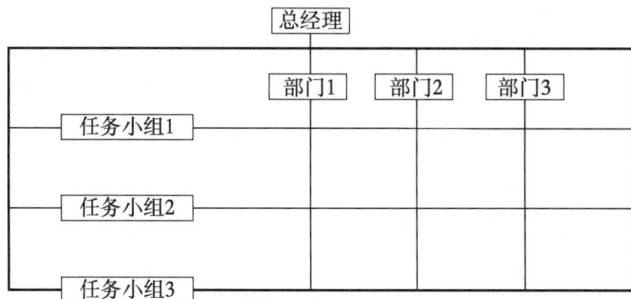

图4-4 矩阵组织结构示意图

矩阵制组织结构形式优点:①既能保证完成任务,又能充分发挥各职能部门的作用;②能集中各部门专业人员的智慧,互相学习、协调和促进,加强组织的整体性③加快工作进度;④避免各部门的重复劳动,因而可以缩减成本开支;⑤管理方法和管理技术更专业化;⑥打破酒店内部的部门界限,便于不同部门之间的协调。

矩阵制组织结构形式缺点:①由于组织形式实行纵向、横向双层领导,若处理不当,会因意见分歧而造成工作中的扯皮现象和矛盾;②组织关系较复杂,对项目负责人的要求较高,责任大于权力;③因为参加任务的每个人都隶属于原部门,项目完成后,项目小组即告解散,人员易产生临时观念,导致人心不稳。

四、酒店组织制度

现代酒店组织管理制度一般包括基本制度、经济责任制度、岗位责任制度、工作制度和员工手册。

(一)现代酒店基本制度

1.总经理负责制

总经理负责制是酒店组织管理中实行的领导制度。总经理负责制明确总经理是酒店的法人代表。酒店建立以总经理为首的经营管理系统,总经理在酒店中处于中心地位,全面负责酒店的经营和业务。总经理负责制是适合酒店现代化管理和酒店市场经营,符合酒店管理规律的一种管理体制。总经理负责制要求总经理对酒店负有主要职责,同时也规定了总经理应具有的相应权力。

2.职工民主管理制

职工民主管理制是我国社会主义制度的要求,也是酒店总经理负责制的基本保证。职工民主管理制的基本形式是酒店职工代表大会。职工代表大会具有管理、监督和审议三方面的权力,具体的工作内容主要如下。

(1)听取和审议通过总经理的工作报告。

(2)审议酒店的发展规划、经营计划以及一些重要的经营管理问题。

(3)审议酒店各项基金使用以及酒店福利等有关酒店全体职工切身利益的问题。

(4)评议、监督酒店各级领导干部,并提出奖惩和任免的建议。

实行职工民主管理制,体现了酒店职工在酒店中的主人翁地位,在实行职工民主管理制时,要正确处理好民主和集中、自由和纪律以及权力和责任之间的相互关系。

(二)经济责任制

经济责任制是酒店组织管理中的一项重要的基本制度。实行经济责任制可以增强酒店的活力,提高酒店员工的工作责任心,充分发挥员工的主动性、积极性和创造性。酒店的经济责任制包括酒店对国家的经济责任制和酒店内部的经济责任制。

1.酒店对国家的经济责任制

酒店对国家的经济责任制具体表现为,酒店对其上级主管部门的经济责任制。酒店要根据上级主管部门的计划和决策,按照国家有关政策、法律和规定,确定酒店对国家应负的经济责任。这一经济责任包括:酒店应根据市场需要发挥自身的功能和作用,满足市场需要;酒店以正当的经营手段取得经济效益,在交纳税金等方面完成或超额完成国家下达的指标;在确定酒店的经济活动和经济效益指标时,还要提出社会效益指标。

2.酒店内部经济责任制

酒店内部经济责任制按管理层次分为酒店、部门、班组的责任制。酒店集团经济责任制应具体落实到责任者,即酒店总经理、部门经理和主管。

(1)酒店经济责任制。

酒店经济责任制包括整个酒店必须完成的各项经营管理指标,酒店总经理和副总经理的岗位责任、工作权限和奖惩条例。

(2)部门经济责任制。

部门经济责任制包括该部门必须完成由酒店整体经营管理指标分解到该部门的具体指标、部门经理的岗位责任、工作权限和部门的基础工作以及奖惩办法。

(3)班组经济责任制。

领班或主管是酒店基层的管理人员,其基本职责就是执行部门下达的计划,组织安排班组内具体操作人员的工作,做好经营情况的原始记录和职工岗位经济责任制的考核。

(4)职能部门经济责任制。

职能部门的工作对酒店的经济效益无直接影响,因此,他们的工作表现较难量化。在考核职能部门的工作时,可以采用按工作质量划分等级的方法。

职能部门经济责任制主要包括:该部门指导一线部门或班组进行经营业务活动应负的

经济责任;与其他职能部门协作完成工作的情况和为一线部门、班组服务的情况;完成酒店基础工作的情况(如酒店培训、人力资源管理);完成酒店总经理交办的其他工作情况。与业务部门经济责任制一样,职能部门经济责任制也必须包括岗位责任、工作权限和奖惩方法。

（三）岗位责任制

岗位责任制是明确酒店各工作岗位人员的职责、作业标准程序、权限等的责任制度,是酒店内部经济责任制的基础,是酒店组织管理工作的基础。该制度是员工工作和服务程序的指南,是服务标准和服务质量检查标准的依据,是酒店全体员工的工作方法。实行岗位责任制有利于将酒店的各项任务指标落实到每个岗位和人员上。

实行岗位责任制的前提条件是责权统一。岗位不同、工作内容也就不同,岗位职责的内容也就不一样。岗位责任制由以下五项基本内容组成。

（1）要合理设置岗位。

（2）明确各部门、各级管理人员和员工的职责范围、服务程序和服务标准,明确负责此项工作和服务应具备的技能和知识。

（3）准确核定岗位工作量,使各岗位的工作量达到饱和。

（4）明确规章制度,制定奖惩条例。

（5）明确各部门、各岗位之间的协调关系,各岗位之间要互相衔接,工作要互相呼应。

（四）工作制度

工作制度是执行现代酒店控制职能的具体保证,也是现代酒店的基本制度,是经济责任制度实施的保证。酒店的工作制度一般是指前台部门的服务规范、程序和后台部门的操作规范。总台接待员的接待程序与规范、楼层客房服务员打扫客房的程序与规范、餐厅引座员的程序与规范等均属于前台部门的服务程序与规范;而财务制度、奖惩制度、考勤制度、仓库领货制度、培训制度等均属于后台部门的操作规范。

（五）员工手册

员工手册是酒店基本制度的重要方面之一,是全体酒店员工共同遵守的行为规范的条文文件。它是酒店里最带有普遍意义、运用最广泛的制度条文,与每个员工息息相关。员工手册能够使员工充分了解酒店性质、酒店目标、酒店精神,使员工树立主人翁精神并产生责任感。

第二节　酒店计划与编制方法

一、酒店计划的定义

计划是一种组织和决策的程序,是企业对未来拟定一个理想的发展目标并制定出相应的政策和策略的过程,这些政策和策略是实现企业理想经济目标的重要方法和手段。

就酒店而言,计划的重要性表现在多个方面。首先,计划明确了酒店的发展目标,规定了酒店在计划期内经营管理活动的主要内容,它使酒店的一切工作都围绕着预设目标而进行。其次,计划有助于酒店内部协调工作,随着企业规模的不断扩大,酒店必须统一安排各项工作以减少重复和摩擦。各个部门将根据酒店计划确定本部门的经营活动计划,并和酒店的总体计划相协调。最后,计划作为一种管理手段,可以提高酒店企业经营管理水平,提高经济效益。

酒店计划是指酒店立足现实、面向未来,通过对其经营活动的运筹、决策规划所形成的全面安排其经营业务活动的文件。它规定了酒店经营业务活动的内容,为酒店的经营业务活动提供了依据,是酒店在计划期内的行动纲领和奋斗目标。

酒店计划管理是酒店根据内外环境条件,通过对计划的编制、执行、控制,确定其经营目标和经营政策,拟定和选择经营方案,指导酒店的经营活动,实现酒店双重效益,推动酒店发展的过程。酒店计划管理具有双重含义,一是指对酒店计划编制本身的管理;二是指实施计划,用计划指导酒店管理。酒店计划管理是酒店企业管理的首要职能,它决定酒店的管理目标和实现目标的途径与方法。酒店计划管理的任务主要有以下几点。

1. 分析和预测酒店未来的变化

酒店应综合内外部环境条件,对市场进行科学的预测,通过市场调查来掌握市场状况和发展趋势,了解顾客需求和客源变化,对酒店的条件进行理性分析,将综合预测的结果与酒店内部条件有机结合,为确定酒店的计划目标创造条件。

2. 确定酒店的计划目标

酒店应对计划资料、国家政策和企业经营方针进行对比分析,确定酒店各部门在市场开发、产品销售收入、成本、费用和利润等方面的长期、中期和短期计划,并提出酒店在计划期各阶段的目标。

3. 拟定实现计划目标的方案

对计划目标进行可行性分析和经济论证,从多个方案中选出最优的行动方案和主要措施,确定实现目标的最优途径。

4. 合理配置资源

酒店计划管理在完成目标方案后,应合理配置人、财、物、时间、信息、空间等资源。计划管理要合理地配置资源,就要与管理的组织职能有机结合起来,在数据的基础上,再进行资源配置。酒店的计划管理就是要通过对各部门提出合理的计划量保持各部分的平衡。酒店要充分调动各级管理人员、各部门、各环节的积极性,保证计划任务能够顺利完成。

5. 检查计划的执行情况

酒店管理者应有一套反馈控制系统,及时检查、反馈计划的执行情况,在操作中给予必要的指导,发现偏差和意外情况,及时进行调整和纠正。

二、酒店计划的分类

(一)从时间长短的角度划分

1.长期计划

长期计划的期限一般为五年。长期计划是有关酒店发展方向、规模、人员、经济、技术等各方面建设发展的长远纲领性计划。它明确了整个企业未来的发展方向,为其他各类计划提供构架,并使之适应外部环境的变化,它关系到酒店的生存和发展。长期计划的制订是对企业远景的一个决策过程,具有预见性、前瞻性。它是酒店在深入了解旅游市场,正确预估国内外酒店发展形势和影响酒店发展的众多因素,以及掌握可靠数据的基础上,将酒店在规划期内的决策具体化。长期计划的核心是酒店的发展目标,应该由高层管理人员来制订,中低层管理人员加以配合协作。酒店长期计划的内容包括五个方面。

(1)酒店目标。

酒店目标指从总体上确定整个酒店的未来目标,包括所要达到的各项主要指标,即对酒店等级、水平、标准、规模、经营方向、经营内容等的描述;对市场的预测和市场占有情况;酒店各项经济效益指标增长情况等。

(2)酒店建设与投资。

酒店建设与投资是指酒店在计划期内对固定资产投资的总体规划。酒店要确定各种固定资产建设的目标和方向,如酒店的扩建改建项目,对现有固定资产的更新改造,新设备的添置、职工福利设施建设等。酒店要计划所有这些项目的投资额、资金来源、投资安排、投资效益测算、跨年度工程进度安排等。

(3)酒店经营管理。

酒店经营管理是指酒店在计划期内经营管理要达到的水平,如组织的调整、管理人员的配备和业务文化素质的培养、管理手段的更新等酒店经营方面的规划。

(4)酒店规模。

酒店规模是指规划酒店发展的规模和接待能力,如果确定扩大酒店规模,就要相应地扩建、征地、增加设施等。

(5)职业培训计划。

职业培训计划是对酒店管理人员和职工的岗位要求的规划,内容包括提高人员素质所要达到的标准,以及为达到此标准所需要的培训层次、培训方式、时间安排等。

2.年度综合计划

酒店年度综合计划是具体规定计划期全年度和年度内各时期酒店各方面工作目标和任务的计划。年度综合计划是酒店在计划期内所有行动的纲领和依据,是酒店中最重要的计划。从时间上,年度综合计划要统驭全年;从内容上,年度综合计划要包括全酒店及各部门各种业务的目标、任务、经营方式等。年度综合计划可分为两部分:第一部分是酒店综合计划,包括确定酒店的目标和任务、确定酒店所有计划指标和附加指标,并对指标分解作总括说明,这一部分称为酒店经营业务总计划。第二部分是部门分类计划,包括各业务和职能部门为达到酒店目标,各自所应执行的目标和任务。部门分类计划主要包括以下内容。

(1)前厅部接待计划。

前厅部根据经营业务总计划,确定全年接待总人数、各业务季/月的接待人数,计划全年客源组织形式,确定散客预订人数、团体顾客人数、超额预订数等,做好业务组织形式的规划。对其他部门如电话总机、行李组等也要制订相应的计划。同时,对前厅各个部门的服务质量提高及服务质量控制提出计划。

(2)客房部计划。

客房部根据经营业务总计划,具体核定本部门的接待能力、接待人数,包括这些指标在时间上的分段分配和各单元的分配;以及为达到酒店计划指标,部门要完成的营业收入和利润指标。基于此制定客房部的经营决策,如客房部新增的服务项目、设备设施的添置和更新改造,客房种类结构变化,房内用品、服务员及服务用品配置等。计划要规定客房的劳动组织形式,人员安排和编制定员,各工种的劳动定额、业务组织形式、人员培训等。客房部计划也要对各从属部门,如洗衣房、公共卫生及其他分支部门制订相关计划。同时,客房部计划中要提出服务质量计划、物资消耗计划、设备设施维护保养计划等。

(3)餐饮部计划。

餐饮部根据经营业务总计划,确定餐饮部的营业收入及其构成(如宴会、团会、零点、酒吧、咖啡厅等部分的收入在营业额中的比例)。为达到计划目标,餐饮部要确定经营决策,如菜单的制定、投料单及菜肴价格的确定,各类菜肴毛利率、餐饮设施决策。在计划中要确定餐饮部流动资金占用及来源,饮料、酒水、食品及原料的存储和采购量,厨师技术力量的配备和培训计划,服务形式的基本设计,服务质量计划,餐饮设备设施的配置与更新,物料能耗测算和成本控制计划。

(4)商品部计划。

商品部根据经营业务总计划,确定本部门营业收入、毛利率;确定商品经营的内容、经营方式,各类商品的经营方针和经营策略。商品部要核定流动资金的占有和周转,确定商品采购形式、采购计划,确定优质服务、售后服务等方式和控制方法。

(5)营销部计划。

营销部计划要从市场实际出发,规划酒店接待人数和客源结构,确定客源及市场占有率;并规划与客源单位的联络及确立合同契约关系,提出对客源单位的推销联系方式,确定市场营销策略。

(6)财务计划。

财务计划是根据各部门和全酒店的决策和预算,为保证这些决策的实施而在财务上所作出的相应规划。财务计划主要包括固定资产计划、流动资金计划、利税计划、专用基金计划、财务收支计划、成本费用计划等。财务计划要规划酒店主要的资金,如固定资产折旧费、大修理费、流动资金需用量、流动资金周转速度、流动资金部门分配、利润总额、收入总额、收

入和利润构成、利润率、各种专用基金的收入与支出、成本及费用的计划量等。

（7）劳动工资计划。

劳动工资计划主要是对酒店的人员及劳动报酬制定目标，作出决策。劳动计划要确定酒店运转所需的职工人数、职工分类、职工构成比例，确定招用临时工计划、职工人数的部门核定、招聘技术工种或特殊工种人数、需增加或裁减人员数。并确定人员素质标准、劳动组织的基本形式，计划确定的招收、培训、学习、上岗等具体人数和时间；核定酒店全员劳动生产率、创利率和创汇率。工资计划要确定酒店工资总额和平均工资额，职工工资的构成和分配形式，核定酒店奖金、津贴和工资的支付额度。同时，要分析计划期内酒店的工资变动状况。

（8）物资计划。

物资计划是为酒店各部门完成接待和供应任务而提供各种物资保障的计划。其要确定酒店各部门所需各种主要物资的种类及基本要求，如规格、质量、使用特性等；确定计划期内物资的需用量、储备量、进货渠道、采购批量；还要确定物资保管的体制和方法、仓库管理方法、资金占用量和来源、物资供应方法，以及各部门各类物资的消耗量或消耗比例。物资计划应由财务部会同各使用物资的部门进行测算核定后再行制订。

（9）设备建设和维修计划。

设备建设和维修计划是对酒店设备进行投资建设、保养维修的计划。该计划要确定设备的需用量、需添置设备的种类、数量、资金来源，确定设备更新改造和报废等事项。设备部门要对酒店设备的现状进行分析和评估，对设备实行归口保养，对设备保养的控制作出规定，确定日常修理的方式和工作安排，根据不同类型的设备确定修理的时间和方法，并就计划修理期间设备使用的替代方案、经费预算，做妥当安排。

（10）基建及改造计划。

基建及改造计划主要是针对基建或较大规模的酒店建筑或装修而言的。该计划有两部分内容：一是基建或改造的内容，如项目、规模、投资、委托的基建和设计单位；二是基建或改造的进度安排，基建或改造需要其他部门配合的范围和要求等。

3.接待业务计划

酒店年度综合计划规定了酒店在计划年度内的目标和任务。这些目标和任务是在年度内由各部门分阶段逐步完成的。为了保证年度综合计划的完成，一般星级酒店还需制订接待业务计划，作为年度综合计划的补充。接待业务计划分为两类。

（1）月计划。

月计划是以月为时间单位而制订的接待业务计划。这个计划根据年度综合计划和各月预报预订客源的实际情况，具体规定每个月的计划指标和各部门的日常接待业务，它是年度综合计划在各个月的具体化。各部门都要制订相应的接待业务计划。应由前台部门先制订出前台的接待业务计划，后台各部门再围绕前台的接待业务计划制订相应计划，如物资采购供应计划、劳动工资计划、财务收支计划、工程设备和维修计划、工程后勤供应计划等。由于酒店接待有淡旺季之分,每个月的业务量、业务内容、客源、经济状况都会有所不同,所以各月计划也是不完全相同的。月计划需要逐月制订,并要求内容详细具体。

(2)重要任务接待计划。

重要任务接待计划是指酒店针对某一项重要的接待任务而专门制订的接待计划。所谓重要任务是指来宾身份特殊,或来宾接待规格要求高,或是来宾团体规模较大等。这类计划主要是根据接待对象的重要性和特点,对接待的标准和具体内容作出规定。其特点是时效短,重点突出。重要任务接待计划要确定对象、规格、接待目标、拟定接待内容和规格标准;分配各部门的具体任务,确定接待的各个重要细节。该计划还要安排时间表,如接到正式通知时间、准备时间、接待开始时间、接待结束时间,各种任务和具体事项要落实到部门,有些甚至需要落实到人。

酒店的长期计划、年度综合计划和接待业务计划组成了酒店的计划体系,这些计划在或长或短的时间里,从各种业务方面指导和控制着酒店自身的发展和酒店业务的进行。

(二)从空间或环境的角度划分

外部计划是酒店为了实现既定目标,通过预测经营环境,包括政治、经济、社会、法规、科学技术等诸多方面的变化,制定的对应策略。外部计划属于战略性长期计划。

内部计划是以既定的外部计划为前提,制定出的酒店实际营业操作程序。内部计划明确了酒店的发展目标和各项具体指标,属战术性短期计划。内部计划的实现,关键在于全体员工的齐心协力。

(三)从计划涉及范围的角度划分

酒店总体计划主要是围绕整个酒店或酒店的几个主要部门展开的,其主要内容包括酒店总体目标、策略、执行方案等。

部门计划是指酒店各个部门制订的计划,它包括部门实现的目标、各种策略等。例如,酒店的客房部计划、餐饮部计划等都是部门计划。

酒店总体计划为部门计划提供基本的框架,部门计划的好坏将直接影响酒店总体计划的完成。酒店总体计划与部门计划构成酒店计划的有机整体。

三、酒店计划指标及指标体系

计划指标是反映酒店企业在一定时期内经营管理所要达到的目标和水平的各种数值。它是酒店各项计划目标的具体化和数量化,它包括概念明确的指标和具体数值两部分。酒店计划中的每一项指标反映酒店某一方面的目标和情况,而一系列相互联系、相互补充的指标构成的完整的计划指标体系是酒店经营质量的综合反映。酒店计划指标体系主要包括以下内容。

(一)客房或床位数

客房或床位数是表示酒店接待能力的最基本的指标。就具体的酒店来讲,客房或床位

数只取一项,这要根据不同的销售方式而定。同时,要根据客房等级,计算不同等级的客房或床位数。

（二）接待人数

接待人数是指计划期内酒店接待人数的总量,是酒店经营的直接成果。接待人数有住宿人次数和过夜数两个指标。

住宿人次数是指一定时期内到酒店住宿登记的人数,即通常所说的人数。一名顾客不论在酒店连续住宿几天都只算一个人数。

过夜数是指住宿的天数,一个顾客在酒店住宿一天称为一个过夜数。酒店要考核过夜总数,利用住宿人数和过夜数计算的客人平均逗留期,对了解酒店的类型与规模及客人的结构具有一定的作用。

$$客人平均逗留期 = \frac{过夜数}{住宿人次数}$$

（三）客房(床位)出租率

客房(床位)出租率也称开房率,是已出租的客房数或床位数与酒店可以提供租用的房间或床位总数的百分比,其计算公式如下:

$$客房(床位)出租率 = \frac{出租的房间(床位)数}{可供出租的房间(床位)数} \times 100\%$$

客房(床位)出租率是表示酒店客房设施利用状况的基本指标。它反映出酒店客源市场的充足程度和经营管理的成功程度。酒店的盈亏百分比也是以客房(床位)出租率表示的,因此,这是一个非常重要的数据,是酒店经营管理所追求的主要经济指标。由于客房(床位)出租率直接影响酒店的经济效益,酒店对这一指标非常关注。每天、每月、每季、每年都进行统计,以此来了解客房出租情况,掌握酒店的业务活动状况。客房出租率如按月或年营业计算,计算公式如下。

（1）以月营业日为基础。

$$客房出租率 = \frac{月出租房数}{可供出租房间数 \times 月营业天数} \times 100\%$$

（2）以年营业日为基础。

$$客房出租率 = \frac{年出租房数}{可供出租房间数 \times 年营业天数} \times 100\%$$

（四）客房双开率

客房双开率是指一间标准间由两位客人租用。客房双开率是双开房间数占已出租房数的百分比。其计算公式为:

$$客房双开率 = \frac{双开房间数}{已出租房数} \times 100\%$$

或

$$客房双开率 = \frac{客人总数 - 已出租房间数}{已出租房数} \times 100\%$$

客房双开率的计算主要适用于那些将一个标准间划出两种价格的酒店。即一个标准间住两位客人,其房间价格要比单人住的房价增加1/3,扩大客房双开率是酒店扩大经营收入的重要手段。

(五)酒店营业收入

酒店营业收入是以货币表现的,是酒店在营业中提供的服务和商品的价值总和。作为酒店的经营管理者,最主要的任务和职责是确定酒店的营业收入指标,因为其是反映一定时期内酒店经营效果的基本价值指标。

酒店的营业收入是由多种营业收入汇合而成的。从酒店营业收入的结构来看,主要包括客房收入、餐饮收入、商品收入和其他收入。其中,酒店客房收入是第一位的,一般高星级酒店的客房收入占总收入的40%—60%。

(六)酒店成本

酒店成本是指各部门在完成计划营业额指标的情况下付出的成本总额与企业管理费之和。在计划期内,酒店成本指标包括酒店成本总额、成本降低率、营业额成本率三项。

(七)利润和税金

利润是考核酒店经营活动成果和质量的综合性指标,税金则表现为酒店对国家所承担的经济责任。确定酒店利润指标,主要需要确定各经营部门的利润指标,包括各部门的毛利率、毛利额、利润率、利润额;各部门经营利润的汇总形成酒店利润指标。酒店企业利润的大小既反映市场销售情况,又体现成本与费用的控制情况。

(八)职工人数、工资总额和劳动生产率

酒店职工人数指标是计划期酒店应支付工资的人员总额,它包括固定工、合同工、临时工、计划外用工等。职工人数对酒店的服务质量、劳动效率和经济效益均有重要影响。

工资总额是酒店在一定时期内以货币支付给职工的劳动报酬总额,包括计时工资、计价工资、基本工资、职务工资、各种奖金、津贴、加班工资等。工资总额反映了酒店各部门劳动消耗的水平。

酒店的劳动生产率指全员的劳动生产率。它反映酒店劳动效率状况,一般用劳动生产率和人均创利两个指标反映。

$$酒店劳动生产率 = \frac{计划期间营业收入总额}{酒店职工人数}$$

$$酒店人均创利 = \frac{计划期间利润总额}{酒店职工人数}$$

四、酒店计划编制

酒店计划编制是酒店计划管理的前提。编制酒店计划首先要有明确的经营方针和经营策略,在正确的方针和策略指导下编制的计划才能适应酒店的实际需要,适应市场变化的需要。此外,在编制酒店计划时,还应遵循一定的依据和原则,采用科学的编制方法。由此才能使编制的酒店计划具有科学性和适应性,从而达到预期的效果。

(一)编制酒店计划的依据

1. 以国情为依据

以国情为依据是指酒店计划的制订要从当前的国情(经济政策、政治、文化、社会等情况)出发,制订的计划还必须注意与国情所体现的各种客观环境保持动态协调,以保证计划能与国家的各项政策、方针同步。

2. 以市场为依据

以市场为依据是指酒店计划要根据酒店市场的需求和市场竞争情况来制订。酒店业与市场需求存在相互依存的关系,了解市场需求和竞争情况,根据市场需求的规模、需求量与趋势变化情况制订酒店的各种计划,才能保证计划适应市场竞争的需要。

3. 以经济合同为依据

经济合同是酒店和相关企业(旅行社、物资供应、航空公司、银行、基建部门等)签订的具有法律性质的契约。它使酒店的客源、物资供应等具有确切的保证。制订酒店计划应根据合同中所规定的内容和所需要承担的责任进行。经济合同不仅是酒店年度计划的依据,也是酒店长期计划的依据。

4. 以酒店的接待能力和以往的经营数据为依据

根据酒店的接待能力,如客房接待能力等情况,结合年度酒店经营数据(如住宿人数、人均过夜数、人均消费额等)记载,确定酒店经营乃至各个部门的计划指标(如营业额、利润、人均创利等),才能使所制订的计划符合酒店本身的能力和实际,使计划具备可行性和科学性。

5. 酒店的管理水平和技术水平

酒店的管理水平和技术水平是完成酒店计划的基本保证,管理水平主要指管理人员素质、管理人员的协作程度、管理机构的完善、管理制度的健全、管理体制的正常运作以及人员的积极性和创造性等。技术水平是指酒店各岗位的操作技术、制作技术、服务技术等。

(二)制订计划的原则

1. 科学性

酒店计划的制订要符合旅游规律,要遵循经济规律,使酒店计划能对酒店的经营管理等实际工作具有指导性。科学的酒店计划除了具有先进性外,还要能够体现酒店内、外部协调关系,真实地反映出淡旺季酒店接待过程中需要的人力、物力、财力情况和经营目标。

2.实际性

在制订计划的任何环节,都要从酒店及市场情况出发,结合定性、定量两方面进行研究,既要了解国际市场和国内主要目标市场的情况,又要考虑酒店与外部、部门与部门、淡季与旺季等不同的情况,对各种市场信息进行全面、系统、科学的统计和分析,并根据实际情况对市场发展趋势做出预测。

3.灵活性

酒店计划要注重灵活性,酒店所接待的客人是流动的,人的流动对主观意识的变化十分敏感。政治和社会的影响、经济状态的变化,甚至是一个偶然事件、一种菜肴,都有可能明显地影响客人的流动,造成市场的转移。因此,在制订酒店计划时,要考虑实际情况与预测情况可能存在的偏差,在人力、物力、财力的分配使用上留有适当的余地,使所制订的计划具备灵活性,以适应市场变化。

(三)酒店计划编制的程序

编制酒店计划的程序一般概括为四个步骤:酒店环境分析、确定目标、拟定可供选择的方案、评价选择方案。

1.酒店环境分析

酒店环境分析是一个调查研究过程,以使计划编制者掌握酒店的内外部条件。酒店的内部条件包括酒店的综合接待能力、劳动力情况、设备条件及员工素质等。酒店的外部条件包括宏观环境条件与行业微观环境条件。

2.确定目标

目标是酒店在计划期内经营管理活动应当达到的期望值,一个好的计划目标要符合下列五项标准,即目标应该是书面的、被理解和接受的、既有可行性又有挑战性、规定实现时间和具有可衡量性。

3.拟定可供选择的方案

拟定可供选择的方案需要发挥创造性,但方案不是越多越好,即使我们可以采用数字方法和借助计算机手段来处理候选方案,还是要对候选方案的数量加以限制,以便把主要精力集中在分析少数较有希望的方案上。

4.评价选择方案

评价方案是指按照目标来权衡各种因素,比较各个方案的利弊,对各个方案进行评价。评价实质上是一种价值判断,它一方面取决于评价者采用的标准;另一方面取决于评价者对各个标准所赋予的权重。

选择方案是决策的实质性阶段,在这一步可能会遇到同时有两个可取方案的情况。在这种情况下,必须确定首选方案,并将另一个方案进行细化和完善,作为备选方案。

（四）计划表的编制

计划表编制是酒店实行全面计划管理,编制灵活的、有弹性的计划的一种科学方法。这种方法改变了通常静态的计划编制,使酒店计划能更好地适应市场需求。酒店的市场灵活性和酒店经营环境的多变性,要求酒店计划随市场需求的变化而进行科学调整(见表4-1)。

表4-1　××酒店市场营销行动计划表

营销目标:吸引会议和展览会客源。
销售指标:每周至少获得2次会议或展览会预订。
营销策略:1.在酒店外部做广告,推销酒店的会议设施。
　　　　　2.在酒店内部做推销展览业务。
　　　　　3.对当地会议组织单位做好招徕工作。
　　　　　4.对当前全国会议活动做好调查工作。

具体行动	开展时间	完成时间	费用	负责人
1.找出当前全国性会议组织单位	1—12月	12月31日	不需要费用	会议销售员
2.对全国会议组织及旅行社通信推销	1—12月	12月31日	不需要费用	营销部文员
3.员工推销培训	1月	1月31日	不需要费用	营销部、人力资源部
4.在有关媒体播放广告	3—10月	10月31日	广告制作播放费用	营销部、公关部
5.在酒店前厅陈列会议推销广告册	1—12月	12月31日	广告册印刷费用	营销部、前厅部、公关部
6.向客人宣传会展功能	2—12月	12月31日	不需要费用	前厅部、餐饮部、客房部、营销部
7.访问当地会议组织单位及推销	1—12月	12月31日	交通费用	会议销售员
8.调查会议参加者对酒店满意度	1—12月	12月31日	不需要费用	前厅部、客房部、餐饮部、公关部、会议销售员

第三节　酒店的决策与战略管理

一、决策的基本概念

决策是指管理者为实现组织目标,运用科学的理论和方法从若干个可行方案中选择或综合出最优方案,并加以实施的活动总称。从广义上说,决策包括调查研究、预测、分析研究问题,设计与选择方案,直至付诸实施等一系列活动。在狭义上,决策是指对未来行动方案的抉择行为。

决策是一个经常性的动态过程。随着业务的开展,酒店经常会遇到市场、产品、价格、员工、质量、资金周转等各方面的问题。解决问题之前就需要决策,以决策来指导行动。酒店遇到的问题有大有小,大问题需要决策,小问题无须决策。上层管理者要去发现大问题,针对大问题、重要问题,做出决策。而小问题由基层管理者去解决,提高效率,讲究组织层次原则。

二、决策的类型

(一)根据性质划分,决策可分为常规决策和非常规决策

常规决策就是程序化决策,是指对经常性、反复出现的问题进行决策。如酒店中岗位人员的安排、物资采购、业务周期内容、年度计划的制订等都属于常规决策。管理者在做这类决策时,一般有章可循、有法可依,可根据处理此类问题的例行方法做出决策。

非常规决策又称为非程序化决策,指对偶然发生或首次出现的非重复问题进行决策。如酒店的市场决策、新产品决策、资本重组决策、竞争手段决策等都属于此类决策。非常规决策难以预料,因此,这类决策的结果往往取决于管理者的知识、能力、经验、思路、魄力。酒店发展过程中会面临越来越多的非常规决策,它是对酒店管理者管理能力的一种挑战和检验,管理者的主要精力应放在非常规决策上。

(二)根据条件划分,决策可分为确定型决策、不确定型决策和风险型决策

确定型决策是指在稳定(可控)条件下进行的决策。在确定型决策中,各种可行方案所需的条件是已知的,每个方案只有一个结果,最终选择哪个方案取决于对各个方案结果的直接比较。确定型决策一般可以用数学模型来确定,如利用量本利分析法来确定酒店的保本销售量等。

不确定型决策是指在不稳定条件下进行的决策。在不确定型决策中,决策者不知道有多少种自然状态,也不知道每种自然状态发生的概率,只能根据决策者的直觉、经验和判断能力来决策。

风险型决策也称随机决策,是指决策者不能预先确知环境条件,只能根据自然状态发生的概率进行决策。在风险决策中,决策者虽然不知道哪种自然状态会发生,但能够知道有多少种自然状态以及每种自然状态发生的概率,根据概率进行计算并做出决策。

(三)根据时间长短划分,决策可分为长期决策、阶段性决策和随机决策

长期决策的决策作用时间较长,有时甚至贯穿酒店发展的全过程。因此,在进行这类决策时,决策者要对未来环境进行充分估计和科学预测,并认真考虑决策目标的长远性、战略性、可连续性和可分解性,以确保决策工作的完整性和连续性。

阶段性决策的时间跨度往往较短,属于短期决策。它一般在某一阶段起作用,是为达到阶段目标而进行的决策,其为长期决策服务,是长期决策的具体化。在进行这类决策时,决策者应考虑决策的实效性。

随机决策是针对某个突发问题而做出的。酒店业务的随机性很大,客人流动多变,因此,随机决策在酒店运用的机会很多。在进行这类决策时,决策者应考虑决策方案的对口性,使之瞬时见效。

（四）根据层次划分,决策可分为高层次决策和基层决策

高层次决策具有全局性和整体性,属于战略决策。这类决策涉及面较广,且会对酒店整体运转产生较大、较长久的影响。如酒店改制决策、酒店产品决策、酒店融资决策等均属于这一类型。

基层决策多属于战术决策,其在决策活动中占比较大,是战略决策工作的延续和指令。基层决策一般针对某一具体问题,影响时间较短,如客人投诉处理决策、产品短期促销决策等。

（五）根据目标数量划分,决策可分为单目标决策和多目标决策

单目标决策时锁定的目标只有一个,因此决策目标清晰明了,决策思路单一集中。但单目标决策不是孤立的,它往往是一个更大目标系统中的一个元素。因此,酒店在作此类决策时,应考虑到酒店经营的连续性和整体性。

多目标决策是指有两个或两个以上相互关联的目标需要实现,属于复杂决策。在多目标决策中,决策者首先应根据各个目标建立目标系统,并处理好各个子目标之间的协同关系、主次关系和矛盾关系。

三、酒店决策过程

酒店管理中的决策过程大致可分为以下几个步骤。

（一）发现问题

决策过程的第一步是发现问题,找准问题所在,才能对症下药,这也是正确决策的前提。决策是为了解决问题,要解决问题首先要提出问题。

发现问题包括两个方面的含义:第一,确认问题,酒店每天都会遇到许多问题,问题有大有小,有缓有急,有的问题需要决策,有的问题一般处理即可,有的问题紧急,有的问题可以暂缓。所以决策要先确定问题,即确认有没有需要决策的问题,是什么问题。第二,分析问题。以客观的态度去分析解释问题。重点是分析产生问题的原因,找到产生问题的真正原因后,从根本上去解决问题。

（二）拟定解决问题的可行方案

查明问题的原因之后,就要寻求解决问题的方法。酒店管理者应充分利用集体智慧,集

思广益,从而找出多种解决方案。

（三）评估各种方案

决策就是在各种方案中选择最佳方案。一般来说,每种方案都有优点,也有不足之处,决策者要权衡各种方案的利弊,注意方案的价值及可能产生的后果,全面、辩证地评价每个方案,扬长避短,做出综合方案及备选方案。

（四）执行决策

实施决策首先要保证方案被酒店内部认可与接受。决策方案确定后,要向酒店内部有关人员宣传解释,使员工理解决策,进而有信心去自觉执行决策。在实施过程中,涉及的各种因素都要一一落实到位,落实到责任人,并做好进度安排。实施方案的同时,需要及时传达和反馈信息,将方案的实施控制在决策目标内,并建立有效的监督检查机制,有计划、有组织地进行监督检查,发现偏差应及时采取措施予以纠正。

四、酒店企业战略管理

（一）战略和战略管理

1. 战略

"战略"一词原是军事用语,是指将军指挥军队的艺术。20世纪中期,随着企业外部经营环境愈发复杂,企业间的竞争也越来越激烈,许多企业开始把军事上的战略概念运用于企业的经营管理活动。1965年,美国学者安索夫(H.I.Ansoff)撰写的《公司战略》一书比较系统地阐述了企业的战略问题,这标志着战略管理正式进入企业经营管理领域。

对于企业经营管理范畴内"战略"的概念,很多专家学者都提出了自己的见解,表4-2列举了部分具有代表性的战略的定义。尽管各专家对战略的理解有所不同,但有一个共同点,即战略始终围绕着资源、目标和选择等因素展开。

表4-2 具有代表性的战略的定义

序号	学者	定义
1	德鲁克(1954)	管理者确认企业所拥有的资源,并在此基础上决定企业应当做什么
2	钱德勒(1962)	确定企业基本长期目标,选择行动途径和为实现目标进行资源分配
3	安索夫(1965)	一条贯穿于企业活动与产品和市场之间的"连线",由产品和市场范围、增长向量、协同效果和竞争优势四部分组成
4	安德鲁斯(1969)	确定企业宗旨、目的和目标的一种模式,以及为达到这些目标所制定的主要政策和计划
5	迈克尔·波特(1980)	公司为之奋斗的一些终点(目标)与公司为达到它们而寻求的方法(政策)的结合物
6	明茨伯格(1987)	战略是5P的组合,即计划(Plan)、模式(Pattern)、定位(Position)、观念(Perspective)、策略(Ploy)

酒店企业的战略是在对内外部环境分析的基础上,根据企业的目标而制订的企业发展计划。酒店企业确定战略的目的,是在竞争中得到发展并构建自己的核心竞争优势。

2. 战略管理

酒店企业的战略管理,是企业就未来发展方向制定决策和实施这些决策的动态管理过程。它包括三个基本阶段:战略分析、战略选择、战略实施。

(1) 战略分析。

酒店企业在制定战略的时候,首先需要明确企业经营管理最基本的问题,如:企业面临的最关键问题是什么? 有什么机会可以利用? 有什么资源可以配置? 企业的优势和弱势在哪儿? 竞争对手如何? 如果这些基本问题没有研究清楚,酒店企业制定的战略将无法落到实处并起到应有的作用。战略分析就是研究这些最基本的问题,为制定和选择战略、实施战略做好前期的调研工作。

战略分析主要包括三方面的内容:一是酒店企业生存和发展所处的环境发生了什么变化? 这些变化给企业带来了什么样的机遇或挑战? 酒店企业必须考虑政治、经济、社会文化等因素对企业发展的影响,只有适应环境才能生存,只有利用好环境才能发展。二是酒店企业目前的能力如何? 酒店企业要充分了解自身在市场上的地位以及资源情况,明确企业在市场上的优势和弱势。三是酒店企业必须充分考虑各利益相关者的期望。酒店企业发展战略的最终目的是满足利益相关者的需求,因此利益相关者的期望和行为方式会对酒店企业战略的制定、选择和实施产生重要影响。

(2) 战略选择。

战略选择是指酒店企业确定发展战略的类型。战略的目的是解决发展问题,实现企业的长远发展。战略选择的框架包括发展方向、发展目标、发展领域和发展能力四个方面,具体是指愿景和使命的选择,各种战略目标的选择,产业战略、区域战略、客户战略和产品战略的选择,以及各种职能战略的选择。

酒店企业需要在战略分析的基础上制定各种战略方案,进行战略方案的评估和选择。战略方案的评估主要考虑两个方面:一是这些战略方案是否适用于本酒店,是否能够充分利用机会和避免威胁,是否能够充分发挥企业优势和克服弱点;二是这些战略方案是否可行,在现有资源和能力的条件下是否能实现这些战略目标,各利益相关者是否能够接受和认可这些方案。战略决策者应当考虑这些方案的收益和可能存在的风险。

战略选择的过程是对各种方案进行比较权衡,进而确定一个较为满意的方案的过程。发展战略的选择不仅是理性推理的过程,更取决于管理者对风险的态度、企业文化及价值观的影响、利益相关者的期望、企业内部的权力及政治关系,以及高层管理者的需要及欲望等。

(3) 战略实施。

战略实施就是将战略方案转化为具体的战略行动。战略实施需要解决一系列问题,例如,酒店企业如何有效合理地分配资源;如何对组织结构、业务流程等进行相应的变革;如何设计或变革企业的文化和各项制度,以适应战略的需求等。战略的有效实施依赖酒店企业

92

的执行力,如果管理不到位、执行不力,再好的战略也可能达不到预期的效果。

在战略实施过程中,酒店企业还需要实时进行战略控制,保证战略实施的效果与预期的结果一致。酒店企业需要确定相应的评价内容和评价标准,一旦发现战略实施效果欠佳,就要采取相应的纠偏行动,以保证战略目标的实现。

（二）酒店企业战略制定的原则

酒店企业战略是酒店为了在市场竞争中保持或提高其竞争力,在外部环境和内部条件分析的基础上,所确立的实现使命目标的各种战略方案及经营策略的组合。酒店企业战略制定时应遵循整合原则、动态原则、未来导向原则。

1. 整合原则

战略制定首先应遵循整合原则,战略管理的整合原则要求酒店管理者将企业的各种资源与竞争环境中驱动变化的力量整合一体,选择能使企业整体财务价值最大化的竞争方法。可以说,整合原则贯穿酒店管理的始终,是战略管理的基础。

2. 动态原则

战略制定不是企业的一次性行为,而是贯穿酒店的全过程。战略制定需要审视、评估环境,因为环境是时刻变化的,所以战略也应随着环境变化而适时做出调整,对环境的调整有时是微调,有时则是大幅度的调整。

动态原则要求酒店在对战略做出调整的同时也必须要使企业的组织结构跟上这种调整的需要。由于企业竞争日趋激烈,科技飞速发展,新的营销手段层出不穷,因此,酒店集团的组织结构应更柔性化、扁平化、虚拟化、网络化。

动态原则需要酒店建立自己的管理信息系统以及智能决策支持系统,由于酒店面对的外界环境愈发复杂,只有建立数据库、知识库、专家库以及管理信息系统才能让酒店从纷繁复杂的大量数据变量中得出结论,使酒店具备灵活应变的能力,提高防范风险的能力。

3. 未来导向原则

作为酒店企业管理者必须善于应变,要能持续地超越企业当前经营的现状,前瞻性地预测未来,寻找新的投资机会,在别人视为威胁的环境中挖掘出发展的机遇,并能将机遇与企业的各种资源整合,采用新的竞争方法,使企业取得更好的业绩。这需要酒店企业管理者时刻关注企业发展,在日益复杂和边际效应越来越小的需求曲线上寻找变化。管理者要具备接收、归纳、分析大量关于顾客、供应商、竞争者以及企业内部运营和影响该产业整体发展信息的能力。未来的管理者应是具备主动适应变化并能调整企业运营的信息管理者。

五、酒店企业战略选择

（一）一体化战略

一体化战略又称整合战略,是指企业充分利用已有的产品、技术、市场的优势,使企业向所经营业务的深度和广度发展的战略。一体化战略主要有纵向一体化战略和横向一体化战

略两种类型。

酒店为了获取特定的规模经济,可能会采用横向一体化战略;而出于效率的考虑,在进行购买还是生产的决策中,可能会选择纵向一体化战略;如果是出于分散风险的考虑,往往采用混合一体化战略。

1. 纵向一体化战略

纵向一体化战略又称垂直一体化战略,是指将企业的活动范围后向扩展到供应源或者前向扩展到最终产品的最终用户的战略。纵向一体化战略是在同一个行业中扩大企业的竞争范围,但它没有超出原本行业的界限,而是在行业的价值链体系之中使企业的业务单元跨越若干个阶段。纵向一体化战略可以使企业获得对销售商和供应商的控制。

纵向一体化战略实现的方式可以是企业在行业活动价值链的其他阶段,自己创办有关的经营业务,也可以并购一家已经开始某些活动的企业。纵向一体化战略又分为前向一体化战略和后向一体化战略。

(1) 前向一体化战略。

前向一体化战略是指为获得分销商或零售商的所有权或加强对它们的控制所制定的战略。酒店根据市场的需要,对酒店产品进行再加工,或者建立自己的销售组织来销售本集团的产品或服务,这样能够给集团带来稳定的经济效益。例如,一些酒店设立自己的旅行社,以获得稳定可靠的客源。前向一体化使酒店更贴近最终顾客,能够更准确快速地了解市场需求的变化,增加产品的市场适应性和竞争力。

前向一体化战略的适用情况包括:①企业现在利用的销售商成本高昂或不能满足企业的销售需要;②可利用的高质量销售商数量有限;③企业具备直销自己产品所需要的资金和人力资源;④企业参与竞争的产业明显快速增长或预计将快速增长;⑤稳定的生产对于企业十分重要;⑥经销商或零售商有较高的利润等。通过前向一体化战略,企业可以在销售产品中获得更高利润,并可以为自己的产品制定更有竞争力的价格;可以更好地预见市场对自己产品的需求,从而进行稳定的生产;利用自建网站开展网上直销,可以降低交易成本,提高交易效率,增加交易机会。

(2) 后向一体化战略。

后向一体化战略是指酒店为加强与供应商的联合,经营业务向上游产业链延伸所制定的战略,如餐厅投资建立自己的农副产品供应基地等。当酒店现有的供应商不可靠、采购成本过高或不能满足企业需求的时候,可以采取后向一体化战略。

后向一体化战略可以降低采购成本,前向一体化战略可以降低营销费用。

2. 横向一体化战略

横向一体化战略又称水平一体化战略,是指企业兼并或收购同类产品生产企业,以扩大经营规模的成长性战略。横向一体化战略的目的是扩大企业规模,降低生产成本,巩固市场地位,提高企业竞争优势。

实施横向一体化战略,酒店可以扩张规模,有助于获得规模经济,降低产品的单位成本。

通过兼并收购,还能够获得其他酒店的资源、能力和品牌等优势。但要注意过度的规模扩张可能带来经营成本的迅速上升,管理难度加大,可能导致服务产出受到影响,服务质量难以保证。

（二）多元化战略

1.多元化战略的概念及其类型

多元化战略又称多角化战略或多样化战略,是指企业同时经营两种或两种以上基本经济用途不同的产品或服务的一种发展战略。企业多元化经营战略是由著名的战略大师安索夫于20世纪50年代提出的。

多元化是相对专业化而言的,专业化是指酒店从事单一的业务,很多单体酒店主要从事专业化经营。而酒店集团多采用多元化战略,如北京首旅集团的经营业务覆盖了酒店服务、旅游商业、餐饮服务、旅行服务、汽车服务、景区服务和旅游地产等多项产品和服务。

根据酒店企业经营业务的关联程度,多元化可以分为相关多元化和不相关多元化。

相关多元化是指集团新发展的业务与原有业务之间具有战略上的适应性,它们在技术、市场、销售渠道、经验等方面具有一定的相关性。

不相关多元化是指企业经营与现有业务领域没有明显关系的产品,是一种跨行业的业务选择。例如,锦江国际集团有限公司除了从事旅游和酒店两类较为相关的业务之外,还从事客运、地产、食品、金融、商贸和教育等多项与酒店不太相关的业务。

2.多元化经营的优势

（1）有利于分散经营风险。

酒店采取多元化战略,将业务拓展到其他行业,有助于分散经营风险,一般情况下,多元化的行业相关性越弱,分散风险的作用越强。

（2）有利于获得更多的利润。

实施多元化战略,可以寻求新的市场增长机会。在其他市场有更高的利润率,而酒店又有一定实力进入这些市场领域的情况下,实施多元化战略可以扩大利润来源。

（3）有利于获得范围经济。

范围经济是指企业扩大生产或经营的范围,使多项业务可以共享企业资源,从而进一步降低平均成本,提高经济效益。例如,酒店同时从事会展、酒店、旅行社业务,这些不同的业务可以共同使用集团的营销系统、预订系统。范围经济主要得益于技术的匹配性、管理的共通性、运营和营销上的共享性。

3.多元化经营的劣势

（1）增加管理难度。

实行多元化战略,尤其是不相关多元化战略,会使酒店部门或下属子公司增多,扩大了管理跨度,管理难度大大增加。酒店多元化战略多是通过兼并收购来实现的,不同企业、不同业务,其管理方式、企业文化存在很大差异,这会导致管理冲突,降低管理效率。不同的业

务属于不同的部门或子公司,这些部门或子公司往往会强调自己的重要性,从而可能导致部门之间的冲突和部门利益与整体利益之间的冲突。

（2）分散企业资源。

专业化战略有助于酒店集中所有资源做强原有的业务,但多元化战略必然会分散企业资源,从而可能对酒店的原有业务产生不利影响,最终影响集团的所有业务。酒店的人、财、物等资源总是有限的,如果不考虑主营业务资源的需要,盲目投资进入一些新的业务领域,可能会导致主营业务资源短缺,从而影响其竞争力。若多元化经营的其他业务缺乏足够的资源支持,也可能出现重大亏损。分散酒店资源是导致多元化经营失败的一个重要原因。

（三）成本领先战略

成本领先战略是指酒店通过各种方法和途径,使酒店的总成本低于竞争对手,从而获得竞争优势。要实现低成本,酒店就需要有效地控制各项成本开支,包括研发、采购、营销、服务、管理等费用,从整条价值链上寻找降低成本的可能性;酒店也可以通过扩大集团经营,以实现规模经济。

1. 成本领先战略的适用条件

一般情况下,当顾客对价格比较敏感,产品差异较小,产品供给大于需求,或酒店盈利能力下降的时候,适宜采用成本领先战略。其具体适用条件包括以下六个方面。

（1）企业所在的市场为完全竞争的市场。

（2）在顾客心目中,价格差别比产品差别更重要。

（3）企业之间的产品几乎是同质的,且大多数顾客的需求相似。

（4）随着企业规模的扩大、服务项目的增加,能有效提高企业吸引力,迅速降低产品平均成本。

（5）企业与现实的竞争对手处于同一档次。

（6）企业产品需求弹性较大,降低价格能有效刺激需求。

如果大量的顾客都是价格敏感者,更倾向于接受低价格的产品和服务,成本领先战略下的低价格会给酒店带来竞争优势。如果市场上酒店产品基本上大同小异,影响顾客选择的主要因素就是价格,成本领先战略会给酒店带来降低价格的空间。如果市场上酒店产品供给大于需求,酒店企业间的竞争异常激烈,降价往往是企业的首选策略,成本领先战略有助于酒店抵抗价格竞争的风险。在外部条件变化引起酒店盈利能力下降时,酒店可以通过成本领先战略提高利润率,扩大盈利空间,延长酒店产品的生命线。

2. 成本领先战略的优势

实施成本领先战略,酒店可以获得价格优势,获得更高利润,形成行业进入障碍,降低经营风险。

（1）获得价格优势。

酒店通过有效降低生产和服务成本,就能在保证利润率的前提下,以比竞争对手更低的价格销售产品,从而抢占竞争对手的市场份额。

(2)获得更高利润。

酒店在不降低价格并且满足现有市场份额的情况下,成本领先战略保证集团能够获得比竞争对手更高的利润率,从而提高总利润和总的投资回报率。

(3)形成行业进入障碍。

实施成本领先战略的酒店一旦在市场上立足,会增加其他企业的进入障碍。投资者发现无法在市场上实现更低的成本,就会降低其进入的积极性。即使有新的酒店进入,成本领先的酒店同样可以通过降低价格使新进入者的经营陷入困境。

(4)降低经营风险。

当供应商要求提高价格,或顾客要求降低价格的时候,成本领先的酒店比竞争对手具有更强的承受能力,面对市场波动时的获利能力也要高于竞争对手。

3.成本领先战略的风险

酒店采用成本领先战略能够带来竞争优势,但同时也会存在一系列的风险。

(1)竞争对手效仿取得新的低成本优势。

成本领先战略是一种比较容易模仿的战略。竞争对手通过模仿、总结经验或采用新技术、扩大规模等方式,可能实现更低的成本,原来成本领先的酒店就会丧失其竞争优势。

(2)降低盈利空间。

供应商提价和通货膨胀的压力会降低成本领先酒店的盈利能力。如果行业内出现差异化竞争者,酒店降价必然使得其获利空间大大缩小,从而影响其持续发展的能力。

(3)顾客偏好发生改变。

采用成本领先战略的酒店往往通过价格来赢得顾客,如果顾客的价格敏感性下降,大多数顾客不愿意反复享用缺乏特色的同种产品,转而寻求更高品质、更有特色的产品和服务时,价格优势将无法保证酒店获得足够的客源。

(4)酒店难以适应行业需求变化。

采用成本领先战略的酒店是以成本最低而进行的投资,可能会使酒店局限于眼下的战略计划而难以适应外部环境和顾客需求的变化。

课后练习

1.简述酒店组织管理的含义与内容。

2.简述酒店组织结构设计的基本原则。

3.简述酒店直线职能制的优缺点。

4.简述酒店事业部制的优缺点。

5.简述酒店矩阵制的优缺点。

参考答案

6. 简述酒店总经理负责制的内容。

7. 简述酒店职工民主管理制的内容。

8. 简述酒店计划分类。

9. 简述决策及其类型。

10. 试述酒店决策的过程。

11. 简述酒店企业战略制定的原则。

12. 试述酒店企业战略选择。

案例分析

吴某是某四星级国营酒店的老总,在其任职的6年期间,酒店由原来的年创利近500万元"发展"至年亏损近100万元!后因群众举报,当地检察机关对吴某立案侦查,发现吴某竟将该酒店当作自己的私有财产,并设有自己的小金库。其权力在酒店中至高无上,什么事情都由他说了算,员工更是敢怒不敢言。

据了解,吴某刚刚上任时为酒店的发展尽心尽力,其能力也得到了酒店各级管理人员及普通员工的认可。在其上任之初的第一年,酒店即有了较大的发展,生意红火,并通过了国家星级酒店评定,挂牌四星级,年创利达500万元。据吴某交代,他发现该酒店是国营体制,过去的体制不健全,组织管理的监督和民主机制更是无从谈起,他越来越觉得在该酒店中权力可以凌驾于任何人之上且不会被发觉,私欲的膨胀逐渐把吴某推向了罪恶的深渊。他在酒店建立自己的小金库,肆意挥霍公款用于赌博和物质生活享受,导致酒店财产大量流失。吴某疏于对酒店的日常管理,使得酒店人心涣散,经营状况每况愈下,从最初年创利近500万元到负债经营,实在令人痛心!吴某也因贪污挪用公款被判刑。

案例思考:

你认为该酒店的组织设计缺陷在哪里,如何在日常经营管理中监督总经理的职权行使?

第五章

酒店市场营销管理

学习目标

1. 掌握酒店经营环境分析
2. 了解酒店市场细分及其作用
3. 掌握酒店目标市场的选择
4. 掌握酒店市场定位
5. 掌握酒店营销组合策略

第一节　酒店经营环境分析

酒店企业是一个开放的经济系统,酒店的经营必然受到客观环境的控制和影响。通常所说的酒店经营环境是指影响酒店经营管理的各种外部因素和内部条件的总和。酒店经营环境是一个多主体、多层次、不断发展变化的复杂多维结构系统。酒店经营环境主要由两大部分组成:一是酒店经营的外部环境,分为宏观环境和行业环境;二是酒店管理的内部环境。

一、外部环境分析

酒店的外部环境主要包括宏观环境和行业环境。

（一）宏观环境分析

宏观环境一般包括政治法律环境、经济环境、社会文化环境、技术环境和自然环境。

1. 政治法律环境

政治法律环境主要是指一个国家或地区的政治局势、政治关系、法律法规和各

项政策制度等。稳定的政治局势和良好的国际关系能够为酒店创造有利的经营环境,降低经营的政治风险。国家或地区政府根据发展需要,通过各类政策和制度对酒店进行规范和引导,酒店必须在政策制度的框架内开展经营活动。

2. 经济环境

经济环境是指国家的经济政策以及酒店所在地的社会经济状况,包括经济发展水平、经济体制、经济结构和经济政策等。

经济发展水平是指一个国家或地区经济发展的规模和速度,可以用国内生产总值、国民收入、人均国民收入、经济增长速度、就业水平、物价指数等指标来表示。

经济体制是指一个国家国民经济的管理制度和运行方式。经济体制确定了政府对企业的管理模式、所有权归属和资源分配等问题。

经济结构主要包括产业结构、分配结构、消费结构、技术结构、劳动力结构等。

经济政策是一个国家或地区在一定时期内为实现一定经济目标而制定的产业政策、价格政策、投资政策、收入分配政策、就业政策等。经济政策对酒店的经营活动起着规范和引导的作用。酒店经营者必须了解对酒店生存和发展具有重大影响的关键性因素,并适应这些因素的变化,充分利用有利的经济因素。

3. 社会文化环境

社会文化环境包括一个国家或地区的社会结构、社会风俗习惯、信仰和社会价值观、生活方式、文化水平、人口规模与地理分布等。社会文化环境会影响顾客对酒店产品的需求类型和需求规模,以及对酒店理念和行为的接受和喜爱程度。

社会结构主要是指人口结构、城乡结构、社会阶层结构等。酒店需要分析处于不同社会结构层次的顾客的需求情况,了解年龄结构、性别结构等社会结构变化给酒店带来的影响。

社会风俗习惯、信仰和社会价值观、生活方式等社会文化因素往往很难被改变,酒店需要适应这些社会文化因素,根据地域的社会文化特点改变酒店的行为方式和酒店产品。

文化水平影响需求层次,人口规模与地理分布等决定需求的类型和规模。世界知名酒店纷纷进入中国,很重要的一点就是青睐中国庞大的人口规模和强劲的消费能力。

4. 技术环境

技术环境主要指与酒店有关的技术水平和技术政策。新技术的应用可能给酒店带来新的竞争优势,甚至可能带来新的商业模式。酒店可以通过新技术提升服务质量,提高生产效率,推出新的产品和服务,促进产品和服务的销售。但新技术的应用也可能大幅度增加酒店的运营成本,酒店要综合考虑技术环境所带来的机遇和挑战,以及竞争对手对新技术的应用情况。

5. 自然环境

自然环境是指与酒店有关的自然资源和生态环境。现代酒店强调可持续发展,环保既是酒店的责任,也是酒店经营的方向。酒店需要积极推行绿色酒店标准,降低能耗和减少对环境的污染。

酒店自身价值的创造必须同时满足两个条件,一是实现经济效益,二是实现社会效益。经济效益保证了酒店扩大再生产的可能性;社会效益则保证了酒店存在的必要性。

（二）行业环境分析

酒店行业环境是酒店企业直接面对的外部环境,是外部环境分析的重点。酒店行业的竞争态势如何,酒店企业是否应退出该行业,进入另一个行业,都需要进行深入的行业环境分析。

行业环境分析的目的是把握行业的发展现状、发展趋势和内部的竞争格局,从而规避行业环境中存在的风险,寻找行业内的发展机会,确定企业在行业内的地位。

美国哈佛商学院迈克尔·波特教授提出的五种力量竞争分析模型是行业环境分析的重要方法。波特认为,每一个企业都会面临来自潜在进入者、替代品、购买者、供应者,以及行业内现有竞争者的竞争,这五种力量共同决定了旅游行业的竞争强度和企业的盈利水平。

1. 潜在进入者的威胁

新进入者会瓜分现有企业的市场份额,导致企业间的竞争加剧;新进入者还会增加市场上产品的供给,从而可能导致市场价格下滑,降低现有旅游企业的利润。对酒店行业而言,潜在进入者威胁的大小主要取决于本行业的进入障碍,障碍越大,进入的威胁越小,反之则越大。潜在进入者的进入障碍主要有以下几种。

（1）规模经济。

当企业的规模达到一定程度时,能够降低企业的平均生产成本,在规模经济阶段,企业规模越大,就越具有成本优势,越能以更具优势的价格销售产品和服务。如经济型酒店市场,新进入者往往达不到经济型连锁酒店的规模,生产成本较高,从而抑制投资者进入该市场。

（2）产品差异。

产品差异是指酒店企业的产品、服务、品牌、形象等已经成为顾客认可的特色。如果酒店企业具有较高的知名度和良好的企业形象,顾客也已经形成了一定的消费偏好,新进入者如果想进入市场,就必须花费大量的资金和时间才能打造自己的品牌和形象。

（3）投资需求(资金壁垒)。

进入酒店行业所需要的资金也会构成进入障碍。食、住、行、游、购、娱不同行业对资金的需求量不同,资金量越大,进入障碍也越大。

2. 替代品的威胁

企业之间存在竞争关系,其主要原因是产品可以相互替代。产品的替代不仅来自同一行业内的企业,还可能来自其他行业的企业。

3. 供应者、购买者的议价能力

供应者和购买者在产业价值链上与酒店企业有合作关系,同时也有利益冲突。供应者

总是希望提高价格以获取更高的利润,而购买者总是希望降低价格以得到更大的实惠。供应者和购买者的议价能力直接决定酒店企业的利润,其议价能力主要由以下因素决定。

（1）集中度。

如果购买者集中购买、购买数量较大,其讨价还价的能力就会增加。比如,旅游团与散客,团队游客的议价能力就要比单个散客的能力强。同样,酒店企业也可以通过集中购买或与其他企业合作一起购买,从而增强企业的谈判能力。

（2）产品差异化。

产品的差异越大,其可替代性就越弱,供应者的议价能力就越强。购买者对酒店企业的产品和服务的偏好越强,该企业就越能够保持较高价格。因此,知名品牌酒店企业的产品价格往往会比较高。

（3）信息掌握程度。

如果购买者充分了解供应商的产品和服务的实际市场价格、质量水平,甚至企业的生产成本,其就能在讨价还价中处于有利地位。

如果供应商能够充分了解顾客的需求,提高他们的转换成本,也能够提高自身讨价还价的能力。

4.行业内现有企业的竞争

酒店企业面临的主要竞争是来自同行的竞争。随着越来越多的企业进入,酒店行业的竞争变得日益激烈。酒店企业的竞争往往通过价格战、广告战、产品战等方式表现出来。行业内现有企业的竞争程度主要取决于以下因素。

（1）竞争者的数量和规模。

行业内竞争者的数量越多,规模相近,竞争就越激烈。数量越多,意味着酒店企业必须在有限的市场上抢夺顾客;规模相近意味着生产成本和能力势均力敌,则可能导致竞争白热化。

（2）行业增长缓慢。

一旦市场的增长率下降,企业间的竞争就会加剧。酒店业是一个快速发展的行业,吸引了大量的投资者进入。比如,某一地区的酒店业已处于饱和状态,如果新的酒店大量开张,将导致床位过剩,当地酒店间的竞争就会变得异常激烈。

（3）差异化程度低。

如果酒店企业所提供的产品大同小异,顾客的选择范围就会增大,企业的竞争压力也会随之加剧。若产品差异化程度较大,企业往往会吸引一批忠实顾客,顾客的转换成本较高,竞争的激烈程度就会降低。

（4）进入壁垒较低或退出壁垒较高。

如果进入壁垒较低,就会加剧行业内的竞争。比如,餐饮业的进入壁垒较低,导致投资者纷纷进入,从而加剧了行业内的竞争。

如果退出壁垒较高,当酒店企业发现无利可图时,想要退出市场,但又受到限制,则会促使酒店企业通过各种方式提升其竞争能力。

(5)酒店产品储存性较差。

酒店产品的显著特点是储存性较差。酒店客房当日无法销售,就会直接导致收入损失,因此酒店企业会通过各种方式加强产品和服务的销售,这也同样加剧了行业竞争。

二、内部环境分析

酒店企业能否抓住市场机遇,取决于对市场的把握,同时还需要一定的资源和能力保障。酒店企业若想在市场上赢得竞争,必须培育自己的核心竞争力,其基础就是企业的资源和能力。内部环境分析就是分析酒店企业的资源和能力,这对酒店企业了解自身实力、寻找竞争优势,具有极其重要的意义。

(一)资源分析

资源是指酒店企业所拥有的各种要素,包括土地、设备、人员、资金、商标、技术等。酒店企业的经营就是将资源转化为产出的过程。资源的数量和品质以及利用的程度,是酒店企业核心竞争力的基础。资源一般可以分为有形资源和无形资源。

1.有形资源

有形资源是指可见的、能够量化的资源,如土地、建筑物、设备、资金等都属于酒店企业的有形资源。

这些资源容易被评估,一般可以从企业的财务报表上查到其价值,但这些数据并不能完全真实地反映资源现在和未来的价值。酒店企业评估有形资源,需要研究现有资源是否得到有效的利用,是否能有更高的产出,或如何更节省资源,存在哪些资源缺口,如何进行弥补。

2.无形资源

无形资源是指那些无法用货币直接度量、不能直接转化为货币的资产,如企业的技术、专利、商标权、特许权、土地使用权、企业形象和声誉等。有形资源一般容易从市场上直接获得,而无形资源不能直接从市场上获得。

酒店企业可以通过掌握的无形资源创造更大的价值,如通过良好的企业形象和声誉,能够赢得比竞争对手更大的市场。酒店企业可以通过无形资源建立自己的竞争优势,因为相比于有形资源,无形资源更难以被竞争对手了解、购买、模仿或替代。

(二)能力分析

企业能力是指企业整合资源,使其价值不断增加的能力。一般而言,酒店企业的能力主要由研发能力、生产服务能力、营销能力和财务能力构成。

1. 研发能力

研发能力反映的是酒店企业产品和服务的设计创新能力。研发能力越强,酒店企业越能够提供差异化的产品和服务。酒店的研发能力主要体现在酒店的概念设计、装修装潢设计和服务创新等,酒店企业如果能够在市场上推出与众不同、别具特色的产品和服务,就能快速地在市场上获得竞争优势。

研发能力分析的主要内容有:①研发成果分析,包括新产品、新服务、新流程、新专利和新技术等及其给酒店企业带来的经济效益;②研发能力分析,主要指酒店企业的研发队伍建设情况;③研发经费分析,指每年酒店企业用于研发活动的经费情况。

2. 生产服务能力

生产服务能力主要涉及生产和服务的过程管理、采购管理、人力资源管理和质量管理等。生产服务能力决定酒店企业是否能够将研发的成果用于生产和服务,从而获取收益。酒店企业分析生产服务能力主要包括以下几个方面。

(1)考察生产和服务过程,如过程是否合理高效? 采购成本是否得到有效控制? 技术使用情况如何?

(2)考察生产和服务能力,如产品和服务是否能够有效满足需求? 是否存在资源闲置或短缺的情况? 顾客数量和房间出租率如何? 顾客是否满意?

(3)考察服务人员,如服务人员的经验、技能、士气如何? 满意度如何? 工作是否积极、高效? 离职率如何?

(4)考察质量管理,如是否有质量管理体系? 顾客抱怨和投诉情况如何? 处理投诉的成本如何?

3. 营销能力

营销能力主要包括三方面内容,即市场定位能力、营销组合能力和营销管理能力。

(1)市场定位能力表现为酒店企业的市场定位是否准确,它取决于酒店企业市场调查和研究的能力、市场细分和选择目标的能力、占据和保持市场位置的能力。

(2)评价营销组合能力,主要考察酒店企业的营销组合是否与目标市场上顾客的需求相一致,是否与目标市场上产品生命周期相一致。

(3)营销管理能力可以从营销系统、营销的生产率和营销职能三个角度进行考察。

4. 财务能力

财务能力直接反映酒店企业经营的绩效,是企业能力的直接表现。财务能力可以使用财务比率进行分析。财务比率的常用指标如下:一是偿债能力指标,包括流动比率、速动比率、资产负债率等;二是营运能力指标,包括存货周转率、应收账款周转率等;三是获利能力指标,包括资产报酬率、销售利税率、销售毛利率、销售净利率、成本费用利润率等。

第二节　酒店市场细分与市场定位

一、酒店市场细分的概念及分类

所谓市场细分是指,酒店根据消费者的需要与欲望、购买动机、购买行为和购买习惯,将某一市场划分为若干不同的、各具特点的购买者群体的过程。正确地选择目标市场,必须以市场细分为前提。酒店市场细分是根据旅游者之间需求的差异性,按照一定标准把一个整体酒店市场划分为若干消费者群体,这些不同需求类型的消费者群体,每一类就是一个小的细分市场。

市场细分是以市场需求的差异性和相似性为客观基础的,因此,酒店市场细分必须符合以下原则:①可衡量性原则,即各细分市场的需求特征、购买行为等要能被明显地区别开来,各细分市场的规模和购买力大小等要能被具体测度;②可盈利性原则,即经济原则,要求细分的市场有可开发的经济价值;③可进入性原则,即酒店开发的酒店产品可进入细分出的市场,能够占领一定的市场份额;④稳定性原则,即细分后的市场应具有相对的稳定性。

酒店市场细分是按照一定的标准进行的。酒店市场细分的主要标准有四类,即地理细分、人口细分、心理细分和购买行为细分等。

(一)地理细分

地理细分是指按照消费者所在的地理位置来细分市场,可以按照地理区域、气候环境、空间位置等因素来细分。按照地理区域细分,可以分为洲别酒店市场、国别酒店市场和区别酒店市场。通常较多地按国别来细分酒店市场,因为一国内部的消费需求往往有更多的相似性,而国与国之间则表现出较多的差异性,这更有利于针对性地开发某一国的客源。按照旅游者的流向和流量,可以把不同地区的国家划分为一级市场、二级市场和机会市场。酒店在制订经营计划时,不论在产品、价格和其他政策方面都应优先考虑一级市场,以保持经营的稳定性;同时大力开发二级市场,挖掘潜力;对于机会市场要加强市场调研,促使该类市场的潜在需求转变为现实需求。

(二)人口细分

人口细分是根据消费者的年龄、性别、家庭规模、婚姻状况、家庭生命周期、收入水平、职业、文化程度、民族、种族、宗教信仰、社会阶层等因素进行细分。如根据年龄可分为老年、中年、青年、儿童市场,消费者的需求和能力随年龄的增长而变化,在旅游行为上有明显的区别。根据性别可分为男性和女性市场;根据受教育程度可分为受过高、中、初等教育的旅游者细分市场等。每个细分市场都共有一定的特点和与众不同的需求,从而构成总体需求的多样性和每个小市场的特殊性。

（三）心理细分

心理细分是指按消费者的性格气质、旅游动机、生活方式等心理因素来细分市场。例如，根据旅游目的或动机可将市场细分为度假、观光、会议、商务、奖励、探亲访友等市场。此外，旅游者性格包括外向与内向、独立与依赖、乐观与悲观、开放与保守等，加之人们在不同社会环境中逐渐形成不同的生活习惯、消费倾向，对周围事物的看法等也会影响市场细分。因而酒店经营者可根据上述不同标准，对酒店市场进行不同的细分。

（四）购买行为细分

购买行为细分是指按消费者购买形式、购买时间、购买频率等因素进行市场细分。例如，按购买形式可细分为团体市场和散客市场；按购买时间可细分为淡季市场、旺季市场和平季市场等。

二、酒店市场细分的作用

（1）有助于发现营销机会。通过市场细分，酒店可以发现哪些消费者群体的需要没有得到满足，或尚未得到充分满足，就能向他们提供所需的产品和服务。

（2）有助于制定和调整营销因素组合。通过调研了解目标市场的需要，就能更实事求是地制定出营销因素的组合，也可根据市场需求的变化进行调整。

（3）有助于在竞争中取得优势。酒店通过满足目标市场的需要，使自身产品和服务成为目标市场消费者的第一选择，这样企业就能在竞争中取得有利地位。

（4）有助于集中使用人力、物力、财力等资源，以较少和较合理的投入，取得较好的效益。

三、酒店目标市场的选择

市场细分的目的是确定酒店的目标市场。所谓目标市场是指酒店在市场细分的基础上，从满足现实和潜在的目标顾客的需求出发，并依据自身的营销条件而选定的一个或几个特定的市场。酒店企业选择目标市场的策略一般有三种：无差异性市场营销策略、差异性市场营销策略和集中性市场营销策略。

（一）无差异性市场营销策略

无差异性市场营销策略又叫整体化市场经营策略，是指酒店企业把整个市场看成是一个无差别的整体，认为所有消费者对其产品和服务的需求是一样的，整个市场就是一个大的目标市场，采用单一的市场营销组合满足整个市场需求。

选择无差异性市场营销策略，可以发挥规模效益的优势，并容易形成名牌产品的轰动效应。这种策略的缺点是不能完全满足消费者各种差异性的需求。因此，选择无差异性市场策略应限于少数垄断性较强或供不应求的酒店产品。

（二）差异性市场营销策略

差异性市场营销策略是指酒店企业在市场细分的基础上选择几个细分市场作为自己的目标市场，针对每一细分市场的需求特点，设计和组合不同的酒店产品，并采取不同的促销方式分别进行促销，以差别性的产品和促销方式来满足差异性的目标市场需求。

采用这种市场营销策略，能增强酒店在目标市场的竞争实力，但会增加企业的生产费用和销售费用，企业的资源将被分散用于各个细分市场，因此必须避免过多差别，以增加每一种产品的销售量。

（三）集中性市场营销策略

企业在市场细分化基础上，只选择一个细分市场作为目标市场，确定一种营销组合来适应其需要。这种策略的突出特点在于酒店营销对象集中，能充分发挥酒店企业优势，使酒店企业在特定市场上具有很强的竞争力。但其缺点是酒店企业要承受市场单一化的风险，一旦这部分市场情况发生变化，酒店企业经营就会出现危机。这些酒店企业追求的不是在较大的市场上占有较小的份额，而是在较小的细分市场上占有较大的份额。这一营销策略有助于企业专门化。由于全部营销活动都集中于某一细分市场，企业能仔细地分析和研究消费者的特征和需要，资金有限的中小企业可以通过这一方式，增加营业收入和投资收益率。

四、酒店市场定位

（一）酒店市场定位的内涵

市场定位是一种在细分市场上塑造产品服务的位置，用以取得市场竞争优势，达到吸引和获得目标顾客良好印象的活动。在完成市场定位后，才能更准确地研究和制定市场营销组合策略。

酒店企业进行市场定位，首先需要准确把握所选择的细分市场需求。同时，关注整个酒店市场的竞争者的活动和产品，然后根据酒店所拥有的资源，开发出更加符合顾客需要的产品和服务。通过对酒店市场的信息传递，树立酒店自身形象和产品概念，最终促成顾客的消费选择，培养酒店常客。

实际上，酒店的市场定位不是一次完成的，也不是一成不变的，而是需要不断地适应顾客需求和所选定的细分市场的变化。尤其在顾客消费观念、偏好等发生重大变化时，酒店市场定位的调整应及时跟进。另外，市场竞争的变化，如酒店的竞争者进行有效的市场份额扩张或打造产品的新吸引力时，酒店企业需要重新考虑定位。这种考虑也需要慎重，一旦重新开始实施定位转移，酒店企业是需要投入和付出代价的。

（二）酒店市场定位策略

酒店企业市场定位，可以根据原有的市场基础和自身产品服务的特征来完成。酒店市场定位的常用策略有如下几种。

1.对抗性市场定位策略

对抗性市场定位策略主要是将本酒店所选择的细分市场锁定在竞争者身上,共同选择和面对同一细分市场,推出相似或相近的产品服务,提高市场的熟悉度。由于面对的是需求相似的顾客,且市场规模相当,酒店经营的市场形象和定位往往会对市场推广起到助推作用,甚至会更好地开拓客源,这可以有效减少营销宣传的费用支出。在酒店业,这种现象和策略选择是较为普遍的,比如,同一地区开设的同星级酒店、邻近区域的多家经济型酒店等。

2.市场取代定位策略

市场取代定位策略是将竞争者代替,占有其市场份额的一种策略。这种策略的实施和实现一般会有条件限制,要求企业实力雄厚并具有明显的比较优势。由于需求的差异性,酒店企业要实施市场取代的定位策略比较困难。但是,在竞争中保持并积极开拓市场是酒店企业的目标。

3.市场空缺填补定位策略

这种策略是寻找被忽视的、隐蔽的、具有开发潜质的市场,将定位锁定在市场的空隙。一方面可以避开争夺同一市场带来的激烈竞争;另一方面又可以丰富企业的产品服务,独辟蹊径,有助于获得较好的经济收益。

第三节　酒店营销组合策略

酒店营销组合是指为了满足目标市场的需求,酒店对自己可以控制的市场营销因素进行优化组合,使各个因素协调配合,发挥整体功效,最终实现酒店经营目标。这些因素在市场营销活动中是非常活跃的,企业通过一定的投入和计划实施来实现控制。企业对所选择的细分市场顾客群体,综合运用这些要素和手段发挥营销功能,将企业、产品、品牌和信息等有效地传递给目标群体,实现长期、稳定的市场销售和市场占有,并对潜在消费对象产生积极的影响。

一、产品策略

酒店产品是由多个组成部分构成的、能够满足顾客需求和愿望的多元化产品服务的集合体。酒店产品是酒店向顾客提供的所有物品和服务的总和,它是有形产品和无形服务的有机结合。有形产品主要包括产品的实体及其品质、特色、品牌等,它们能满足顾客对物质产品的需要。无形产品主要包括产品形象、质量保证、声誉等,给顾客带来附加利益和心理满足感与信任感,具有情感价值,能满足顾客的心理上的需要。因此,酒店必须向顾客提供具有完整效用的产品,给顾客带来完整的消费满足。

（一）酒店产品的内涵

从现代营销理论的产品整体观念看,酒店产品的内涵有核心产品、实际产品和延伸产品三个层次。

1.核心产品

核心产品是酒店产品的最基本层次,是指顾客从产品中得到的根本利益。这种利益表现在顾客入住酒店过程中希望由酒店所解决的各种基本问题。每一种产品实际上都是解决问题的一组服务,这对不同的顾客来说是不同的。

2.实际产品

酒店实际产品是指从物质上能展示产品核心利益的多种因素。比如,酒店的设计风格、建筑特色、地理区位、周边环境,酒店设施设备的品牌名称、服务项目、服务水平等。这一系列因素都能展示出酒店产品的核心利益,使产品的核心利益更容易被顾客认识。也就是说,这些展现因素使酒店产品的核心利益有形化,也使得世界上的酒店各有特点,营销人员利用这些展现因素将自己的酒店与竞争对手的酒店区别开来。

3.延伸产品

酒店延伸产品是指在顾客购买其实际产品和服务时所提供的附加利益。这种利益对顾客来说并不是必不可少的,但它能给顾客带来更多的利益和更大的满足,因而,对顾客购买实际产品和服务具有一定的影响力。如酒店免费提供的停车场、机场接送服务、代订机票火车票等。随着市场竞争越来越激烈,酒店所提供产品的附加利益在市场竞争中越来越重要,成为竞争的重要手段。

（二）酒店产品策略的类型

1.单一化产品策略和多样化产品策略

单一化产品策略是指酒店可以将经营的业务集中在较小的范围之内,如传统的食与宿两个方面,甚至仅提供住宿,配以必要而简单的服务。如果条件允许,酒店可以扩大经营范围,以食宿为基础,提供康乐设施与购物中心,经营与旅游有关的各种业务,如出租汽车、导游服务等,这就是多样化产品策略。究竟采取单一化产品策略还是多样化产品策略,取决于酒店的人力、物力、财力,取决于酒店的定位,更取决于市场需求。

2.升档产品策略和降档产品策略

升档产品策略是指在现有产品的基础上增加高档、高价的产品;降档产品策略则是指在高价产品中增加廉价的产品。两者手段不同,但目的都是适应市场需求,增加销售量,创造更多的利润。

3.标准化产品策略和差异化产品策略

标准化产品策略不仅是指酒店应该建立各种规章制度,加强培训与质量控制,以保证自己提供的产品与服务达到一定的标准与水平,更重要的是指酒店提供的产品与服务能为消

费者所接受。差异化产品策略是指,酒店在市场竞争中不断开发与提供新产品、新服务,强调自己的产品与服务不同于竞争者、优于竞争者而使旅游者偏爱自己的产品与服务。

二、酒店价格策略

(一)酒店产品价格的概念及类型

价格是市场营销组合中不可或缺的重要内容,酒店产品的价格是否适当,直接关系到酒店产品在市场中的竞争能力。所谓酒店产品价格,就是顾客为购买能满足其某一需求的酒店产品和服务支付的货币总额。酒店产品价格通常以单项价格形式出现,如餐饮价格、客房价格,但酒店产品除了一般价格外,还有差价和优惠价等价格类型。差价是同种酒店产品由于时间、地点或其他原因所引起的有一定差额的价格(地区差价、季节差价、质量差价、团体与散客差价等),差价能使消费者得到质价相符的产品,有利于酒店控制需求,改进经营管理水平,提高服务质量。优惠价是在明码标价的基础上,给予消费者一定比例的折扣或其他优惠条件的价格。优惠价是酒店争取市场的手段之一,有利于酒店同顾客保持良好的关系。

(二)影响酒店产品定价的因素

1.酒店产品成本

成本是定价的主要依据。企业以一定的价格销售产品,既要收回成本,也要实现盈利。因此,产品成本应是酒店在正常的市场环境中定价的最低点。

2.市场需求

市场需求状况对酒店产品定价具有影响。价格是调节需求的有效手段之一,较高的价格会减少一定的需求量,较低的价格则会引起需求量的反弹。因此,产品在定价时必须考虑需求的约束。

3.营销目标

酒店的不同时期应当有不同的营销目标:或是为了扩大销售量,提高市场占有率;或是为了击败竞争对手,站稳脚跟;或是先打开知名度再扩大美誉度等。不同的营销目标会影响酒店产品的定价。

4.酒店营销组合策略

定价只是酒店借以实现其营销目标的诸多营销组合工具当中的一种。价格一定要与产品的设计、分销及促销策略相互协调,构成一个统一而有效的市场营销计划。

5.竞争

酒店的价格策略要受到竞争状况的影响。酒店首先要了解竞争的强度,其主要取决于产品生产的难易程度,是否有专利保护,供求形势以及具体的竞争格局。其次,要了解竞争对手的价格策略及其竞争实力。最后,还要了解、分析酒店自身在竞争中的地位。

6.政府或行业组织的干预

政府为了维护经济持续,或其他目的,可能通过立法或其他途径对酒店行业的价格进行干预。政府的干预包括规定毛利率,规定最高、最低限价,限制价格的浮动幅度或规定价格变动的审批手续,实行价格补贴等。

7.其他因素

其他因素如顾客心理习惯。价格的制定和变动在顾客心理上的反应也是价格策略必须考虑的因素。在现实生活中,很多顾客存在"一分钱一分货"的观念。面对不太熟悉的酒店,顾客常常从价格的高低判断酒店的好坏,以经验把价格同酒店的价值挂钩。顾客心理和习惯上的反应是很复杂的,某些情况下还会出现完全相反的反应。

（三）酒店产品的定价策略

酒店产品定价策略是酒店企业在特定的经营环境中,从定价目标出发,灵活运用价格手段,以适应市场的不同情况,从而实现酒店企业的营销目标。常见的定价策略有以下几种。

1.心理定价策略

心理定价策略是在充分考虑消费者不同的消费心理,特别是对产品价格的心理反应的基础上,区别不同酒店产品而采取的灵活的定价策略。常见的心理定价策略主要包括:

（1）尾数定价策略。

尾数定价策略是指企业定价时有意保留产品价格的角分尾数,制定一个与整数有一定差额的价格,又称为非整数定价策略。例如1元一件的产品可以定价为0.99元或0.88元,这种定价会使消费者产生心理感受上的差异,一是会使消费者认为此价格是通过准确计算得出的,产生"一分钱一分货"的感受;二是使消费者认为0.99元在1元以下,营造更便宜的感觉;三是可以满足消费者购物图吉利的心理。根据不同民族或地区的人们对数字的喜好,可采用不同的尾数。

（2）整数定价策略。

与尾数定价策略正好相反,整数定价策略是酒店企业有意识地将产品价格制定为整数,对角分忽略不计。这种策略是针对消费者追求高质量的心理而设计的,适用于价格比较昂贵的产品。

（3）声望定价策略。

声望定价策略是指酒店企业对具有较高知名度和较高信誉度的酒店产品制定高价。这一策略主要是针对消费者求名、求胜的心理需要。消费者购买某些名牌产品的主要目的是显示其身份和地位,如果这些名牌产品定价过低,一方面难以满足某些消费者的特殊心理需要,另一方面可能会让人怀疑其产品是假冒名牌。例如,消费者选择入住本地区享有盛誉的老字号酒店,更多的是要表明自己的地位,显示自己的优越感。因此,酒店对客房制定高价,是符合顾客需求的。

（4）招徕定价策略。

招徕定价策略是酒店企业有意识地把一部分产品价格定得很低,发挥促销导向作用,吸引潜在的消费者,从整体上提高企业的销售收入,增加盈利。

（5）习惯定价策略。

习惯定价策略是指某些酒店产品在长期的市场交换过程中已经形成了为消费者所适应的价格,酒店对这类产品定价时要充分考虑消费者的习惯倾向,采用"习惯成自然"的定价。这种定价策略无论产品成本增加或降低,或是为了应付市场竞争,酒店都应按消费者的习惯价格定价,而不轻易变更,以免引起老顾客的反感和转移。若原材料的价格上涨,酒店可采用压缩规定的服务内容,或适当减少餐饮分量等方法,而不是提高单位产品价格,以取得顾客信任;若原材料的价格不变或下降,酒店为了扩大销售,一般不采取降价措施,而是采取增加服务项目,提高服务水平和创新产品等措施,去赢得更多的客户。

（6）分级定价策略。

根据产品的质量、构成、价值等因素,将酒店产品定为不同档次的价位,以体现不同产品的价值,但是分级不宜过细。

2. 折扣定价策略

折扣定价策略是指酒店企业通过对原有酒店产品价格打一定的折扣,以此来争取消费者,维持和扩大市场销售额的一种策略。折扣定价策略主要有以下几种形式。

（1）数量折扣策略。

数量折扣是根据消费者购买酒店产品的数量或金额来决定所打折扣的程度。购买数量越大,金额越多,折扣率就越高,这是鼓励消费者大量、频繁购买的一种定价策略。数量折扣又可分为以下两种。

①累计数量折扣。

累计数量折扣是指一定时期内,消费者购买的数量可以相加,当购买数量或金额达到一定量后,可以享受一定比例的价格折扣。其目的是鼓励消费者多次重复购买,使企业有一批较稳定的长期顾客。有些情况下,酒店企业对达到数量折扣要求的消费者并不给予低价,而是给予一定数量的免费产品。

②非累计数量折扣。

非累计数量折扣是指消费者一次购买的数量或金额达到或超过一定标准时就给予一定的价格折扣,旨在鼓励消费者一次性大量购买。

（2）季节折扣策略。

季节折扣策略是酒店企业经营过程中,在产品销售淡季时给予消费者一定的价格折扣。酒店产品经营的季节性较强,采用季节性折扣策略可以刺激消费者的消费欲望,使酒店的设施和服务在淡季时能被充分利用,有利于酒店企业的常规经营。许多酒店不仅在旅游淡季时采用打折的降价策略,在周末空房数增多时也采用折扣的降价策略,以吸引家庭度假旅游者。

（3）同业折扣策略。

同业折扣策略又称功能折扣策略、交易折扣策略,是指酒店企业按照各类旅游中间商在市场经营中的不同作用,给予不同的价格折扣。同业折扣策略实际是酒店企业对中间商在市场销售中所发挥的功能,给予一定报酬和奖励,有利于稳定酒店产品的销售渠道。例如,酒店管理公司规定,向旅游批发商只收取净房价,如果旅游批发商代替团队订房,公司给予旅游批发商的价格将比一般的团队价低15%。

(4)现金折扣策略。

现金折扣策略又称付款期限折扣,是酒店企业对现金交易或按期付款的酒店产品购买者给予价格折扣。酒店企业采用这种定价策略,目的是鼓励消费者提前付款,以便尽快收回现金,加速资金周转。

3.新产品定价策略

一种新产品投入市场应当如何定价,这是任何企业都将遇到的问题。新产品投入市场后能否受到消费者的欢迎,除了产品自身的因素外,其定价策略也起着十分重要的作用。常见的新产品定价策略主要有以下几种。

(1)撇脂定价策略。

撇脂定价策略是指企业在推出新产品时,在产品价格的可行范围内尽可能地制定高价,以便迅速收回投资,取得丰厚利润,所以又称为高价策略。这种定价策略适用于特色鲜明、垄断性强、其他企业在短期内难以仿制或开发的酒店新产品。

撇脂定价策略的优点在于:①可以使酒店迅速收回对新产品的投资,短期内实现利润最大化;②可以为后期降价竞争创造条件,随着产品生命周期阶段的后移,竞争者涌入市场时,酒店有足够的价位空间来降低价格,从而掌握竞争的主动权,稳定市场占有率;③可以控制一定的需求量,避免新产品投入市场初期,由于供给能力不足而出现断货脱销的情况;④可以提高产品身价,树立企业形象。该策略的不足之处在于:①高价如果不被消费者接受,产品的销路就会受到影响,导致投资难以收回;②高价厚利容易招致竞争对手增多,加剧市场竞争。因此,这种价格策略一般不宜长期使用,只能作为一种短期的价格策略。

(2)渗透定价策略。

渗透定价策略是指酒店在推出新产品时,在产品价格的可行范围内尽可能地制定低价,因此又称为低价策略、薄利多销策略。这种定价策略适用于产品刚刚推出、急需打开销路,以及产品稳定成长、期望尽快提高市场占有率的情况。

渗透定价策略的优点在于:①能够迅速打开新产品的市场销路,增加产品销售量;②低价能够有效阻止竞争者进入市场,保证酒店长期占领市场。该策略的不足之处在于:①由于产品定价很低,在短期内无法获得足够的利润来弥补新产品的投资;②价格变动余地小,不利于新产品后期降价竞争;③不利于新产品品牌形象的树立。

(3)满意定价策略。

满意定价策略是一种介于撇脂和渗透之间的价格策略。所定的价格比撇脂价格低,而比渗透价格要高,是一种中间价格。这种定价策略兼顾了供给者和需求者双方的利益,既能

使酒店有稳定的收入,又能使消费者满意,产生稳定的购买者,因而各方都会比较满意。但是采用这种价格策略也有不足之处:由于产品的定价是被动地适应市场,而不是积极主动地参与市场竞争,因此可能使酒店难以灵活地适应瞬息万变的市场状况。

三、酒店分销渠道策略

(一)酒店分销渠道的概念

酒店分销渠道又称销售渠道,是指酒店产品从酒店企业向消费者转移过程中所经过的一切取得使用权或协助使用权转移的中介组织和个人。即酒店产品使用权转移过程中经历的各个环节所连接形成的通道。

(二)酒店分销渠道的类型

1. 直接销售渠道和间接销售渠道

(1)酒店直接销售渠道。

酒店直接销售渠道即酒店企业直接把酒店产品销售给顾客消费的形式。例如:在机场、火车站、汽车站等地销售酒店产品,以及前厅直接销售给零散的顾客。

直接销售渠道使酒店企业与顾客直接接触,有利于顾客获得消费相关信息,有助于提高酒店产品的形象和质量感知,便于酒店控制对外报价和调整价格优惠程度,强化酒店企业形象,同时节省中间商费用,降低成本。

随着互联网技术的运用和普及,预订系统和全球分销系统的不断发展为酒店预订和直接销售带来了新的转变和选择。酒店网络预订系统已发展成为酒店直销中的一个不可忽视的力量。通过预订系统可以使加入其中的酒店成员实现销售。

(2)酒店间接销售渠道。

根据销售成员参与的数量,酒店间接销售渠道可以做如下分类(见表5-1)。

表5-1　酒店间接销售渠道类型

类型	描述
一级销售渠道	酒店产品→旅游代理商/旅游经销部/其他→顾客
二级销售渠道	酒店产品→旅游经销商→旅游代理商→顾客
	酒店产品→其他成员→旅游代理商→顾客
多级销售渠道	酒店产品→旅游批发商→经销商→旅游代理商→顾客
多层多级销售渠道	综合上述销售渠道类型和直接销售渠道等

在酒店的间接销售渠道成员中,旅行社是非常重要的成员之一。国外的旅行社一般分为旅游零售商,即旅游代理商、旅游经销商和旅游批发商三类。旅行社通过批发或经销酒店的产品获得佣金或销售提成。国内由于缺乏旅游批发商,旅行社与酒店一般采用协议批发价来形成利益关系,这种关系使双方为了争取价格而处于对立的局面。

在其他的成员中,作为某一区域或市场内酒店产品专业销售人员的酒店销售代表也非常重要,选择、确定酒店销售代表时一定要谨慎地达成长期关系,避免出现使用竞争酒店销售代表和频繁更换的情况。

2.长渠道和短渠道

长渠道是指酒店在产品销售过程中利用两个或两个以上的中间商。优点是渠道长,分布密、触角多,能有效地覆盖市场,扩大产品的销售,能充分利用中间商的职能作用,市场风险小等。

短渠道是指酒店产品仅利用一个中间商或自己销售产品。优点是能减少流通环节,时间短、费用省,信息传播和反馈速度快等。

3.宽渠道和窄渠道

宽渠道是指同一层次或环节使用的中间商多;反之,就是窄渠道。按渠道宽度划分,主要包括以下几种策略。

(1)密集分销策略。

尽可能通过较多的中间商分销酒店产品。这一策略可导致酒店付出的销售成本增加,中间商的积极性降低。

(2)独家分销策略。

酒店在一定时间、一定地区只选择一家中间商销售其产品。这一策略可使酒店得到中间商最大限度的支持。

(3)选择分销策略。

酒店在一个目标市场上,依据一定的标准选择少数中间商销售其产品。这一策略兼有密集分销策略和独家分销策略的优点。

四、酒店促销策略

酒店市场促销是指酒店向目标市场传递和沟通产品与服务信息,促进顾客了解和消费酒店产品,扩大酒店产品销售的活动过程。在旅游市场上,与商品流通一样,如果不重视宣传推广,不重视信息传递和情报沟通,必然会给供需的结合造成困难。因此,酒店促销策略对扩大产品销售,提高市场占有率具有重要意义。

酒店促销通常由内部促销和外部促销两部分组成。

(一)内部促销

内部促销是向住店客人、餐厅和酒吧客人、宴会或会议的参加者等进行推销的活动。顾客到达酒店,酒店就应当开始进行内部促销。内部促销要达到两个目的:一是争取顾客续订或增加消费;二是提高顾客的满意度。

1.内部促销的要点

(1)重视人员推销。

人是内部促销活动的主体,是企业兴衰成败的关键,必须充分重视酒店工作人员在推销中的作用,尽可能选用优秀员工,让他们积极参与内部促销活动,才能取得较好效果。

（2）加强员工培训。

培训是提高员工素质和促销效果的重要举措。通过培训可增加员工的推销知识,帮助员工更好地掌握推销方法与技巧,从而有利于内部促销取得更好的效果。

（3）强调群体协作。

不能把内部促销看成是酒店一两个部门的任务,或者是少数人的工作。实际上,酒店的每个员工随时随地在任何部门都能直接或间接地影响销售。整体效益一般大于部门效益之和,通过全体酒店员工和部门的密切合作,整体推销,才能取得最佳的内部促销效果。

（4）坚持授权一线。

授权就是授予员工使顾客满意的权力。这对员工的能力、信心和责任心是最有效的培训和激励,有利于激发员工参与内部促销的责任心和工作热情。同时,授权有利于增强员工在内部促销过程中解决问题的灵活性和及时性,而不必层层汇报,在得到上级指导后再作处理。这有利于提高顾客满意度,也有利于增强内部促销效果。

（5）实施考核奖励。

要建立有效的考核评估体系,运用多种方法,综合考核评估员工的推销情况,根据员工的推销绩效,给予必要的奖惩,从而杜绝酒店内部"推销与不推销一个样,多推销与少推销一个样"的现象,形成有效的推销激励机制,并使员工明确今后的工作重点和努力方向。

（6）善用宣传资料。

在酒店内部常用一些宣传资料进行推销,也能取得很好的效果。酒店内常用的宣传资料有服务指南、房价单、明信片、酒店小册子、行李标签、洗衣单、电梯内酒店产品的介绍与照片、公共区域灯箱、信息栏、指示牌、欢迎卡、菜单、购物指南、酒店定期活动或特别活动的推销资料、会议记录簿等。

2. 内部促销注意事项

（1）要让员工明确向谁推销、推销什么,在哪里推销和怎样推销。

（2）要按部门制订详尽、系统的实施计划,清楚地标明谁在何时、何处做什么,要求和培训员工掌握推销活动的内容。

（3）切忌搞成"闪电式"的活动。实施计划只有对员工产生持久的影响,并且通过员工对顾客产生实际作用,才能真正奏效。着手制订内部促销计划时,要充分考虑员工的建议和意见,并让他们参与该项工作。计划确定之后,就要培训和激励员工正确地执行计划,同时应制定检查制度,以保证计划的实施。

3. 全员推销

全员推销是指每一位员工通过其为顾客提供的服务过程进行推销工作。这既可以通过向顾客提供优质服务,又可以通过主动向顾客和亲戚朋友介绍酒店产品来实现。全员推销主要是基于岗位推销、服务推销和质量推销,在具体实施时要注意以下几个方面的问题。

116

（1）使每一位员工都有推销意识。

意识是行为的先导，要让每个员工都意识到自己是酒店的主人和代表，培养员工形成较强的推销意识，让他们认识到自己既是酒店的生产者，也是酒店产品的推销员，从而使每个员工在潜意识中把酒店推销当成自己的工作职责。

（2）使每一位员工都有参与推销的动力。

酒店管理者一定要认识到，要让全体员工积极参与推销工作，必须为员工输入推销动力，让员工能从实际推销活动中直接得到利益。因此，酒店管理者应对员工在日常工作和生活中作出的推销贡献给予必要的物质和精神奖励，以激励员工的推销行为。

（3）使每一位员工掌握推销的知识。

应通过培训使员工掌握酒店产品及推销的相关知识，也可给每一位员工发一本有关酒店设施和服务项目的小册子，让员工了解相关知识，特别是当酒店产品与服务内容有变动时，以及酒店推出新产品或举办特殊促销活动时，更要让员工了解掌握这些知识和信息，这样才有利于员工更好地推销酒店产品。

（4）使每一位员工掌握推销技术。

推销是一门技术，也是一门艺术，员工是否掌握推销技巧，直接影响到推销效果。在推销过程中，要善于察言观色，判断客顾客的需求和消费心理，巧用语言技巧，采用灵活的方式，循循善诱，尽可能取得令人满意的推销效果。

（5）建立健全相应的保障制度。

全员推销对调动全体员工参与推销的积极性、提高经济效益是十分有益的，但需要建立相应的制度规范，如促销目标责任制、考核制度、奖惩制度等，其目的是保证全员推销的顺利进行。

（二）外部促销

现代酒店常用的外部促销方法主要有如下几种。

1. 广告促销

广告是企业支付费用，通过大众媒体，向目标顾客传递企业、产品和服务信息，促使顾客购买的活动。广告是一种单向沟通，广告在传播中不借助人员，其功能在于传递信息。大量运用广告，会增加酒店的销售费用。

2. 公共关系

公共关系的运用主要是通过大众媒体的新闻报道来传递相关信息，是一种在受众中可信度较高的方式，反映了酒店企业与社会公众的关系。因此，酒店需要关注和建立良好的公共关系，强化酒店形象、传递正确的信息。尤其在酒店管理中出现问题或危机时，更需要谨慎处理好公共关系。

3. 销售促进

销售促进也称为营业推广，是指通过短期开展各种激励性的活动，增加产品价值，吸引

消费者、中间商等成员进行购买。如果能与其他促销手段同时运用,效果将会更好。酒店在运用销售促进时可以在各部门联合实施,如单日客房预订或餐饮消费达到一定额度,赠送相应自助餐券、咖啡厅消费券或菜品等。对酒店销售渠道成员可采用折扣折让、提供宣传品等方式来实现。

课后练习

1. 试述酒店经营环境分析。
2. 简述酒店市场细分及其作用。
3. 简述酒店目标市场的选择。
4. 试述酒店市场定位策略。
5. 试述酒店产品策略。
6. 试述酒店分销渠道策略。
7. 简述酒店促销策略。

参考答案

案例分析

A会议酒店的市场营销战略

A会议酒店位于某市商业区,地理位置不太理想,难以在公司董事会议和大型会议市场中进行竞争,其被认为是一个巨大而又陈旧的酒店。

当A会议酒店意识到会议计划者只把它作为第二或第三选择时,酒店的管理团队开始改变酒店的市场定位,以寻找其他可替代的市场。酒店计划抓住长期合同或"长住客人"的业务,目标是500间合同房,并要树立一个价格具有吸引力又非常受人欢迎的酒店形象。

A会议酒店在策略规划中使用了进攻性价格战术,以此来接触合同的主要客源,比如机组人员、列车乘务组人员、受培训人员等。酒店还研究了价格是否包括以下项目:餐饮、交通运输、服务费、货币兑换手续费、支票兑换手续费,甚至在酒店内的餐馆用餐的减免等。酒店还向航空公司和铁路运输公司的财务主管官员发出信函,阐明在本酒店签订长期合同房间的好处。价格和酒店可提供的包价项目是销售时的重点。后期酒店又对这些主管官员们做了追踪拜访,再次强调酒店所提供的优越条件。这些登门拜访使大量潜在顾客来酒店进行了实地考察,当有决策人到来时,酒店在多数情况下都能做成生意。

A会议酒店在保持合同房的业务中产生一个新的理念,要关心长住客人,就能保住这类生意。酒店为了确保长住客人的需求得到满足,重新装修了80%的房间,增加了门卫服务以照顾前来团队。

A会议酒店发现,日夜餐厅服务和多变化的菜单对长期合同客人非常重要。于是,酒店餐厅开始每日24小时供应鸡蛋类食品并扩充其菜单。这些例子表明,酒店的餐饮是如何对饭店营销理念形成支持的。

A会议酒店所追求的另一个主要市场是旅游客人。汽车旅行商们特别受"最佳销售"和特殊包价项目的吸引,酒店把营销工作用在主要旅游商身上。为了打入这个特别市场,酒店参加了全国性和当地举办的旅游博览会。其行动计划再次以进攻性价格战术和特别服务为特色,这些特别服务包括外汇兑换和夜间可选择食品供应等。这种市场的引导办法使汽车旅游商对酒店产生了强烈的需求。

至此该酒店已具有价格吸引力而受到欢迎,于是它决定继续打入娱乐市场。这个市场的潜在客人是住在城外的居民,他们常到酒店附近的剧场观看戏剧和芭蕾舞演出。酒店将特别包价项目和演出放在一起宣传,以便吸引这些潜在的临时客人。酒店成功进入了新市场,而这个新市场帮助酒店提高了淡季住房率。

A会议酒店还向临时客人销售其他的促销包价项目。例如,在12月推销"客人之乐",在春夏季推销"棒球之乐",还有"家庭之乐",即家庭付一个特别价,随行儿童免费。酒店的每一推销项目均含有自己的特色,而这个特色又与酒店的某一特别活动相关联。

A会议酒店恰当地实行了一个好的市场营销战略,在新的市场开发出长期需求,在3年转折期内将住房率从52%提高到了80%。

案例思考:

1. A会议酒店为摆脱困境采取了何种市场营销战略?

2. 从案例所述内容来看,A会议酒店采取了何种基本竞争战略? 它又采取了哪些措施配合该竞争战略?

第六章 →

酒店人力资源管理

学习目标

1. 了解酒店人力资源管理
2. 掌握酒店人力资源管理的基本原理
3. 了解酒店人力资源管理的内容
4. 掌握酒店员工招聘的原则
5. 掌握酒店员工培训的方法
6. 掌握酒店员工激励的原则
7. 了解酒店员工职业生涯规划

第一节　酒店人力资源的配备与储备

一、人力资源概述

人力资源最早是由美国著名管理学者德鲁克于1954年在《管理的实践》一书中提出。德鲁克认为人力资源拥有其他资源所没有的素质,即协调能力、融合能力、判断力和想象力。雷西斯·列科认为人力资源是企业人力结构的生产力和顾客商誉的价值。内贝尔·埃利斯认为人力资源是企业内部成员和外部的人等可提供潜在服务及有利于企业预期经营的人力的总和。

理论界关于人力资源的研究成果很多,关于人力资源的研究核心都指向人。人力包括四要素:体力、智力、知识、技能。人力资源是体现在劳动者身上并以劳动者的数量和质量来表示的资源,这种资源是蕴含在人身体中能够创造价值、促进经济与社会发展的能力,体力和智力是其最基本的要素,知识和技能是其质量提升的关键因素。因此人力资源可以划分为现实的人力资源和潜在的人力资源。现实的人力资源通常指从事社会劳动的全部人口,而潜在的人力资源是指目前具有劳动能力的全部人口。

人力资源有广义和狭义之分。广义的人力资源是一个社会经济单位可开发利用的、未经培训的、现存的各种形态的劳动力的总和。对于一个社会经济单位来说,任何未经其培训的现存劳动力,只要能为其所用,都是可利用的人力资源,其中包括其他单位投资生成的复杂劳动力。狭义的人力资源是指资源利用者自己投资培养的复杂劳动力。

二、酒店人力资源的特点

(一)人力资源是特殊的主体性资源

人力资源与其他酒店企业资源一样,可以被人们认识,并且被作为开发利用的对象,从而转化为人力资本。资本是资源的转化,人力资本是人力资源的转化。转化的数量取决于人力资源开发的广度,转化的质量取决于人力资源开发的深度。

(二)人力资源是特殊的资本性资源

作为一种经济性资源,人力资源具有资本属性。人力资源是社会和个人投资的产物,其素质高低取决于投资的多少。任何人从事体力或智力劳动的能力都不是天生就有的,而必须依靠财富和时间的投入,让其成长身体,接受教育培训。

人力资源也是在一定时期内可能源源不断带来收益的资源。这种收益可能是货币收益,也可能是非货币收益。

人力资源在使用过程中也会出现有形磨损和无形磨损,如劳动者自身的衰老就是有形磨损,劳动者知识技能的老化就是无形磨损。

(三)人力资源是主观能动性的资源

人力资源具有不同于一般资源的重要特征,是一种具有主观能动性的资源。

这种主观能动性及其作用是物质资源所无法替代的。人力资源的这种本质特征,决定了其成本和收益的规律比较复杂,与物质资源的成本和收益有较大差别。

物质资源在使用过程中会发生不可逆转的有形损耗和无形损耗,逐渐降低其使用价值。人力资源虽然也有损耗,但可以通过不断学习提高劳动能力,在一定时期内其使用价值是递增的。当然,这一过程同时也是一个人力资本的投资过程。

(四)人力资源是酒店企业的战略性资源

酒店企业是一个满足消费者不同层次、不同类型需求的行业,消费者的满意度是在接受服务的过程中通过经验、感受来衡量的。具备高素质、高技能的员工,只有在被充分激励的状态下才会使消费者满意。士气低落的员工所提供的服务,可能会引起消费者的投诉、导致酒店企业业绩下滑。

知识经济改变了酒店企业资源结构。物力和财力资源依然是重要的企业资源,知识和信息资源也越来越重要,人作为生产知识、传授知识和应用知识的主体,人力资源则成为企

业经济的灵魂。酒店企业必须实施以人为本的战略,将人力资源管理的重点放在人力资源开发上,加强人才培训力度,挖掘员工的潜能。设计产品的是人,提供服务的是人,制定战略的是人,任何一个酒店企业如果缺少有效的人力资源,要实现战略目标是根本不可能的。

经济的发展带来了新的酒店竞争方式。知识经济时代酒店企业将从传统的以资源、客源为主的竞争,转化为以服务质量、科学管理为主的竞争,归根结底即是知识和人才的竞争。企业要想在竞争日益加剧的国际环境中求生存、求发展,就必须加强人力资源的管理。

三、酒店人力资源管理的概念与目标

(一)酒店人力资源管理的概念

人力资源是酒店六大资源之一,也是酒店最基本、最重要、最宝贵的资源。酒店的经营管理实质就是通过组织人员来使用和控制酒店的物资、资金、信息、时间、形象等资源,从而形成酒店的接待能力,达到酒店经营的预期目标。酒店人力资源就是指具有好的体质和正常智力,经过教育培养而具有酒店服务技能与管理才华,遵守职业道德的所有员工与资源。

酒店人力资源管理是指运用科学的管理方法,根据酒店的特殊需要发掘、提高、强化人力资源,对酒店的人力资源进行合理配置、有效利用与激励,实现最优化的组合并最大限度发挥其积极性的一种全面管理。

人才在酒店企业发展过程中越来越成为核心的因素,酒店企业管理的关键是人力资源管理。传统的人力资源管理过分强调计划对人力资源的配置作用,人力资源的使用效率较低,这种高度集中且低效的配置不利于企业的发展。现代人力资源管理的本质是人力资源的有效配置,即人才结构配置合理、人才潜能发挥最大、人才发展较快,酒店管理者要把人力资源开发和管理纳入企业的发展战略管理之中。

(二)酒店人力资源管理的目标

酒店企业要做好人力资源管理工作,其总目标是"员工满意、创造价值",即围绕企业发展目标的实现,促进企业组织及员工的全面发展。具体可分为一般目标和具体目标。

1. 酒店人力资源管理的一般目标

酒店人力资源管理的一般目标可以总结为:吸纳人才、使用人才、激励员工、培训员工。这四个目标为酒店人力资源部门的工作指明了任务和方向,有效的人力资源管理不但能提高员工的满意度,而且还有助于实现酒店经营管理的具体目标。

2. 酒店人力资源管理的具体目标

(1)工作效率。

在酒店企业中,工作效率意味着一定数量的员工完成任务的多少,更意味着所提供服务质量的高低。酒店业广泛运用科学管理理论,大大提高了餐厅服务、客房打扫等环节的工作效率,但仍旧需要人力资源管理部门与一线员工和经理保持积极的联系,及时听取他们的意见,从而进一步提高工作效率和服务质量。

（2）工作生活质量。

工作生活质量是指员工重要的个人需要能够在工作中得到满足的程度。

酒店企业员工的服务质量与员工获得的工作生活质量密不可分，想让员工发挥最佳工作状态，酒店企业就要形成一种积极的文化氛围、情感认同与和谐环境。一个优秀的人力资源管理部门，会致力于提高能够激励员工积极工作的工作生活质量。

（3）竞争优势。

高素质的员工是企业利润的来源和竞争优势所在。获得、培养并留住高素质员工的管理方法和模式，是竞争对手最难模仿也最难替代的。这种竞争优势通常表现在产品和服务的高质量、顾客的低投诉以及酒店产品的差别化。

四、酒店人力资源管理的基本原理

酒店人力资源管理的基本原理，主要包括六个方面，即系统优化原理、能级对应原理、系统动力原理、弹性冗余原理、互不增值原理和竞争强化原理。在酒店人力资源管理实践中，这些原理不是割裂开来的，而是整合运用的。

1. 系统优化原理

系统优化原理是人力资源管理理论中最主要的原理，是指人力资源系统经过组织、协调、运行、控制，使其整体动能获得最优绩效的理论。它强调系统的整体功能不等于部分功能的代数和，而是大于部分功能的代数和，并取其最优值，系统内的各要素必须和谐和合作，整体奋发向上，竞争能力和转向能力达到最强，使人的群体功效最优。例如在酒店人力资源管理中制定合理的招聘计划、扩大招聘范围、吸纳优秀的人才，引进新的理念、制定科学合理的培训规划，选优任能。

2. 能级对应原理

能级对应原理承认人有能力的差别。人力资源管理的能级要求按层次建立并形成稳定的组织形态，不同能级应表现为不同的权力、物质利益和荣誉，人的能级必须与其所处的管理级次动态对应。人的能级不是固定不变的，能级具有动态性、可变性和开放性。例如酒店岗位责任制的确立，对员工职业生涯的管理，人才储备和规划计划的制订等。

3. 系统动力原理

在人力资源管理活动中，通过物质、精神或其他方面的鼓励和褒扬，激发人的工作热情的系统理论，被称为系统动力原理，具体来说有物质动力原理、精神动力原理和信息动力原理。其中，信息动力不是直接加于劳动者本身上的"激励"，而是指一切美好的、给人以期望或情感满足的各种信息，它可以增强人们的希望与追求，激发人们的工作热情和动力。例如酒店设计合理的薪酬激励政策，组织实施绩效管理，优化考核体系等。

4. 弹性冗余原理

弹性冗余原理指出人们的劳动强度、劳动时间、劳动定额都有一定的"度"，任何超过这

种"度"的管理,会使员工身心交瘁、疲惫不堪、精神萎靡,造成人力资源的巨大损失。但并非鼓励员工无所作为、消极怠工、贪图安逸的思想和行为,而是在强调人力资源的能力、动力和潜力的前提下,主张松紧合理、松弛有度,使员工更有效、更健康地开展工作。例如在酒店健全劳动管理制度,建立员工关爱中心等。

5. 互不增值原理

互不增值原理承认人力资源系统每个个体的多样性、差异性,因此存在着人力资源整体中的知识、气质、能力、性别、年龄、技能等多方面的互补性。只有发挥每个个体的优势,扬长避短,人力资源的系统的功能才能成为最优。例如在酒店经常开展各种竞赛、培训效果评估总结等活动,以优秀员工、先进典范带动班组,强化人力资源管理。

6. 竞争强化原理

竞争强化原理的基本内容是,组织部门经营管理竞赛,以发现能主持全局工作的战略性人才;组织系统内管理人才的竞争,以发展和选拔各层次的优秀管理人才;组织系统内各类技能的竞争,以发现优秀技术人才;组织开发新产品的竞争,以发现创造型和开拓型人才。

五、酒店人力资源管理的内容

（一）制订酒店人力资源计划

根据酒店的经营管理目标和组织结构需要,对各项工作性质、岗位职责及素质要求进行分析,确定酒店员工的需求量和需求标准,做好酒店人力资源数量和质量的预测。

（二）招聘录用所需员工

按照酒店人力资源计划,在酒店内外招聘所需员工。招聘录用员工应按照科学的标准,以达到人与岗位的最佳结合。

（三）对员工进行教育培训

为了使每个员工胜任其担任的工作,快速适应工作环境的变化,必须对员工进行经常性的培训。由于员工所担任的工作层次不同,所采取的培训方式和内容也不同。对在操作层工作的一般员工应进行职业培训,即注重工作技能方面的培训;对担任管理工作的员工应进行发展培训,即注重分析问题和解决问题等管理能力方面的培训。培训方式有店内培训、外出进修、考察等。

（四）建立一套完整的考核体系和奖惩制度

考核奖惩是对员工成绩、贡献进行评估的方法,也是对酒店人力资源管理效能的反馈。定期对员工的工作成绩做出正确的考核和评估,是员工提升、调职、培训和奖励的依据。

（五）建立良好的薪酬福利制度

薪酬福利对员工基本生活需要的满足至关重要,酒店可根据自身的情况选用适当的工资形式,实行合理的奖励和津贴制度,劳动保险和福利待遇对员工工作积极性的发挥具有重要的作用。

（六）培养高素质的管理人员,对员工进行有效激励

酒店管理人员素质和工作能力的高低对员工工作积极性的调动及酒店经营管理活动的正常运转具有重要影响。酒店管理人员必须掌握有效的领导方式和激励、沟通技巧,培育企业文化,增强酒店的凝聚力,调动员工工作积极性,以提高企业的经济效益。

（七）处理劳动关系

酒店劳动关系主要指酒店所有者、经营者、普通员工及工会组织之间在酒店经营活动中形成的各种权、责、利关系。其内容包括劳动者与酒店在劳动用工、工作时间、休息休假、劳动报酬、劳保福利、劳动培训以及裁员下岗等方面所形成的劳动关系,也涉及代表单个劳动者利益的工会与酒店在就业、报酬、奖金、考评、社会保险、裁员等方面的参与决策所形成的劳动关系。劳动关系的协调和处理,是酒店人力资源管理的重要内容之一。

（八）员工人事档案管理

建立员工人事档案,进行人事档案管理是酒店人力资源管理部门的工作职责之一。主要包括员工入店时的简历以及入店后的工作成绩、工作表现、工资报酬、职务升降、奖惩情况、接受培训和教育等方面的书面记录材料。

六、酒店员工的配备与储备原则

（一）经济原则

酒店员工的配备首先应遵循经济原则,即科学有效地把员工组织协调起来,保证最大限度地利用酒店现有的人力资源,尽量减少劳动消耗,降低劳动成本。

（二）自动原则

要使酒店企业的组织形式和人员配备有利于员工之间彼此协调、相互关怀、便于互助,使员工在其中感到心情舒畅。另外,酒店企业组织形式的设置要有利于员工积极、主动地分担劳动任务,自觉地承担责任,从而推动酒店组织自行运转。

（三）健康原则

应从生理方面使酒店企业与员工的主观条件相适应,积极为员工创造良好的工作环境和条件,使工作强度、工作环境和工作条件既有利于员工积极性的发挥,又能充分保障员工的健康。

（四）安全原则

"安全第一"是酒店企业管理者时刻应遵循的原则,在配备员工时要考虑员工是否能够承担分配的责任和义务,能否安全地完成任务。

七、酒店员工配备的方法

（一）设定生产标准

员工配备的第一步是设定生产标准。有效的员工配备要求生产能按时按期完成。如果没有各个岗位的生产率标准，管理者可以根据以往的劳动生产记录确定标准。

（二）确定预计销售总量及客流量

要准确地预计人工，就必须先预测每天的业务量。这种预测最好的依据就是以往的销售情况。如餐饮部经理每天都应记录餐饮的销售量，这个记录积累起来就可以作为历史数据进行预测。用销售量除以平均每人的用餐消费量，就可得出用餐人数。

如一家可容纳100人的特色餐厅，周五的平均销售额是10000元，平均每个客人的用餐消费是40元，就可以推出周五的平均用餐人数是250人（10000/40）。

（三）确定所要求的员工数量

预测了销售量以后，就要确定需要多少员工为这些预计的客人服务。假设生产率标准是每个服务员1h服务10位客人，如果餐厅周五晚上营业5h，则今天晚上需要5名服务员【250/（5×10）】。但是照此推算，看不出周五哪一个时段最忙。表6-1给出的是以往周五每小时的客流情况。

表6-1　某餐厅每小时员工需求量

营业时间	预计客流量	劳动或员工需求
16:30—17:30	40	4
17:30—18:30	50	5
18:30—19:30	70	7
19:30—20:30	50	5
20:30—21:30	40	4

如表中所示，由于客流量的变化，周五晚上餐厅一段时间需要7名服务员，其他时间只需要4—5名，如此可以调整班次，不必整个晚上都有7名服务员。调整班次时要注意安排一部分员工提前来做营业准备，另一部分员工做餐后的收尾工作。如果让所有的员工都同一时间上班、同一时间下班，是最不经济的用工办法。比较经济的排班法如图表6-2所示。

表6-2　排班样表

时间 姓名	4 P	5 P	6 P	7 P	8 P	9 P	10 P	预计用时
A								4
B								4

续表

时间\n姓名	4 P	5 P	6 P	7 P	8 P	9 P	10 P	预计用时
C		■	■	■	■	■		5
D		■	■	■	■	■		5
E		■	■	■	■	■		5
F			■	■	■	■	■	5
G			■	■	■	■	■	5

（四）确定总工时

要确定总工时，就要把每个员工的平均工时数乘以预订员工数，计算出总工时数。

（五）预计劳动力支出

某特色餐厅周五晚上的劳动力支出可以用平均小时工资乘以预计总工时数计算出来，计算中必须考虑到营业前做准备和打烊后做清扫工作的人员和时间。

第二节　酒店员工招聘

员工招聘是为一定的工作岗位选拔合格人才而进行的一系列活动，它是组织发展和运用人力资源的开端，是酒店经营战略规划与人力资源规划的重要组成部分。员工招聘包括招和聘两个主要环节，招即招募，聘即从"人、事"两方面甄别选拔出最合适的人员来担任某一职位。员工的招聘工作非常复杂，涉及酒店内部招聘政策的制定、招募渠道的选择、应聘申请表的设计以及人员甄选方法的选择等环节。

一、酒店员工招聘的原则

员工招聘是人力资源管理中经常性的工作。如果盲目招聘，员工队伍的素质将无法保证，可能会造成较大的经济损失。酒店员工招聘工作应坚持以下原则。

（一）符合国家有关法律、政策

在招聘中应坚持平等就业、相互选择、公平竞争、禁止未成年人就业、照顾特殊群众、先培训后就业、不得歧视妇女等原则。若是酒店的原因订立无效劳动合同或违反劳动合同的，酒店需承担相应的责任。

（二）计划性原则

酒店员工招聘要根据酒店试营业与正式营业的不同阶段对人力的需求，编排分阶段的员工招聘计划。对于已投入正常运营的酒店来说，要制订人力需求计划指导员工招聘工作。

酒店正常运营后,对人力的需求有三种情况:①因营业量突然增加或因员工的晋升、辞职、辞退而造成人员短缺或职位空缺,时间的紧迫不允许人事招聘工作按部就班地进行,只能紧急招聘以补充缺额;②酒店扩大营业,增加新的服务设施或项目而需要增加员工;③从长远角度预测人员变动趋势,测算离、退休员工人数比例及缺员时间,估计员工流动比率等。同时要根据劳动力的可获得性、薪资水平、服务水平、培训情况、员工生产力、员工流动率和客房出租率,来计划员工招聘的数量。

（三）任人唯贤、知人善任

所谓"贤"就是德才兼备,"德"主要指职业道德,"才"指个体知识、能力和创新精神。以人为本的价值观念是集团生存的内在驱动力。发现人才、合理地配置人才以及最大限度地挖掘人才是人力资源管理的根本任务,而任人唯贤是完成这一任务所必须坚持的基本原则。

每位人才都有其性格特点和特长,这种特点和特长只有与职业和岗位要求相一致时才能得到充分发挥,这就要求酒店人力资源管理部门遵照量才适用、用人所长的原则,使才以致用,各尽其能。实施该原则,首先要借助工作分析,明确各个职位的要求与条件;其次,要了解应聘人员的专长、才能和志向、性格等,只有全面了解才能合理地使用人才;最后,疑人不用,用人不疑,给予充分信任,使他们得到被尊重、被重视的感觉,激发他们的工作热情。

（四）公平、公正、公开

要得到第一流的人才,必须通过公开竞争考试来选拔,这是确保人员任用质量的一种有效手段,也是坚持"任人唯贤"原则的前提条件。大多数酒店采用的"公开招聘、竞争考试、择优录用"方法,已被实践证明是人员招聘的有效方法。

二、酒店员工招聘的途径

酒店员工招聘途径主要有内部招聘和外部招聘两种。内部招聘分为内部提升和内部调用两种形式,而外部招聘的形式较多,主要有他人推荐、人才交流中心招聘、公开招募等。

（一）内部招聘

1. 内部提升

酒店中某些比较重要的岗位(如部门经理、主管、总监等)需要招聘人员时,让集团内部符合条件的员工从一个较低级的岗位晋升到一个较高级的岗位,就是内部提升。内部提升的主要优点是有利于激励员工奋发向上,较易形成稳定的企业文化;主要缺点是不易吸收更优秀的人才,可能使企业缺乏活力。

2. 内部调用

内部调用是指将员工从原来的岗位调往同一层次或略低层次的空缺岗位去工作,由于其费用低廉,手续简便,酒店经常采用。它的主要优点是有利于企业文化的稳定,可以为员工带来新鲜感;主要缺点是可能会影响员工的工作积极性。

（二）外部招聘

1. 他人推荐

他人推荐一般是指由酒店内部员工推荐或关系单位主管推荐人选。这种招募方式的优点是，由熟人推荐，招募与应聘双方事先已有一定的了解，可节约不少招募环节和费用；缺点是往往会碍于熟人的情面而影响招募水平。如果录用此类人员过多，易在集团内部形成裙带关系，给管理带来困难。

2. 人才交流中心招聘

当酒店对依靠自身力量能否招聘到合适人选没有把握，或者只需招募少量人员但自己设计招募方案费时费力，或者急于补充某一关键岗位的空缺时，往往会通过人才交流中心进行招聘。这种方法的优点是应聘者范围广，可以有效避免裙带关系的形成，人员选用耗时短；缺点是对应聘者的情况了解不够，不一定有胜任空缺岗位的合适人选，且花费较高。酒店运用这种招募方式要选择信誉度高的机构，并要求提供尽可能正确而全面的应聘者信息。

3. 公开招募

公开招募是酒店向集团对外公开宣布招聘计划，提供一个公平竞争的机会，择优录用合格人员担任集团内部职务的过程。公开招募可利用多种媒体广告，如广播、电视、报纸、杂志等进行招聘宣传，但受广告吸引的应聘者层次不一，筛选的工作量比较大，不适合急于填补某一关键岗位人员的选聘。为了使招募活动获得成功，酒店要注重招募广告的设计，争取有独到之处，尽量做到措辞严谨、形象，内容清晰、详尽，设计别开生面、引人注目。

（三）内外部招聘优缺点对比

酒店内部招聘与外部招聘的优缺点主要表现如表6-3所示。

表6-3 酒店内部招聘与外部招聘的优缺点

项目	内部招聘	外部招聘
优点	对人员了解全面，选择准确度高；可鼓舞员工士气，激励员工进取；应聘者可更快地适应工作，使组织培训投资得到回报，招聘费用低	人员来源广，选择余地大，有利于招到一流人才；新员工能带来新技术、新思维、新方法；当内部有多人竞争而难以做出决策时，从外部招聘可在一定程度上平息或缓和内部竞争者之间的矛盾；节省培训、投资等费用
缺点	人员来源局限于酒店内部，水平有限，容易造成"近亲繁殖"，导致思维定式和行为定式；可能会因操作不公或员工心理原因造成内部矛盾	人员不了解酒店情况，进入角色慢，较难融入酒店文化；酒店对应聘者了解少，可能招错人；内部员工得不到机会，积极性可能受到影响

三、酒店员工招聘的程序

酒店的员工招聘工作从收集信息、制订计划的准备阶段开始，经过面试筛选、笔试考核

129

的选择阶段,直到体检、背景审查、签订合同的录用阶段为止,要经过一套完整的程序,其中需要运用一些操作技术性的方法。员工招聘每道程序的质量,都会影响招聘的总体效果,因此,酒店要认真对待员工招聘的每一环节。

（一）员工招聘的准备阶段

人力资源部在招聘前,应先收集有关人力资源的信息,其中包括劳动力市场信息和酒店业务部门对劳动力的需求信息。人力资源供求两方面的信息是制订招聘计划必不可少的客观依据。

（二）面试阶段

员工面试的主要目的是吸引、选拔和留住有竞争力的员工。面试成败往往与面试的不同条件有关,针对不同的面试者应使用不同的面试方法。一般面试方法分为测验型和非测验型两种。

1. 测验型方法

测验型方法是通过一系列心理学方法来测量被测试者的能力水平和个性的一种科学方法。心理测验是一种测量手段,它可以把人的心理的某些特征数量化,使之具有客观性、确定性和可比性。酒店常用的心理测验方法有能力测验、人格测验、兴趣测验、成就测验等。由于测验方法比较专业,一般人力资源部门无法胜任,往往委托人力测评师来完成。

2. 非测验型方法

非测验型方法是相对测验型方法而言的,主要有面谈法、问卷法、档案法、情境模拟法。最常用的是面谈法和情境模拟法。

（1）面谈法。

酒店的工作性质决定了人员甄选中面谈工作的重要性。酒店的服务人员与顾客直接接触,他们的仪表、形象、谈吐往往代表集团形象。单凭应聘者的申请表或员工推荐难以确定该人员是否符合酒店的工作需要。面谈的意义绝不在于看应聘者的外表,重要的是通过面对面的接触,更加全面、深刻地了解应聘者,同时也使应聘者进一步了解所申请工作的情况,从而达到工作与人员的最佳匹配。

运用面谈法进行人员选拔时,要注意掌握科学的面谈技巧。面谈前,应该选择合适的面谈地点,做好资料的审阅工作,根据应聘者的受教育程度、个人经历、专业特长、工作所需条件等决定面谈的重点,并列出面谈的提纲。面谈开始,要与应聘者建立良好的氛围,使其不至于紧张。面谈过程中,应根据应聘者的反馈情况适时调整谈话的方式。

面谈的类型主要有四种:①无计划面谈,以一种似乎漫无目的、比较随意的方式进行面谈,没有正式的提纲,在谈话过程中可以任意转换话题。应聘同一工作岗位的人提出的问题可能不同,这就给相互比较带来难度,所以无计划面谈后招聘人员应该马上在评价表格上记下对应聘者的印象。②结构化面谈,要求招聘人员事先针对同一个工作岗位的所有应聘者编出一套相同的问题,不允许主持面谈的人自己编题目。结构化面谈的标准化程度较高,面谈中招聘人员个人因素的干扰较少,因而较为科学。③复式及团体面谈,即招聘人员可分别与几位应聘者面谈,或者同时面试数十位应聘者,效率较高,但比较费时费力,一般只用于选拔较高层管理人员。④压力式面谈,即招聘人员不断向应聘者提出难度较高的问题,给予应聘者一定压力,使其产生防御行为,再观察应聘者受压时的应变能力。

(2)情境模拟法。

情境模拟法是将应聘者置于一个模拟的工作环境中,观察和评价他们在模拟工作情境压力下的工作行为和适应能力。采用情境模拟法时,还要与应聘者面谈,对应聘者进行心理测验,尤其是智力测验和个性测验。

情境模拟主要包括三种:①公文处理,即要求应聘者在规定时间内有效地处理一些公文,这些公文是经理和行政人员日常需要处理的各种典型问题和指示。既考察应聘者处理公文的过程和处理行为,又考察其处理结果,处理问题是否坚决、果断,是否抓住了问题的关键,是否发现了深层次问题等。②无领导小组讨论,由6—12名应聘者组成一个小组,开会讨论实际业务问题。例如假设他们是餐饮部经理,面对客户投诉问题,要求他们拿出解决方案,每个组不指定组长,也不给他们提供如何讨论的任何规则和指导。在过程中观察应聘者是如何参与讨论的,评估其组织领导能力和说服能力。③角色扮演,要求应聘者扮演一个特定的角色来处理日常事务,以此观察应聘者的多种表现,了解其心理素质和潜在能力。

(三)录取阶段

录取阶段是员工招聘中十分重要的一个环节。录取决策时要注意两点:第一,当经过测试,最终合格人选少于所需要人员数量时,应避免将就心理,坚持选优原则。第二,当经过测试,最终合格人选多于所需要人员数量时,要考虑以下几个问题:

(1)重工作能力,在其他条件相同时,工作能力强的优先录用。

(2)重工作动机,在工作能力基本相同的情况下,希望获得这一岗位动机强的优先,因为动机强烈的人,其工作积极性和工作绩效往往比动机不强的人更高。

(3)不录用超过任职资格条件过高的人,以避免跳槽情况频繁发生,使酒店工作遭受损失。

(四)试用阶段

经过严格考核,体检合格者,与酒店人力资源部签订劳动合同。

员工劳动合同书在酒店人力资源管理中具有法律效力,是签约双方都必须遵守的重要规范,需要慎重对待。劳动合同一般规定,新员工必须经过一定的培训试用期,如果员工能够完成酒店工作的试用过程,合同双方互相满意并且能达到统一的意向,这时,应聘者即完成了应聘的全过程,被酒店录用为正式劳动合同制员工。

第三节　酒店员工培训

培训是指酒店有计划地实施有助于提高员工学习与工作相关能力的活动。这些能力包括知识、技能或对工作绩效起关键作用的态度和行为。酒店员工培训就是要根据不同岗位的特点,有步骤地向员工传递正确的思维方式和价值判断、适应工作的各种技能、企业管理和文化等,以增强员工综合素质,减少操作失误,提高酒店服务质量,为员工提供自我发展的机会。

一、酒店培训的特点

(一)全员性

酒店培训的对象上至管理者下至普通员工,通过全员性的员工培训可以极大地提高酒店企业员工的整体素质水平,有效地推动酒店的可持续发展。同时,管理者不仅有责任说明培训符合战略目标,要收获成果,而且有责任来指导评估和加强被管理者的培训。

(二)终身性

酒店应实行终身教育,让员工不断补充新知识、新技术、新经营理念,从而使酒店不断获得竞争优势,始终处于领先行列,立于不败之地。

(三)多样性

培训的范围应从酒店扩展到整个社会,形成企业、社会、学校三位一体的庞大的、完整的员工培训网。培训的方式有酒店企业组织的培训、社会组织的业余培训、大学为企业开办的各类培训班等。

(四)计划性

酒店把员工培训纳入企业的发展计划之内,在酒店内设有员工培训部,从而有计划、有组织地进行员工培训教育工作。

(五)强制性

酒店企业的员工接受在职培训是必须的,也是强制的,这是酒店发展的需要。

二、酒店员工培训的类型与内容

根据培训对象的不同层次、实施培训的不同时间、不同地点及不同内容可将员工培训分为以下几种类型。

（一）根据培训对象的不同层次分类

1. 高级管理人员培训

高级管理人员指酒店管理的决策层,包括酒店的正副总经理、驻店经理、各部总监,以及各部门正副经理。作为酒店管理的领导中枢,高级管理人员的培训内容主要是如何树立宏观经济观念、市场与竞争观念,销售因素分析与营销策略制定,如何进行预算管理、成本控制、经营决策等一系列宏观课题。

2. 督导管理人员培训

督导管理人员是酒店管理的中坚力量,包括部门经理以下各级管理员,如督导员、领班或班组长等,这类人员在管理中起着举足轻重的作用。对督导管理人员的培训重点在于管理概念与能力的训练,酒店专业知识的深化培训以及如何处理人际关系、顾客关系等实务技巧。

3. 服务员及操作人员岗位培训

服务员、各技术工作操作及后台勤杂人员是酒店运行的实际工作人员层,这一层次人员的素质水平、技术熟练程度与工作态度直接影响整个酒店的经营水准与服务质量,对他们的培训应着眼于提高他们的素质水准,即从专业知识、业务技能与工作态度三方面进行培训。

（二）根据实施培训的不同阶段分类

1. 职前培训

职前培训也称就业培训,即酒店员工上岗前的培训。职前培训根据培训内容的侧重不同,又可以分为一般性职前培训和专业性职前培训。

2. 在职培训

在职培训是指酒店员工在完成生产任务过程中所接受的培训,是职前培训的延续与发展。

3. 职外培训

职外培训是指根据酒店经营业务发展的需要或员工工种变更、职位提升等需要,而要求受训员工脱离岗位或部分时间脱离岗位参加学习或进修。

（三）根据实施培训的不同地点分类

1. 店内培训

店内培训是指在酒店人力资源部或各部门统一安排下,利用酒店专设的培训室,在营业时间外利用酒店内部场所进行的培训活动。

2. 在岗培训

在岗培训也是店内培训的方式之一,主要是受训员工不离开工作岗位,或以现在担任的工作为媒介接受培训。

3.店外培训

培训地点不在自己酒店内的培训活动,称为店外培训。

(四)根据实施培训的不同内容分类

1.企业文化培训

为了使新员工尽快融入集团,酒店应安排新员工接受企业文化培训,使员工熟悉集团的目标、宗旨、经营理念、精神风貌和道德标准以及各项规章制度、奖惩制度、考评制度、培训制度等。对老员工,也要经常进行企业文化培训。

2.职业道德培训

酒店职业道德培训的首要任务是加强员工对本职工作的道德认识,在服务工作中形成正确的道德观念,逐步把正确的行为准则变成职业习惯,将职业道德规范自觉运用到本职工作中去。

3.业务能力培训

业务能力培训就是关于集团工作过程、部门工作流程及员工所在岗位职责的培训。酒店作为服务性行业,内部各环节具有高度的关联性,如果只知道本岗位的业务而对本岗位在集团服务流程中所处的位置没有清晰认识,遇到特殊情况时就会缺乏应急处理能力。

4.素质知识培训

员工的素质是文化知识、业务能力和政治素质的综合反映。知识的培训对素质的提高起着潜移默化的作用,特别是有关酒店的基本知识。

5.操作技能培训

酒店的服务是技能性和技巧性很强的工作。操作技能培训是员工培训的主要内容,它既是基础性培训又是长久性培训。

三、酒店员工培训程序

(一)设置培训目标

培训目标的设置是酒店企业进行培训工作的第一项任务,培训目标决定了培训体系中各种因素的设置。员工的工作分析、个人分析和酒店企业的组织分析对设置培训目标至关重要。通过分析,要明确员工未来需要从事的某个岗位,以及现有员工的职能和预期职务之间存在的差距,消除这个差距就是酒店的培训目标。因此,培训目标要进行细化、明确化、具体化,具有可操作性。

(二)选择培训内容

在明确了培训目标和期望达到的学习目的后,就需要确定培训中需要传授的信息。尽管具体的培训内容千差万别,但通常酒店培训内容包括三个层次:知识培训、技能培训和素质培训。究竟选择哪个层次、哪种培训内容,应根据培训需求和各个培训内容层次的特点来决定。

1. 知识培训

知识培训是酒店培训中的第一个层次。员工听一次讲座,或者看一本书,就可能获得相应的知识。知识培训有利于理解概念、提高对新环境的适应能力,并减少酒店企业在引进新技术、新设备、新工艺时遇到的障碍,同时,为系统地掌握一门专业知识,进行系统的知识培训是必要的。但酒店企业的培训应具有综合性,不能仅停留在知识培训上。

2. 技能培训

技能培训是酒店培训中的第二个层次。技能是指员工的操作能力,一旦学会,一般不容易忘记。招收新员工,采用新设备,引进新技术都不可避免要进行技能培训,因为抽象的知识培训不可能立即适应具体的操作,无论员工如何优秀,能力如何强,都要经过培训才能熟练操作。酒店技能培训包括的内容很多,不同的岗位需要不同的技能,在培训时要因人而异、因岗位而异。

3. 素质培训

素质培训是酒店培训的最高层次。素质是指一个人地平时的修养,包括道德品质、学识能力、文化素养等方面。素质高的员工应该具有正确的价值观、积极的态度、良好的思维习惯以及较高的目标等。虽然他们可能暂时缺乏知识和技能,但他们会为实现目标而有效地、主动地学习知识和技能。素质低的员工,即使已掌握了知识和技能,也可能不会用。

培训时选择哪个层次的培训内容,是由不同的受训者情况决定的。一般来说,管理者偏向于知识培训与素质培训,而一般员工则倾向于知识培训和技能培训。它最终是由受训者的"职能"与预期的"职务"之间的差异所决定的。

(三)确认培训教师

酒店培训教师可分为内部培训教师和外部培训教师。内部培训教师包括酒店的管理者、具备特殊知识和技能的员工。而外部培训教师是指专业培训人员、专业学校的专业教师等。选择哪种培训教师,最终要由培训内容和可利用的资源来决定。

酒店的管理者、具备特殊知识和技能的员工是酒店的重要内部资源,利用内部资源,可使受训者和培训者各方面都得到提高。酒店内的管理者既具有专业知识又具有宝贵的工作经验。他们希望员工获得成功,并以此来表明他们自己的管理才能。因为他们是在培训自己的员工,所以能保证培训与工作的相关性。具备特殊知识和技能的员工也可以指导培训,当员工培训员工时,由于频繁接触,一种团队精神便在酒店中自然形成,同时也锻炼了培训指导者本人的管理才能。

当酒店业务繁忙,酒店内部没有人手来设计和实施员工的培训方案时,就需要求助于外部培训资源。由于教学有其自身的一些规律,工作出色的人员并不一定能培训出一个同样工作出色的员工,但外部培训资源大多数是更熟悉成人学习理论的培训人员。外部培训教

135

师可以根据酒店需求进行培训,并且可以比内部培训教师提供更新的观点、更开阔的视野。但外部培训教师也有不足之处,一方面,外部人员需要花时间和精力了解酒店的情况和具体的培训需求,这将提高培训成本。另一方面,利用外部人员培训,酒店的管理者对具体的培训过程不负责任,逃避对员工发展的责任,可能导致培训效果不佳。

内部培训教师和外部培训教师各有优缺点,但比较之下,还是首推内部培训教师。只有在酒店业务繁忙,分不开人手,或确实内部培训教师缺乏适当人选时,才选择外部培训教师,并且要把外部培训教师与内部培训教师结合使用才最佳。

（四）确定培训日期

员工培训方案的设计必须做到何时需要即何时培训,通常遇到下列四种情况之一时就需要进行培训。

1.新员工入职

所有新员工都要通过培训熟悉酒店的工作程序和行为标准。即使新员工进入酒店前已拥有了优秀的工作技能,也必须了解酒店经营管理中的一些差别,很少有员工刚进入酒店就掌握了酒店需要的一切技能。

2.员工即将晋升或岗位轮换

虽然酒店的老员工对于酒店的规章制度,酒店企业文化及现任的岗位职责都十分熟悉,但晋升或轮换到新岗位,从事新的工作,则会产生新的要求。尽管员工在原有岗位上干得非常出色,但对于新岗位不一定有充分的准备,为了适应新岗位,则需要对员工进行培训。

3.适应环境变化的需要

由于环境的各种变化,需要对老员工进行不断培训。如引进新设备,要对老员工进行新技术培训;购进新软件,要求员工学会安装与使用。为了适应市场需求的变化,酒店都会不断调整经营策略,每次调整后,都需对员工进行培训。

4.满足补救的需要

由于员工不具备工作所需要的基本技能,从而需要通过培训进行补救。遇到下面两种情况时,必须进行补救培训:①由于劳动力市场紧缺或行政干预,或其他各方面的原因,不得不招聘了不符合要求的职员;②招聘时看起来似乎具备条件,但实际使用时其表现却不尽如人意。

在分析培训需求时,确定需要培训哪些知识与技能,并根据以往经验对这些知识与技能培训做出日程安排,预估培训需要的时间及其真正见效所需的时间,从而推断培训提前期的长短,再根据何时需要这些知识与技能及提前期,最终确定培训日期。

（五）营造培训体系

要使培训富有成效,酒店必须认真考虑员工培训所需的学习环境,包括物质环境和感情环境。最理想的做法是酒店企业另辟专门的培训地点,这样做不仅方便培训的经常举行,还可以让酒店中的每一位员工知道培训在本酒店中的重要性。

1. 物质环境

促进学习的物质环境包括以下内容：

（1）培训地点交通便利、易于受训者前往；

（2）温度和噪声控制在一定范围；

（3）座椅舒适，并可以随意摆放；

（4）有会议室，也要有小组活动的空间；

（5）技术设备先进；

（6）环境装饰色彩宜人。

2. 感情环境

感情环境在酒店企业培训中起到辅助作用。一个主管、经理甚至员工都会对培训工作的成败产生很大影响。他们的言谈举止都会影响培训的价值和效果。如果受训者的主管们对培训持支持和鼓励态度，受训者将积极地参与学习。如果他们对培训持怀疑和否定态度，员工将缺乏学习新技能的积极性，接受培训后他们也很少有机会在工作中运用这些新技能。

（六）落实培训经费

培训经费预算既可以按照完成计划培训任务实际所需要的经费来计算，如聘请培训教师、购买书籍和教学设备用具等的费用；也可以每年按照一个固定的比例来提取。

（七）确定受训员工

不同的需求决定不同的培训内容，根据酒店的培训需求分析可以大体上确定不同的培训对象。

1. 新员工受训

岗前培训是向新员工介绍酒店的规章制度、企业文化以及酒店的业务和同事。新员工来到酒店，面对一个新环境，他们可能不了解该酒店的历史和企业文化，不了解酒店的运行计划和远景规划以及相关政策，不清晰自己的岗位职责，不熟悉自己的上司、同事及下属，或多或少都会感到紧张不安。为了消除新员工的紧张情绪，使其迅速适应酒店环境，酒店企业必须针对以上各方面进行岗前培训。

2. 老员工受训

对于即将晋升或转换岗位，或者不能适应当前岗位的员工，他们的职能与既有的职务或预期的职务出现了差异，职务大于职能，就需要对他们进行培训，主要有在岗培训或脱产培训两种形式。在具体的培训需求分析后，确定了哪些员工缺乏哪些知识或技能，培训内容与缺乏的知识及技能相吻合者即为本次受训者。

虽然培训内容基本决定了受训者群体，但还应从这些受训者的角度考虑其是否适合受训。首先，考虑这些员工对培训是否感兴趣，若不感兴趣则不易接受，受训者积极性差，效果

肯定也不好。其次,考虑其个性特点,有些员工即使通过培训掌握了所需的知识、技能,但还是不适合该工作,可能这些员工更需要更换岗位,而不是接受培训。因此,酒店要从培训内容及受训者本身两方面考虑,最终确定受训者。

（八）完善培训方式

酒店培训的方式多种多样,需要根据培训目的与需求、培训内容与教材、受培训员工层次与水平,以及培训时间、场地、人数等因素而选用,这是保证培训取得预期成效的重要条件。究竟选择哪种培训方式,要以提高素质为目的,从培训方法的效果、费用和侧重点等方面来综合考虑。酒店的培训方法主要有以下五种。

1. 讲授法

讲授法是传统的培训方法,也称课堂讲授法,是酒店最常用的培训方法。该方法的优点是传授的知识比较全面、系统,容易传输,且成本比较低;缺点是由于主要采取单向沟通的方式,缺乏反馈和练习,受训者的主动性不能充分发挥,只能从讲授者的演讲中,被动、有限度地思考与吸收。因此,讲授法要注意理论联系实际,注重启发式教学,利用提问技巧,保留一定时间与受训者沟通,培养他们分析问题和解决问题的能力。

2. 讨论法

讨论法是对某一专题进行深入探讨的培训方法。其目的是解决某些复杂的问题或让众多受训者就某个主题进行意见的沟通,谋求观念看法的一致。讨论法主要分为常规讨论法和案例讨论法两种,目前比较流行的是案例讨论法。所谓案例讨论法,是指组织和引导受训者开展讨论,对案例进行剖析、研究,在讨论的基础上提出自己的见解。其特点是注重启发和挖掘员工的分析、判断和决策能力,促使其运用新知识、新方法思考问题,以达到借鉴经验教训、分析前因后果、提高处理问题能力的目的。但该方法也存在一些弊端,比如课堂有时难以控制,出现部分员工不感兴趣的情况,因此适用对象多为中层以上的管理者。为确保培训效果,培训者应事先准备好材料,并注意案例的典型性、普遍性、实用性。

3. 角色扮演法

角色扮演法是一种模拟训练方法,是由员工模拟实际情境,扮演各种角色进行训练的一种趣味性很强的培训方法。其适用对象为实际操作人员或管理人员,在酒店的培训过程中经常采用。角色扮演法有利于增进双方的了解和沟通,还能消除员工之间以及员工与管理者之间的某种隔阂。但角色扮演培训只能以小组进行,培训费用较高,且效果受培训者水平的影响较大。

4. 操作示范法

操作示范法是酒店的职前实务训练中被广泛采用的一种培训方法,适用于相对机械性的工种。操作示范法大体上分为四个步骤:①讲解。讲述工作情况,解说操作要求,说明掌握操作要点的重要性,提高员工对培训的兴趣。②示范。用实例说明、示范工作程序,在示范中应该注意把握时间,示范速度不要过快,动作不要过于繁复,不要超过员工一次性接受的能力范围。③实习。当员工认为已经初步理解培训人员的讲解,能够按照操作程序完成时,就让员工自己实习完成操作,培训者随时纠正其错误动作,对操作的正确要领和关键细节要反复提醒、反复询问。④辅导巩固。在员工已经初步领会和基本掌握正确的操作要领后,培训者要注意巩固员工的学习成果,逐步减少辅导,鼓励其独立上岗操作,并耐心解答疑问,直到其完全领会和正确熟练地运用操作要领。

5.拓展训练法

拓展训练法是一种以体验、经验分享为教学形式的培训方法。训练内容包括体能训练、生存训练及心理训练、人格训练、管理训练等。可利用自然资源条件,在解决问题、应对挑战的过程中达到"激发潜能、熔炼团队"的培训目的。

四、培训效果的评价

员工培训效果评价是指收集酒店和受训者从培训中获得的收益情况,以衡量培训是否有效的过程。这一过程通过不同的测量工具来评价培训目标的达到程度,并据此判断培训的有效性,以作为未来举办类似培训活动的参考。

(一)培训效果评价的标准

根据评估的深度和难度递进的顺序,培训效果评价的标准可分反应层、学习层、行为层和结果层四个层次。

(1)反应层指受训者对培训项目的反应和评价,是培训效果评估中的最低层次,它包括对培训师、培训管理过程、测试过程、课程材料、课程结构的满意度等。

(2)学习层反映受训者对培训内容的掌握程度,主要测定受训者对培训的知识、态度与技能方面的了解与吸收程度等。

(3)行为层是测量在培训项目中所学习的技能和知识的转化程度,受训者的工作行为有没有得到改善。这方面的评估可以通过对受训者的上级、下属、同事和受训者本人接受培训前后的行为变化来进行评价。

(4)结果层是用来评估上述(反应、学习、行为)变化对组织发展带来的可见的、积极的作用。此阶段的评估上升到组织的高度,但评估需要的费用、时间、难度都是最大的,是培训效果评估的难点。

这四个层次的测定从简单到复杂,从低成本到高成本。在考虑评估和测定时有两点很重要:一是在制订培训计划时就要将评估测定流程安排在其中;二是在执行培训计划时要全面考虑四个层次的培训效果测定,即使最后实际只使用了一个或两个层次的测定。

进行培训评估之后,酒店需要根据评估结果来审视整个培训过程,并判断培训目标是否已经有效达成。通常情况下需要对培训项目进行调整和改进,并向有关部门沟通调整的结果。总体效果的评价既作为改进培训与能力开发活动的依据,也作为对组织活动的责任人的考核依据。

（二）培训效果评价的方法

由于培训的效果有些是有形或无形的，有些是直接或间接的，有些是短期的或长期的。因此，评价培训效果要坚持一个准则，就是培训的效果应在实际工作中得到检验。另外，培训的效果要从有效性和效益性两方面进行评价。培训效果评价的方法通常有问卷法、测试比较法、绩效评价法、工作态度考察法、工作标准对照法、同类员工比较法等。

1. 问卷法

问卷法是一种比较简单的评估方法。酒店按照评估的内容和要求，设计评估的问卷，由受训者填写问卷，然后由培训工作人员和培训专家对问卷收集的信息进行综合分析，最后进行培训评估。

2. 测试比较法

测试比较法是在培训之前和培训之后分别用难度相似的测试题对受训者进行测试，然后比较两次测试的结果。如果培训后的测试成绩更好，说明培训取得了成效；如果成绩差不多，说明培训可能没有什么效果。

3. 绩效评价法

绩效评价法是在培训后的一定时间内，对受训者的工作绩效进行评价，了解培训后员工的绩效是否有所改善和提高。如酒店顾客的投诉率是否降低、产品销量是否增加、服务质量和效率是否提高、管理能力是否有改善等。这种方法能够直接评估培训对工作绩效的影响。

4. 工作态度考察法

运用调查表等形式，对受训者培训前和培训后的工作态度进行考察比较，如工作的积极性、工作的责任心、工作的热情和纪律性等，以评估培训取得的实际效果。如果工作态度的确有明显的好的变化，说明培训改善了员工的工作态度，提高了工作绩效。

5. 工作标准对照法

工作标准对照法是在培训结束后的一段时间内，用工作标准来对照和比较受训者在工作数量、工作质量和工作态度等方面的培训前后表现，考察受训后的员工是否在这些方面有实际的改善或提高，是否达到或超过工作的标准。

6. 同类员工比较法

同类员工比较法是将接受培训的员工和未接受培训的员工的行为、表现和绩效进行比较，以检验和评估培训工作的成效。如果受训者的行为、表现和绩效明显优于未接受培训的员工，则可以证明培训是有效果的，反之，说明培训工作未达到预期的效果。

第四节　酒店员工激励

激励是指酒店通过设计适当的外部奖酬形式和工作环境，以一定的行为规范和惩罚性措施,借助信息沟通,来激发、引导、保持和规范组织成员的行为,以有效地实现集团及其成员个人目标的系统活动。

一、酒店员工激励理论

目前比较流行的激励理论主要有三种,即双因素理论、期望理论和强化理论。

(一)双因素理论

双因素理论又称激励-保健理论,是由心理学家弗雷德里克·赫茨伯格提出的。赫茨伯格认为,员工与工作的关系是一种基本关系,员工对工作的态度在很大程度上将决定其成败,双因素理论强调以下几个方面。

1.激励因素

激励因素通常与工作本身或工作内容有关,包括成就、赞赏、工作本身的意义及挑战性、责任感、晋升和发展等。每个酒店员工都渴望明确自己的职责范围、工作责任、服务程序、质量标准,以便通过自己的努力和奋斗来区别自己与他人的工作效果。同时也希望获得一个独立工作和取得成就的机会,以自己的工作成果来使领导关心自己和承认自己在酒店中的存在价值。因此,酒店管理人员要为员工创造这种激励因素,激励员工的积极性。

2.保健因素

保健因素主要与工作条件或工作环境有关。对酒店而言,当酒店的工作条件或工作环境因素不存在或不好时,会引起员工对本身工作的不满意,而出现一种工作的消极情绪,影响员工的工作态度和工作效益。

(二)期望理论

维克托·弗鲁姆所提出的期望理论与双因素理论的不同之处在于它没有指出哪些因素激励人们,而是展示了工作激励中个体之间的差别。根据弗鲁姆的理论,期望值与效价的乘积决定激励水平,具体公式如下:

$$M(激励水平) = E(期望值) \times V(效价)$$

具体而言,当员工认为努力会带来良好的绩效评价,良好的绩效评价会带来组织奖励,如奖金、加薪或晋升,能够满足员工的个人目标时,就会受到激励进而付出更大的努力。从上面公式可以发现,如果期望值或效价都等于零,则激励水平即动力也等于零。

(三)强化理论

强化理论是一种行为主义观点,认为强化塑造行为。强化理论认为,人为了达到某种目的会采取一定的行为,并作用于环境,当行为的结果对他有利时,这种行为就会重复出现,而当行为的结果对他不利时,这种行为就会减弱或消失。这就是环境对行为强化的结果。强化主要可以分为以下几种类型。

1. 连续强化

连续强化是指每一次理想行为出现时都给予强化,如领班对员工在工作中所取得的每次进步都给予表扬。连续强化容易导致过早的满足感,强化物一旦消失,行为会迅速衰减,所以连续强化方式适合新出现的、不稳定的或低频率的反应。

2. 间断强化

间断强化是指不对每一次理想行为给予强化,但为了使行为能够重复,要保证强化的频率和次数。间断强化不容易产生过早的满足感,适用于稳定的或高频率的反应。

3. 积极强化

当一种反应伴随着愉快的事情时,就称之为积极强化或正强化。在管理上,积极强化就是利用奖励来增加那些企业需要的行为,从而加强这种行为。这些奖励通常不仅包括奖金,还包括表扬、晋升、改善工作条件和人际关系、安排挑战性工作、给予学习和成长的机会等正强化手段。

4. 消极强化

当一种反应伴随着终止或逃离不愉快事件时,称之为消极强化或负强化。在管理上,消极强化是指员工努力工作或改变某种行为,目的是避免受到企业的批评或消极看法等不愉快的行为结果。

实施强化激励要注意四个问题:一是要有一个进行定向控制和激励的目标;二是要逐步实施,一步一步地达到;三是要及时反馈,使员工了解自己的工作状态,便于调整行为方式和行为效果;四是要奖惩结合,做好目标控制。

二、酒店员工激励的原则

酒店人力资源管理工作中,运用激励手段的根本宗旨是,调动员工积极性,增强酒店员工的动力,提高酒店群体的士气。为此,在采用激励手段时应遵循以下几条原则。

(一)整体需求原则

对酒店内不同工种、不同层次、不同职位、不同年龄段的员工的各种需求是否给予激励,选择何种激励方式,应根据酒店的实际情况,从集团经营管理的整体需求出发,尽可能满足员工的要求,使他们发挥应有的潜力,提高工作效率。

(二)目标一致原则

酒店是劳动密集型的服务性行业,需要每位员工紧密配合实现酒店的目标。这种特殊性要求酒店人力资源部的主管人员在激励员工时,应树立明确的目标,将员工个人、班组、部门、群体与酒店内有关各方面的需求统一起来,这样员工激励才能取得良好的效果。

(三)物质激励与精神激励相结合的原则

物质激励是指对员工的物质需要予以满足,如奖金、加薪等;精神激励是指对员工的精神需要予以满足,如表扬、授予称号等。物质需要是人类的第一需要,是人们从事一切社会活动的基本动因,所以物质激励是激励的主要方式。在物质需要得到一定程度的满足后,精神需要就成了主要需求。每个人都有自尊心、荣誉感,满足这些精神需求,能更持久、有效地激发人们的动机。物质激励与精神激励是两种不同内容的激励形式,它们相辅相成,缺一不可。

（四）自我激励原则

激励的目的是激发员工的内在因素,使其内在因素对外界的刺激做出相应的反应。激励首先要帮助员工认识自我,使员工能够充分地认识到自己潜在的能力。其次,酒店各部门各级主管都应该教育员工,使他们认识到个人需求的满足,必须通过自己的不懈努力、勤奋工作才能变成现实。

（五）成本原则

激励是有成本的,酒店采取激励措施,必须支付一定的费用。组织活动、发放奖励都需要资金支持,这些资金支出构成了激励成本。激励措施生效后,会给集团带来益处,这些益处是激励的收益,是激励活动产生的绩效。酒店是以盈利为目的的经营单位,因而必须分析投入产出关系,追求以最小的成本获取最大的利润。激励的支出与收益相比,应当使集团有利可图。如果激励成本过高,甚至超过了绩效,那么这种激励对集团来说并没有实际意义。所以,酒店人力资源管理部门在激励员工时,也要将其作为一项经营活动加以考虑,注重降低成本。

三、酒店员工激励的方法

（一）需求激励

需求激励是酒店中最普遍的一种激励方法。其理论基础是美国心理学家马斯洛的需求层次理论。酒店管理人员要按照每一个员工对不同层次需求的状况,选用适当的动力因素来进行激励。如对追求物质、生理需求的员工,可强调富有竞争力的工资、工作期间的休息、工作餐和制服等;对追求安全和保险需求的员工,可强调工作安全、健康保险、工作保障和退休金计划等;对追求归属需求的员工,可多组织团体活动,经常与他们进行沟通;对追求自尊的员工,可对其工作成绩及时给予表扬和关注,给予一定的物质或精神奖励;对追求自我实现的员工,可授予其责任和权力,安排挑战性的工作,让其获得成就感与荣誉感。人的需求是多方面的,往往既有物质方面的,又有精神方面的,酒店管理人员要注意综合运用这些激励因素。

（二）目标激励

目标激励是指通过设定一定的目标,促使员工按照目标的要求采取适当的行动。目标激励首先可以使员工看到自己的价值和责任,以酒店主人翁的姿态承担自己的责任;其次,

有利于减少酒店达到目标的阻力;最后,能促进员工和酒店目标的共同实现。

目标体系包括酒店目标、部门目标和个人目标。如果酒店目标与员工的个人目标方向一致,员工必然为达到酒店目标而努力工作。因为酒店目标的完成,就意味着个人也达到了目标。在确定目标时,应注意目标难度与期望值,目标过高或过低都会降低员工的积极性。目标的制定要多层次、多方位,但最重要的是制定员工工作目标、晋升目标、业务进修目标等。员工的工作目标管理是一项重要的常规管理工作,它直接关系到酒店的服务质量和酒店总体目标的实现。在制定员工的工作目标时,要遵循两个基本原则:第一,让部分员工参与制定工作目标,因为最了解本职工作的是这个岗位上的员工,他们的参与可使该项工作的程序、标准和工作量切合实际,并得到员工的支持;第二,要对工作目标的执行情况进行监督,不断评估员工的工作表现,对于那些表现良好的员工要给予及时的表扬和鼓励,对于违反工作目标的行为,要加以纠正,必要时要进行惩罚。

（三）参与激励

酒店给予员工发表个人意见的机会,不分职位高低,使员工参与到酒店的管理活动之中,有利于增进员工主人翁的责任意识,提高他们在工作上的自觉性和主动性。所以,酒店应该注重给员工创造民主的氛围,培养其归属感、认同感、责任感、信任感、受尊重感和成就感,可以推进集团管理的民主化进程。

常见的参与激励有工作生活质量小组、员工参与工作设计、利益分享计划、职工代表大会、员工合理化建议制度等形式。

（四）榜样激励

榜样的力量是无穷的。榜样激励是通过先进人物与典型事件来影响、改变人的观念与行为的方法,能产生"明星效应"。先进典型能形成一种良好的、积极的、健康的企业文化的氛围,来影响人、感染人、带动人。在实施榜样激励的时候,要注意榜样要有广泛的群众基础,榜样事迹真实可信。酒店可以通过举办比赛或其他形式,挑选出表现突出的员工,作为榜样给予激励,调动员工工作的积极性。

（五）关爱激励

加强管理者与员工的情感沟通,尊重员工、关心员工、爱护员工,让员工体验到管理人员的和蔼可亲、企业的温馨友爱,从而建立起平等亲切的人际关系,激发员工敬业、乐业、创业的精神。管理的黄金法则是"企业给员工以爱,员工回报给企业以爱"。管理者不仅要关心员工的工作质量,做他们的工作领袖,而且要关心员工的生活质量和情绪质量,做他们的生活领袖和情绪领袖。

（六）薪酬激励

薪酬激励是最常用、最基本的一种物质激励手段。薪酬对员工极为重要,它不仅是员工维持生存的收入来源,而且它还能满足员工的价值实现感。因此,薪酬能极大影响人们的工作行为和工作绩效,在很大程度上影响着一个人的情绪积极性和能力的发挥等。酒店一般实施结构化薪酬体系,主要由基本工资、职务工资、效益工资、特殊津贴和福利五部分组成。基本工资是保证员工的基本生活需求,以员工的熟练程度、工作的复杂程度、责任大小以及劳动强度为标准,按照员工实际完成的劳动定额而计付的劳动报酬;酒店领班以上人员可享受职务工资;效益工资可与酒店的营业额和利润挂钩;特殊津贴可以包括特殊岗位津贴、学位津贴或语言津贴等;酒店福利一般包括给员工提供优惠价住房、提高就餐质量、带薪年假、医疗保险等。

第五节　酒店员工职业生涯规划

根据马斯洛需求层次理论,当人满足了较低层次的需求时就会追求自我实现的需求。这就是最高层次的需求,它是指实现个人理想、抱负,最大限度发挥个人能力,达到自我实现境界,接受自己也接受他人,解决问题能力增强,自觉性提高,善于独立处事,要求不受打扰地独处,完成与自己的能力相称的一切事情的需求。

员工职业生涯规划是一种新兴人力资源管理技术,在人才竞争日益激烈的今天,越来越多的酒店把目光投射到员工的职业生涯规划上,把员工职业生涯规划作为人力资源重要的战略组成部分,以便协调员工个人的职业生涯目标与酒店发展目标,这不仅有助于增加酒店的稳定性和凝聚力,也会更有效地调动员工的积极性和创造性。

通过对每个员工职业生涯管理,酒店能达到自身人力资源需求与员工职业生涯需求之间的平衡,创造一个高效率的工作环境和引人、育人、留人的酒店企业氛围。因为酒店职业管理的最终目的是通过帮助员工的职业发展,提高员工认同度,降低员工流失率,从而实现酒店企业的生存和可持续发展的目标。

一、职业生涯发展理论

美国著名的心理学家和职业管理学家施恩(Edgar H.Schien)教授根据人的生命周期的特点及不同年龄段所面临的问题和主要工作任务,将职业生涯分为九个阶段,施恩职业发展九阶段归纳如表6-4所示。

表6-4　酒店职业经理人的角色定位与角色扮演

阶段名称	年龄	角色	主要任务
成长、探索阶段	0—21岁	学生、职业工作的候选人	发展和发现自己的需要、兴趣、能力、才干,为进行实际的职业选择打好基础,学习职业方面的知识,做出合理的受教育决策,开发工作领域中所需要的知识和技能

145

阶段名称	年龄	角色	主要任务
进入工作世界	16—25岁	应聘者、新学员	进入劳动力市场,谋取可能成为一种职业基础的第一项工作,个人和雇主之间达成正式可行的契约,个人成为一个组织或一种职业的成员
基础培训	16—25岁	实习生、新手	了解、熟悉组织,接受组织文化,克服不安全感,学会与人相处,融入工作群体,尽快取得组织成员资格
早期职业正式成员资格	17—30岁	取得组织正式成员资格	承担责任,成功地履行第一次工作任务,发展和展示自己的技能和专长,为提升或横向职业成长打基础,重新评估现有的职业,理智地进行新的职业决策
职业中期	25岁以上	正式成员、任职者、终生成员、主管、经理等	选定一项专业或进入管理部门,保持技术竞争力,力争成为一名专家或职业能手,承担较大责任,确定自己的地位,开发个人长期职业计划
职业中期危险阶段	35—45岁	正式成员、任职者、终生成员主管、经理等	评估自己的才干,进一步明确自己的职业抱负及个人前途,接受现状或争取看得见的前途做出具体选择,建立与他人的良好关系
职业后期	40岁到退休	骨干成员、管理者、有效贡献者	成为一名工作指导者,学会影响他人并承担责任,提高才干,以担负更大的责任,选拔和培养接替人员,如果安稳,就此停滞,则要接受和正视自己影响力和挑战能力的下降
衰退和离职阶段	55岁到退休		学会接受权利、责任、地位的下降,学会接受和发展新的角色,评估自己的职业生涯,着手退休
退休	因人而异		保持一种认同感,适应角色、生活方式和生活标准的变化保持一种自我价值观,运用自己积累的经验和智慧,以各种资深角色,对他人进行传、帮、带

二、酒店员工职业规划

酒店在帮助员工认识自我、认识职业环境;帮助员工确定职业目标和职业发展路径;帮助员工拟订工作计划、学习与培训计划以及帮助员工确定职位等方面,可从以下几个角度开展工作。

（一）提供专业的工具和技术

进行职业生涯规划的第一步是进行自我评估。自我评估就是对员工的个人特征进行分析,主要采用测验的方法和自我反思的方法。酒店向员工提供自我评估的测评表格、量表等测评工具,如个性特征问卷、多项人格特质测验、职业兴趣六边形测验等,帮助员工进行价值观、兴趣、技能的自我测评。

（二）提供信息支持

酒店根据员工的工作情况向员工提供企业对其能力和潜力的评估信息。同时,酒店也向员工提供职业环境和职业发展机会的信息,其中主要提供的是酒店内部环境信息,包括酒店文化、酒店规模、组织结构;酒店发展战略;酒店的人力资源状况,如目前人员的年龄、专业、学历结构、人力资源发展等。酒店利用这些信息帮助员工分析环境因素对其职业生涯发展的影响,使员工职业规划设计更加合理。

（三）设计多重职业生涯路线

酒店需要帮助员工确定职业发展道路,设计不同的晋升路线,向员工展示不同的发展路径。根据不同岗位的特点和职务发展层次,酒店设计形成了"三线推进"的晋升系列,包括管理系统晋升系列、技术系统晋升系列和业务系统晋升系列。每个系列都设置由低到高的职务晋升路径,并明确每一职位的职责及所需要的经验、知识和技能。

（四）提供咨询帮助

酒店通过举办一系列讲座、培训可以帮助员工为晋升做准备。如针对职业生涯规划中自我评估、目标设置、行动计划等内容的职业生涯规划研讨会,以现代企业员工的职业理念、管理者在职业生涯规划中的作用等为主题的专题讲座,技能提升的系列培训班等。

三、酒店职业经理人发展

职业经理人起源于 20 世纪 50 年代,到现在已发展成为一个全球流行的概念。酒店职业经理人属于酒店中的管理层,一般应具备担任酒店管理职位的职业能力并有丰富的从业经历,能够以一定的价格在市场中自由流动,从而获取薪酬和实现自身职业生涯的目标。对于一个现代酒店的职业经理人而言,在不同场合需要扮演多重角色(见表6-5)。

表6-5　酒店职业经理人的角色定位与角色扮演

角色识别	角色定位	角色扮演
关键性角色	指挥者	具有决策能力和组织指挥能力,能做出周密的计划,善于识人与用人,并有勇往直前的进取心
	执行者	忠于职守,善于领会上级意图,埋头苦干,任劳任怨,具有过硬的专业知识和技能,有较强的组织能力
	督办者	公道正直,熟悉业务运作的方法与标准,并掌握第一手的材料和情况
	反馈者	具有客观性,敢于直言不讳,同时要具备较强的综合分析能力
辅助性角色	宣传者	对外积极宣传酒店形象,推介酒店的产品和服务,参与交流与合作;对内宣传酒店的政策和制度,传达各种最新信息

续表

角色识别	角色定位	角色扮演
辅助性角色	谈判者	代表所有员工的利益,与用人单位协商员工待遇与福利等
	协调者	拥有良好的人际交往关系,协调酒店内部员工之间的关系,协调与供应商、政府等的关系

（一）酒店职业经理人培养的意义

1. 提升酒店核心竞争力

酒店职业经理人直接或间接地参与酒店的投资、酒店发展战略、酒店经营管理决策等关系酒店发展的重大问题,直接负责整个酒店的日常经营管理事务。因此,酒店职业经理人的领导能力和管理能力至关重要,在竞争日益激烈的酒店市场,我国酒店企业能否在国外强势的酒店品牌面前立足并与之抗衡,酒店职业经理人的素质能力起着决定的作用。从某种意义上说,酒店职业经理人是酒店核心竞争力的体现。因此,提升我国酒店职业经理人的能力,不断培养高素质的酒店职业经理人才,是我国酒店培育核心竞争力的关键。

2. 创造和实现酒店价值

酒店是一个服务性行业,为顾客提供的产品和服务主要通过酒店员工的对客服务来体现。员工的服务技能和服务水平直接关系到酒店产品和服务的质量。酒店职业经理人管理酒店的日常经营事务,有效地组织酒店员工从事酒店的生产和销售,对员工的工作进行标准化和规范化的管理,考核评估员工的工作,培训员工的服务技能,通过全面的质量管理真正保证酒店的产品和服务质量,从而创造酒店的价值。因此,不断对酒店职业经理人进行能力提升和素质培养,对保证酒店产品和服务质量,实现酒店价值具有重要意义。

3. 推动酒店可持续发展

我国酒店业发展逐步实现与国际接轨,万豪、洲际、希尔顿等众多国际著名酒店集团的品牌纷纷落户中国,国内的酒店集团也不断崛起,如锦江、开元、万达、港中旅等,中国酒店业市场竞争更加激烈,同时酒店消费者对酒店服务的要求也不断提高。在这样的市场环境下,酒店职业经理人必须不断提升自己的就业能力和自身价值,才能跟上酒店业快速发展的步伐。因此,对酒店职业经理人进行素质和能力培养是保证酒店持续发展的动力。

（二）酒店职业经理人的等级

根据酒店职业经理人的学历背景、任职经历等,可将其分为初级酒店职业经理人、中级酒店职业经理人和高级酒店职业经理人三个等级。《饭店业职业经理人执业资格条件》(GB/T 19481—2004)中对不同等级酒店职业经理人的资质条件进行了明确的规定,在受聘情况、适用职位、学历背景、工作经历等方面都体现出显著差异,如表6-6所示。

表6-6　不同等级酒店职业经理人的资质条件

条件	初级酒店职业经理人	中级酒店职业经理人	高级酒店职业经理人
受聘情况	受聘于一家或多家酒店的现职中级管理人员	受聘于酒店或酒店管理集团的现职中高级管理人员	受聘于酒店或酒店管理集团的现职高级管理人员
适用职位	包括但不限于部门经理、部门副经理、主管	包括但不限于总经理、副总经理、执行总经理、总监、副总监、部门经理	包括但不限于酒店集团CEO、总监、酒店的总经理、执行总经理、业主
学历背景	具有大学专科以上学历（或同等学力）	具有大学专科以上学历（或同等学力）	大学本科（或同等学力）或酒店、旅游管理专业专科以上学历
工作经历	在一个或数个酒店中级管理职位上有两年以上的全日制工作经历	在一个或数个酒店中高级管理职位上有三年以上的全日制工作经历	在一个或数个酒店高层管理职位上有三年以上的全日制工作经历

（三）酒店职业经理人的职业要求

1. 职业道德

具有良好的职业道德是成为一名合格酒店职业经理人的前提条件,包括遵纪守法、爱岗敬业、忠诚可靠、诚实守信、办事公道等要素。具体而言,就是酒店职业经理人要遵守国家法律、法规,遵守社会行为规范,遵守企业章程及管理规章制度,做到自律守节,具有敬业精神,热爱本职工作,能够承担责任,竭尽全力履行应尽的职责;要忠于职守,恪守信义,维护企业的利益;要实事求是,取信于客户和员工,严守企业的商业秘密,遵守竞业避止原则;要坚持真理,明辨是非,追求正义,秉公办事,不徇私情;要具有社会责任感,发扬无私奉献精神,为社会创造价值。

2. 职业素养

职业素养是酒店职业经理人胜任力的核心指标,包括团队意识、进取意识、客户意识和自我管理等要素。具体而言,就是酒店职业经理人要将自己融入整个团队来思考问题,明确团队目标,尊重和激励团队成员,加强团队沟通,树立团队精神;要能够接受新的知识,迎接挑战,能够创造和把握机会,敢于承认和纠正错误;要一切以客户为中心,提供优质服务,主动捕捉市场信息,深入分析市场需求和抓住市场机会,持续改进经营策略;要有稳定的情绪和强烈的自信心,尊重他人的观念,有效地开发自己的潜能。

3. 职业知识

职业知识是酒店职业经理人专业化程度的体现,要求酒店职业经理人必须掌握较为全面的酒店业知识,了解较为前沿的企业管理知识,前者包括酒店人力资源管理、会计和财务管理、餐饮管理、客房管理、工程管理、市场营销等方面的专业知识;后者涉及领导艺术、组织行为学知识,行政管理知识等。

课后练习

1. 酒店人力资源的特点有哪些？什么是酒店人力资源管理？
2. 试述酒店人力资源管理的基本原理。
3. 试述酒店人力资源管理的内容。
4. 试述酒店员工招聘的原则。
5. 试述酒店员工面试的方法。
6. 试述酒店员工培训的方法。
7. 试述酒店员工激励的原则。
8. 试述酒店如何进行员工职业生涯规划。

参考答案

案例分析

BG酒店每年有40%的客房服务员要求调离工作,服务员认为工作单调、重复,工作不被人重视。因此,该酒店人事部不得不招聘一些新职工来补充客房服务员的短缺,可是其后果是服务质量和工作效率都大大下降。与此同时,酒店培训部还要付出培训费对新招聘的职工进行训练。尽管如此,酒店经理并不认为这是一个严重的问题,因为目前酒店的盈利仍然是很高的。可是半年以后,由于新职工的增加,服务质量和服务效率继续下降,酒店的客房出租率明显降低,酒店的盈利开始逐日减少,这时酒店经理才意识到客房部服务员的大量调离是个严重的问题,需要调查和了解这些职工要求调离的原因。

酒店经理对客房部服务员进行了工资调查、服务员态度调查,以及已调离服务员的抽样调查。

(1) 工资调查:通过工资调查比较BG酒店客房部服务员的工资待遇是否与同等级别的酒店职工工资相类似。调查结果发现:BG酒店管理人员的工资比较高,基本上与同类酒店管理人员工资相同,但是BG酒店客房部服务员的工资要比同类酒店的同类服务员工资低6%—8%。

(2) 服务员态度调查:通过该项调查了解服务员对BG酒店的看法以及他们对自己的工作和领班工作的评价。调查结果发现,服务员多数认为BG酒店管理混乱,领班自己的工作技能还可以,但是在指导服务员的工作、训练服务员的工作技能方面还不称职。

(3) 已调离服务员的抽样调查:抽样调查结果表明,多数已调离BG酒店的服务员认为,BG酒店是以低工资闻名于本地区的酒店,同时他们还指出,该酒店周末的工作时间过长,因此引起很多问题。他们之间有60%的人认为BG酒店的工作时间安排不合理,同时有50%

的人认为,如果BG酒店能改正上述一些问题,还是一家好酒店,他们也愿意再回去。

管理层根据上述调查列出下面几种解决问题的方案。

(1)BG酒店可以先提高客房服务员的工资,然后观察服务员要求调离工作的现象是否会减少。

(2)训练领班使其能领导和指挥服务员工作,同时也能胜任本职工作。

(3)辞掉原来的领班,招聘其他水平较高的领班来代替原来的客房部服务员领班。

(4)提高管理水平,减少服务员工作量。

案例思考:

请评价上述四种解决方案,并提出最佳解决方案。

第七章 →

酒店服务质量管理

学习目标

1. 了解酒店服务质量的内涵
2. 了解酒店服务质量的特点
3. 掌握酒店服务全面质量管理的内容
4. 了解酒店服务质量管理的方法
5. 掌握酒店服务质量检查与控制

第一节 酒店服务质量概述

一、酒店服务的概念

酒店服务是指酒店人员借助酒店的有形设施,为满足顾客的各种需要而进行的一系列有益的服务,这种服务是与顾客接触的活动及酒店内部活动的结果。

酒店服务的概念体现在以下几个方面。

(一)酒店服务必须依托于酒店的有形设施

没有这些有形的设施,酒店服务就失去了物质基础。因而,设施设备与实物产品质量对酒店服务质量有着直接的影响。

(二)了解顾客的需要是做好酒店服务的前提

酒店必须在了解顾客需求的前提下,尽量通过为顾客提供有益的服务来满足顾客的需求,这样才能赢得顾客的满意。

（三）酒店服务包括酒店与顾客接触的活动，以及酒店内部活动的结果

酒店通常以劳务活动的形式，在与顾客接触的过程中为顾客提供服务。同时，酒店的内部活动及其产生的结果也是酒店服务质量的影响因素。例如酒店员工的服务质量意识、酒店服务培训、酒店服务质量标准的建立、服务质量的检查与控制、部门与员工相互之间的协作等，都对酒店服务质量具有深刻的影响。

（四）服务是酒店产品的核心

顾客来到酒店，购买和使用酒店产品，但买走的不是有形的酒店产品本身，而是购买其临时使用权。即顾客所能购买到的主要是酒店服务，通过使用酒店产品和享受酒店服务，得到一种在其他场所得不到的利益。因此，顾客在酒店所购买和消费的酒店产品的核心是酒店服务。酒店服务质量的高低，对酒店产品的整体质量起着关键性的作用。

（五）酒店优质服务是一种特殊商品，具有使用价值和价值

酒店产品的使用价值是能够提供劳务活动满足顾客的某种需求，其价值是指优质服务，它是由人的劳动创造的，它需要得到报酬。酒店提供优质服务，必须以创造优质的使用价值为出发点，以获得价值即经济利益为目的。

二、酒店服务质量的内涵

（一）基于ISO9000标准的解释

根据国际标准ISO9000:2015《质量管理体系 基础和术语》（GB/T 19000—2016）的解释，质量是指客体的一组固有特性满足要求的程度。因此，酒店服务质量可以理解为：酒店服务活动所能达到规定效果和满足顾客需求的特征和特性的综合，它是酒店所提供服务的一组固有特性满足顾客要求的程度。

固有特性是指本来就有的，尤其是永久的特性，如食品中添加剂的含量、汽车的抗撞能力、产品的使用寿命等。制造业产品的质量主要涉及产品的物理特性，而酒店产品具有无形性的特点，其质量特性关注的是能否满足顾客的需求。一般而言，酒店的服务质量特性可以归纳为以下几个方面。

1. 功能性

酒店服务最本质的特点是帮助顾客解决现实问题。酒店的功能是为顾客提供舒适的房间；餐厅的功能是提供美味可口的饭菜；旅行社的功能是提供合理愉悦的旅游路线，解决订房订餐等酒店过程中的各种问题；酒店网站的功能是及时提供可靠的酒店信息。酒店服务的功能性决定了顾客是否会选择该酒店，这也是影响酒店服务质量最关键的因素。为此，酒店首先要将自己的本职工作做好、做到位。

2. 经济性

顾客为了得到酒店提供的服务必须付出相应的费用。任何对服务质量的评价都是基于

一定的价格基础。顾客总是寻找性价比最高的酒店服务,酒店需要考虑如何在一定的价格下更好地提高服务质量,或者是在一定服务质量的前提下如何有效地降低服务的价格。如果性价不对称,顾客的满意度就会降低。

3. 安全性

酒店必须保证顾客在接受酒店服务的过程中自身的生命、财产不受任何伤害。由于越来越多的酒店安全事故被曝光,顾客也越来越关注自己在接受酒店服务过程中的安全问题。安全已经成为影响顾客选择酒店的重要因素。

4. 时间性

酒店提供服务需要及时、准时和省时。及时是指当顾客遇到问题时,酒店能够及时地解决;准时是指应该按照事先约定的时间准时地为顾客提供服务,不得无故推迟服务,造成顾客等待;省时是指应该提高服务的效率,能够为顾客节约时间。因此,酒店服务人员要为顾客提供快速、高效、便捷的服务。比如,电话铃响三下服务人员必须接听,顾客投诉服务人员必须及时回复。

5. 舒适性

酒店除了满足顾客最基本的功能性、安全性和时间性需求外,还需要考虑顾客在服务过程中的舒适程度,如《旅游饭店星级的划分及评定》(GB/T14308-2023)中就提到五星级酒店前厅装饰设计应有整体风格,装修精致,色调协调,光线充足,整体视觉效果和谐。当然,舒适性程度取决于不同的服务等级和服务性质。酒店应该提供与服务相适应的舒适程度。

6. 文明性

文明性反映顾客在接受酒店服务时精神需求得到满足的程度,它体现为人与人交往过程的关系和氛围。文明性是对服务人员的基本要求,酒店应该创造一个和谐文明的酒店服务环境。这很大程度上取决于服务人员的思想品质和道德修养。服务人员应该文明有礼、微笑服务,即使遇到委屈和不满也能够保持热诚服务。

(二)基于感知-期望模型的解释

服务质量专家格罗斯于1982年率先提出了顾客感知服务质量的概念。他认为服务质量很大程度上是顾客主观意志的产物。顾客感知服务质量取决于顾客的期望和顾客实际接受的服务质量。顾客在接受酒店提供的服务之前已经形成了某种期望,接受酒店提供的服务之后会将期望与实际接受的服务相对比,如果实际接受的服务质量没有达到事先的期望,即使服务质量是好的,他也不会满意。反之,他就会比较满意。

顾客感知服务质量,即顾客期望质量与实际接受质量的比较。为了提高服务质量,酒店既要有效地提升实际的服务质量水平,也要关注顾客的期望,只有高于顾客期望的服务质量才是好的服务。

顾客实际接受的服务质量属于客观质量,它包括两个方面的内容:技术质量和功能质量。技术质量也称为结果质量,是指酒店提供的服务,主要帮助顾客解决问题。比如,顾客是不是能够很快地打开酒店的网站,顾客入住酒店是否要长时间等待,顾客是否得到尊重和礼待,服务人员的态度、技能、服务流程以及服务的设施设备等都会对功能质量产生影响。

顾客对酒店服务的期望满意度,取决于市场沟通、销售促进、企业形象、口碑和顾客需要。酒店良好的市场宣传推广活动,会引起顾客较高的质量期望。从营销角度看,酒店需要将顾客的期望控制在一个合理的范围之内,以有利于提高顾客感知服务质量。如果酒店为了吸引顾客而做出不切实际的宣传和超出能力的承诺,最终却无法兑现,就会导致顾客不满。

三、酒店服务质量的构成

酒店服务质量通常有两种理解:一种是广义上的酒店服务质量,它由酒店的设施设备、实物产品和劳务服务质量组成,是一个完整的服务质量概念;另一个理解是狭义上的服务质量,是指酒店劳务服务的质量,它是指由服务员的服务劳动所提供的,不包括以实物形态提供的使用价值。

酒店服务是有形产品和无形劳务的有机结合,酒店服务质量则是有形产品质量和无形劳务质量的统一,有形产品质量是无形劳务质量的凭借和依托,无形劳务质量是有形产品质量的完善和体现,两者相辅相成,构成完整的酒店服务质量的内容。

（一）有形产品质量

有形产品质量是指酒店提供的设施设备、实物产品以及服务环境的质量,主要满足顾客物质上的需求。

1.设施设备质量

酒店的设施设备是酒店服务活动赖以存在的基础,是酒店劳务服务的依托,同时也是酒店服务质量高低的决定因素。酒店的设施设备质量具体表现在以下几个方面。

（1）功能设计。

酒店的功能设计主要体现在空间的变化和设施的布局。要根据酒店各部分的功能及具体位置条件,运用不同的处理手法,注意围透结合、明暗结合、虚实结合,分清主次,突出主题,错落有致,连接合理。

（2）装修质量。

酒店的装修要注意材料、用品和设备的选择,设计时要主题突出,突显色调和风格,做到装潢讲究、高雅舒适。

（3）设施设备的配套与先进程度。

设施设备的配套与先进程度是指为能满足顾客需求所配备的各种功能性设施设备的完备程度和技术水平。它要求做到科学配置、结构合理、配套齐全、舒适美观、操作简单、使用安全、性能良好。

（4）设施设备的舒适度。

客用设施设备的舒适程度是影响酒店服务质量的重要方面,舒适程度的高低一方面取

155

决于设施设备的配置,另一方面取决于对设施设备的维修保养。因此,随时保持设施设备完好,保证各种设施设备正常运转、充分发挥设施设备效能,是保证酒店服务质量的重要组成部分。

2. 实物产品质量

酒店的实物产品主要指以食品、商品等为代表的、直接满足顾客的物质消费需求的一般意义上的酒店产品。酒店实物产品质量是酒店服务质量的重要组成部分,体现为酒店实物产品满足顾客需求的程度,通常包括以下几个方面。

(1)菜肴、酒水质量。

酒店管理者必须认识到饮食在顾客心目中的重要位置,以及不同顾客对饮食的不同要求。顾客对菜肴、酒水质量的评价,一般是根据以往的经历和经验,结合菜肴、酒水质量的内在要素,通过嗅觉、视觉、听觉、味觉和触觉等感官综合判断得出的。因此,酒店应在菜肴、酒水产品的新鲜度、营养成分、外观、形状、工艺、色泽、气味、数量、包装等方面满足顾客的需求。

(2)客用品质量。

客用品是指酒店直接供顾客消费的各种生活用品,包括一次性消耗品(如梳子、牙膏、牙刷等)和多次性消耗品(如棉织品、餐具等)。客用品质量应与酒店星级相适应,要求品种齐全、数量充足、性能优良、使用方便、供应及时、安全卫生,符合绿色、环保的要求。

(3)服务用品质量。

服务用品质量是指酒店在提供服务过程中供服务人员使用的各种用品,如房务工作车、餐车、托盘等。它是提高劳动效率、满足顾客需求的前提,也是提供优质服务的必要条件。服务用品质量要求数量充裕、使用方便、性能优良、安全卫生等。

(4)商品质量。

酒店为满足顾客购物需要,通常都设有商场部,以方便顾客生活及满足顾客的纪念性购物需求。酒店商品质量的优劣也会影响酒店服务质量。酒店商品应做到花色品种齐全、结构适当、陈列美观、价格合理、符合顾客需要等,更重要的是要注重信誉、杜绝假冒伪劣商品。

3. 服务环境质量

酒店服务环境质量是指酒店设施的服务气氛给顾客带来的感觉上的美感和心理上的满足感,是酒店服务质量的组成部分。它主要包括自然环境氛围和人文环境氛围两个方面。

自然环境氛围包括外部自然环境和内部自然环境两部分。酒店的外部自然环境要求交通便利、市政工程和商业网点配点、酒店主体建筑的周边区域治安及社会秩序良好、卫生、整洁、绿化良好、空气清新度等。酒店内部自然环境包括内部场所的温度、湿度、风速、空气质量等构成的酒店内小气候,以及由空间、色彩、音乐、灯光、植物、装饰、陈列物等构成的环境,要求宁静、典雅、舒适、温馨,并富有美感和艺术性。

人文环境氛围主要体现在酒店的企业文化建设和员工素质的高低。酒店的人文环境包括由酒店的管理者设定的管理活动、节庆活动和服务规范以及由酒店员工的着装、精神面貌等营造出来的服务气氛。同时也包括酒店顾客的社会阶层、身份、举止言行等传递出来的环境信息。这些构成酒店所特有的环境氛围,要求整洁、美观、有秩序和安全,并充分体现鲜明个性的文化品位。

(二) 无形劳务质量

无形劳务质量是指酒店提供的劳务服务的使用价值的质量,即劳务质量,主要是满足顾客心理上、精神上的需求。它是酒店服务质量的主要内容之一,主要包括以下几个方面。

1. 礼貌礼节

礼貌礼节是以一定的形式通过信息传输向对方表示尊重、谦虚、欢迎、友好等态度的一种方式,礼节偏重于仪式,礼貌偏重于语言行动。它表明了酒店服务人员的基本态度和意愿。礼貌礼节要求服务人员具有端庄的仪表仪容、文雅的语言谈吐、得体的行为举止等。

2. 职业道德

在酒店服务过程中,许多服务是否到位实际上取决于员工的责任感,因此遵守职业道德也是酒店服务劳务质量的基本构成之一。作为酒店员工,应遵循热情友好、真诚公道、信誉第一、文明礼貌、不卑不亢、一视同仁、团结协作、顾全大局、遵纪守法、廉洁奉公、钻研业务、提高技能等的职业道德规范,真正做到敬业、乐业和勤业。

3. 服务项目

服务项目是为满足顾客的需要而规定的服务范围和数目。酒店服务项目大体分为两类:一类是基本服务项目,即在服务指南中明确列出的,酒店正常提供的服务项目;另一类是附加服务项目,也称个性化服务项目。附加服务项目的设置使基本服务项目得到延伸和细化,使酒店服务更趋完整。

4. 服务态度

服务态度是指酒店服务人员在对客服务中体现出来的主观意向和心理状态。良好的服务态度是由服务员的主动性、积极性、责任感创造出来的。因而要求服务人员应具有"顾客至上"的服务意识,并能够主动、热情、耐心、周到地为顾客提供服务。在对客服务中,服务态度是无形产品质量的关键所在,直接影响酒店的服务质量。

5. 服务技能

服务技能是酒店提高服务质量的技术保证,是酒店服务人员在不同场合、不同时间,对不同顾客提供服务时,根据具体情况而灵活恰当地运用其操作方法和作业技能以取得最佳的服务效果的技巧和能力。服务技能必须达到规范、准确、娴熟、得体、高效和优美的要求,只有掌握好服务技能,才能使酒店服务达到标准,保证酒店服务质量。

6. 服务时效

酒店服务讲究时效性,即服务的时机选择和效率追求。酒店的服务效率可分为三类:固定服务效率(如清理客房25分钟);限定性服务效率(如办理结账手续不超过3分钟,接听电

话不超过3声等);非限定性服务效率(如点菜后的上菜时间等)。服务效率并非仅指快速,而是强调适时服务,应根据顾客的实际需要灵活掌握,在顾客需要某项服务前即时提供。

7.安全卫生

酒店安全状况是顾客外出旅游时考虑的首要问题,酒店应营造一种安全的氛围,给顾客以心理上的安全感。

酒店的清洁卫生包括各区域的清洁卫生、食品饮料卫生、用品卫生等。酒店清洁卫生直接影响顾客身心健康,是优质服务的基本要素。

从广义上讲,酒店的最终服务质量并不简单取决于酒店的有形产品质量和无形劳务质量,而更取决于顾客对酒店服务的期望质量和经验质量。期望质量是指顾客头脑中对酒店服务质量形成的一种期望或期待的质量水平,这一期望来源于过去的一些经历,来源于酒店的广告宣传和对酒店的想象。而经验质量是指,顾客购买酒店服务产品之后,对酒店技术质量和功能质量的主观评价,也就是购买后的实际感受和印象。一般情况下,顾客期望质量越高和住店经验越丰富,对酒店服务质量的评价就越低。反之则越高。因此,酒店应在使顾客产生适当的期望值质量的前提下,通过提供优质服务,达到甚至超越顾客的期望,使顾客产生良好的实际感受,从而对酒店服务给予较高的评价并留下美好的印象。

四、酒店服务质量的特点

(一)服务质量构成的综合性

国外营销研究表明,酒店服务质量是由可靠性、反应性、保证性、移情性、有形性五要素构成的。可靠性是指可靠、准确地履行服务承诺的能力;反应性是指迅速提供服务的意识和对顾客需求反应的程度;保证性是指酒店员工所具有的知识、礼节以及表达出自信与可信的能力,包括完成服务的能力、对顾客的礼貌和尊敬、与顾客有效的沟通等;移情性是指设身处地地为酒店顾客着想并对他们给予充分的关注;有形性是指有形的设施、设备、人员和沟通材料的外在形式。这些内容相互联系,互相依存,互为条件,形成一个整体。

(二)服务质量显现的短暂性

酒店的优质服务是由一次次的具体劳务活动完成的,每一次具体服务的显现时间都是短暂的,服务提供的过程与顾客的消费过程处于同一时间,服务会在顾客心目中产生一种感受和印象。顾客一系列感受和印象就形成对酒店服务质量好坏的评价。所以,酒店服务质量的高低,往往是一锤定音、短暂易逝,且事后难以补救。因此,酒店全体员工都应重视和把握每一个关键时刻,竭尽全力为顾客提供最适当的服务。

服务质量显现的短暂性特点对提供优质服务提出了两点要求:一是服务人员必须具有强烈的服务意识,多方面的服务知识及应变能力,才能根据顾客的需要做好服务工作;二是服务人员必须十分重视每一次具体服务活动,根据服务程序的要求,针对顾客特点提供优质服务,使顾客产生良好、深刻的印象。

（三）服务质量的关联性

酒店的每一次服务活动都不是独立存在的。酒店规模越大，服务活动之间的联系就越广泛。从整个酒店来看，服务质量在保证设施设备和实物产品的前提下，又包括前厅服务质量、客房服务质量、餐厅服务质量等具体内容。这些内容以顾客的活动规律为线索，互为联系、互为条件、互为依存，形成一条服务链。任何一个环节出现问题都会影响整个酒店的服务质量。因此，酒店服务质量的各项服务活动是互相关联的，共同形成一个整体。

（四）服务质量对人员素质的依赖性

酒店服务质量的水平既依托于设施设备、环境、用品、商品等物质因素，又取决于服务人员的素质和管理人员的水平。酒店员工的仪容仪表、服务态度、服务技能、工作效率、心理状态和身体状况等都直接影响服务质量。因此，酒店应充分调动员工的主动性、积极性和创造性，将服务意识和业务素质相结合，提供优质高效的服务。

第二节　酒店全面服务质量管理体系

一、服务质量的组成部分

服务质量既是服务本身的特性与特征的总和，也是消费者感知的反应。服务质量是感知质量与预期质量差距的体现，它由服务的技术质量、职能质量、形象质量和真实瞬间构成。

（一）技术质量

技术质量是指服务过程的产出，即顾客从服务过程中所得到的东西。例如酒店为顾客提供的菜肴和饮料。对于技术质量，顾客容易感知，也便于评价。

（二）职能质量

职能质量是指服务推广的过程中顾客所感受到的服务人员在履行职责时的行为、态度、穿着、仪表等给顾客带来的利益和享受。

职能质量完全取决于顾客的主观感受，难以进行客观的评价。技术质量与职能质量构成了感知服务质量的基本内容。

（三）形象质量

形象是指企业在社会公众心目中形成的总体印象。它包括企业的整体形象和企业所在地区的形象两个层次。企业形象通过视觉识别、理念识别、行为识别等系统多层次体现。

顾客可从企业的资源、组织结构、市场运作、企业行为方式等多个侧面认识企业形象。

如果企业拥有良好的形象质量，少许的失误会得到顾客的谅解，但如果失误频繁，也会破坏企业形象。若企业形象不佳，则企业任何细微的失误都会给顾客造成很坏的印象。

（四）真实瞬间

真实瞬间是服务过程中顾客与企业进行服务接触的过程。这个过程是一个特定的时间和地点，是企业向顾客展示自己服务质量的时机。真实瞬间是服务质量构成的特殊因素。

二、酒店服务质量管理的原则

（一）以顾客为中心

服务质量管理是指酒店在服务形成过程中为确保服务质量而开展的各种管理活动，具体包括服务质量策划、服务质量控制、服务质量保证和服务质量改进等活动。

服务质量管理的特点来源于服务质量与产品质量的差异性。表7-1所示为酒店服务质量与实体产品质量的比较。

表 7-1　酒店服务质量与实体产品质量的比较

比较对象	比较内容	
	实体产品	酒店服务质量
核心质量产生的时机	工厂内部	交互过程
质量要素	技术质量	产出质量，过程质量
评价主体	企业	顾客
质量评价的依据	企业质量标准	顾客感知
质量的稳定性	好	差
顾客对质量的贡献	小	大
评价难易	较容易	较难
评价的特性	客观	主观

1. 质量管理环境差异

实体产品的生产与管理是在相对封闭的环境中进行的，核心质量形成于工厂内部。酒店服务的生产是由具有利益对立性的酒店与顾客两方面利益主体在一个开放式生产体系下进行的，核心质量产生于交互过程。

管理环境的开放性使各种不可控因素增多，服务质量的稳定性下降，不可避免地会导致质量问题的出现。

2. 质量管理行为主体差异

由于管理系统的相对封闭性，制造型企业的质量管理行为主体是企业的管理者和员工，顾客基本不参与生产过程，产品质量是由企业依据客观的质量标准加以评价的，一般与顾客没有关系。

而在酒店中，服务生产是在开放环境下进行的，顾客不仅参与生产，还要对服务质量进行评价,服务由酒店和顾客共同生产完成,服务失败很可能是双方的责任。因此要确保服务质量,就必须对双方进行管理,但顾客是游离于酒店之外的,从而使服务质量管理行为主体失去了具体性和确定性。

3.质量管理对象差异

从系统的角度,制造型企业的质量管理对象包括系统的输入、转换过程及输出,是一系列有形实体,包括原材料、设备和最终产品。信息虽然是无形的,但信息本身常常是客观的,也不具备主观能动性。

酒店中,顾客作为服务生产的输入者,直接影响着服务质量的好坏,因此,需要对产品、顾客信息和服务过程加以综合性管理。

(二)领导作用

领导者即酒店的管理者。管理者在酒店服务质量组织的管理活动中起着关键的作用。管理者对酒店服务质量管理的主要影响表现如下。

1.市场研究过程

酒店的生产过程需要顾客的参与,市场研究是了解顾客期望的一个重要过程。市场研究的深度取决于高层管理者与顾客直接接触的程度。在比较小的酒店接待企业中,管理者通常与顾客在生产线上接触,了解顾客的期望较多。但随着企业组织扩张,管理者与顾客直接接触的时间、机会越来越少,对顾客期望的直接了解较少,多来自各种报表及调查报告。

2.由下至上的交流过程

与顾客直接接触的员工一般对顾客的需求、期望了解较多。这种由下至上的顾客需求传递一般受到两方面影响,一是员工和管理者之间的交流程度,二是员工的意见被管理者考虑的程度。

3.管理层次

管理层次越多,信息传递失真的可能性越大。

(三)全员参与

酒店是一个有机组合的整体,这个整体的各个部门必须协调一致才能为顾客提供服务。因此,服务管理体系也必须将各个部门的每个员工包含在内,调动员工的参与积极性,鼓励创新思维。只有全体员工广泛参与,才能为酒店带来最大的利益。

(四)过程方法

过程是指分析过程、控制过程和改进过程,这些内容都是影响服务质量的活动。在开展质量管理活动时,必须着眼于过程,要把活动和相关的资源作为一种过程管理才能达到期望的效果。

（五）系统原则

服务管理是一个系统，是指服务企业如何根据市场需求状况与特征，有效组织和配置企业内部与外部资源，实现服务产品的生产与传递，满足顾客价值需要的一种活动过程。换而言之，服务管理的基本目标就是服务企业怎样更有效地开展运营活动，以求在合适的时间将合适的产品和服务提供给合适的顾客。要实现这个目标，从服务管理的角度来看就是要战略性地考虑三个因素：目标市场、顾客细分、服务的提供。

这里就包含服务质量中的基本问题——"什么"和"怎样"。

"什么"是指服务的内容，是由目标市场需求决定的服务产品。

"怎样"是指如何将服务内容提供给顾客，通常指的是服务流程或服务运营系统。

从服务组织经营的内容和流程考虑，服务系统可以分为两个关键的子系统：服务战略决策系统和服务运营系统。

1. 服务战略决策系统

服务战略是服务组织带有全局性或决定全局性的谋划，它体现并决定了服务组织的目标与使命。因此，服务战略系统要回答的是酒店想要做什么、应该做什么、可能做什么以及想怎样做的问题。制定服务战略需要从以下几个方面入手：

第一，明确酒店的竞争环境，明确酒店的愿景，阐述酒店向顾客提供什么样的价值？（回答想要做什么）

第二，把握外部服务环境中的技术、市场、产业和政策所能提供的机遇以及可能面临的威胁问题。（回答应该做什么、不应该做什么）

第三，分析酒店自身的资源和能力。（回答能够做什么）

第四，确定酒店为顾客创造和传递价值的总体构思，比如市场细分、目标市场选择、市场定位、竞争战略以及基本服务产品的确定。（回答想怎样做）

酒店制定有效战略决策的前提是对酒店的外部环境和内部资源要素进行全面、准确的分析。

2. 服务运营系统

服务运营系统是指酒店如何具体进行服务产品的生产、传递和营销。从整个服务产品的提供过程来看，服务运营系统包含服务生产系统、服务传递系统、服务营销系统。

（1）服务生产系统。

服务生产系统是指运用已有的设施设备，由服务人员对各种资源投入进行生产加工的子系统。服务生产的投入包括原材料投入和服务员工投入两大类。

从空间上看，服务生产系统由前台和后台两部分组成。其中，后台部分顾客看不见，酒店的核心技术和主要设备一般集中在后台，如餐厅的厨房。前台部分顾客看得见，它包括执行生产加工任务的前台人员和设施设备等，如餐厅服务员、前厅服务员等。

服务生产系统的任务是根据顾客需求进行生产加工，它在一定程度上类似于工厂，需要解决的关键问题是如何降低成本,提高生产的标准化程度,如何提高生产效率和产出质量。

（2）服务传递系统。

服务传递系统是将服务生产系统加工好的产出进行组装并传递给顾客的子系统。服务传递系统分为直接传递系统和间接传递系统两部分。

①直接传递系统是指顾客与员工直接接触而产生的直接交互作用的传递系统。这种服务传递表现在以下几个方面。

第一,团队合作。服务的传递并不仅仅依靠一线员工,它是整个服务组织的工作。因此,酒店的服务配合,即员工和管理者直接的合作,前台和后台员工的合作以及不同服务部门之间的合作是影响服务传递过程的重要因素,如果整个服务组织不能以有效的方式进行团队合作,必将影响到服务的传递过程。

第二,员工工作的适合程度。服务传递过程中的问题有时是因为员工不能适应工作对他们的要求而产生的,比如某些服务过程需要一定的技术背景,而员工没有足够的教育培训经历来支持他们的工作。又比如有些员工可能由于自身的性格而不适合某些工作,例如,脾气暴躁的员工也许就不适合接待顾客。

第三,工具和工作的适合程度。有些工作需要特定的装备支持,如设备维修人员需要适当的工具,当所准备的工具不能支持服务传递的过程时,服务质量也会受到影响。

第四,员工授权程度。服务传递存在很大的不确定性,因此员工在服务传递过程中可能会遇到各种各样的情况。员工被授权的程度决定了员工在遇到特殊情况下对问题的处理能力。当员工在接收到特定的服务请求时需要得到酒店中其他部门或人的允许,服务传递过程就会受到影响,质量就会降低。相反,授权给员工能够使他们在接收服务申请后迅速做出判断,提升服务质量。同样,这也是使员工获得成就感的好方法。

第五,员工评价系统。受到有形产品生产的影响,许多酒店用员工的工作量来衡量员工的表现,而不是员工在服务过程中所提供的服务质量,当服务组织采用这种以工作量为基础的评价系统时,员工会倾向于加快工作速度但忽视工作质量。

第六,服务人员角色冲突。服务人员在酒店中扮演两种基本角色,酒店的员工和向顾客提供服务的服务者。对于服务后台员工而言,他们的顾客是其他的服务员工。对于服务前台员工而言,他们的顾客就是酒店的顾客。因此服务人员在服务传递过程中既要满足他们所在的职位对他们的要求,也要满足他们的顾客对他们的要求。当两种要求产生冲突时,服务人员就面临着角色冲突。这种角色冲突会对服务人员在组织中的表现产生不利影响。因此,服务组织中内部和外部环境的和谐有利于减少角色冲突。

第七,服务人员角色模糊。服务人员可能并不清楚其在酒店中的定位,缺乏必要的工作指导,不了解酒店对他们的期望,不了解自己的工作目标等。在这种情况下,服务传递质量也会受到影响,酒店需要不断地与员工沟通以便让其明白他们在酒店业中的定位与角色。

综合以上问题,一般在酒店中会从以下几个方面入手进行管理直接传递系统:

ⅰ.阐明员工的角色,使员工了解其工作对顾客满意度的重要性;

ⅱ.通过竞争上岗使员工具有做好服务的能力与技巧;

ⅲ. 向员工提供有效完成所分配工作需要的技术培训；

ⅳ. 设计富有创新的招聘和保留方式以吸引最优秀的人员并建立忠诚度；

ⅴ. 选用最合适、最可靠的技术与设备，提高员工的绩效；

ⅵ. 培训员工的人际关系技巧，尤其是在紧急情况下同顾客打交道的技巧；

ⅶ. 培训员工设定优先顺序和时间管理的方法；

ⅷ. 把决策权下放到组织基层，赋予管理人员和员工在工作现场的决策权，允许他们在使用实现目标的方法上有更大的决定权，保证在员工对客服务时提高服务效率，提供优质满意的服务。

②间接服务传递系统的关键管理问题是传递的时间、地点和方式。随着技术的发展，服务传递的方式也发生了深刻的变革，例如电子邮件改变了信件投递，远程教育改变了传统教育，电子商务改变了传统的购物模式等。酒店在设计服务传递系统时，必须考虑到高科技对服务传递方式的影响。

（3）服务营销系统。

服务传递系统和服务营销系统的运作通常是相互交织的，服务营销系统的职能很大程度上由服务传递系统实现，服务传递人员在提供服务的同时，经常充当服务营销人员。

服务运营的三个子系统是相互交叉、相互重叠的关系。三个子系统重叠的程度取决于顾客接触程度。在高接触的情况下，服务生产系统与服务传递系统紧密结合。在低接触情况下，服务的生产系统、传递系统和营销系统重叠程度较小，如在线酒店、酒店电子商务等。

（六）持续改进

服务产品的异质性和无形性，使得酒店服务质量水平的稳定和维持更为重要。服务质量需要不断提高，持续改进工作是一个永无止境的目标。质量管理的目标是顾客满意，当顾客需求不断提高时，酒店必须持续改进才能不断赢得顾客的支持。同时，激烈的外部竞争也使酒店常常处于一种不进则退的局面，酒店必须不断改进才能在竞争中立于不败之地。

服务质量持续改进是指在酒店产品和服务过程中持续进行的小改进。这些改进绝大部分源于员工的创意想法和对过程的思考。例如，如家酒店集团建立"金点子"案例库，旨在搜集每家门店由基层员工提出和尝试的创新做法，并在对这些创新实践进行整理的基础上在区域甚至全国的门店中进行推广和扩散。

持续质量改进的过程一般包括以下几个方面：①向管理层提供信息；②通过管理层的审核和发布信息来决定其根本原因（问题）或最好的执行；③由团队开发和激活一个行动计划；④定期评估改进的进程。

（七）依据事实

依据事实原则是酒店服务质量管理的基本原则。酒店服务质量工作必须根据相关经营报告、客人投诉或其他渠道提供的实际数据和信息作为决策和行动的事实依据。酒店通过收集有效数据与信息，保证所收集的数据与信息具有足够的准确性、可靠性和可获取性，然后采用有效的方法对数据进行分析，再根据分析所得到的客观结果，结合酒店切实可行的管理手段,采取行动,制定出符合行业发展实际并具有挑战性的目标方针。

(八)全面受益

酒店企业属于综合性行业,其全面受益主要体现在以下几个方面:①客源共享,酒店业与不同的旅游服务经营主体之间互为供方,彼此间可建立战略合作伙伴关系,互送客源,实现客源共享。②信息共享,在战略合作伙伴关系的基础上,实现客源信息共享,依托大数据,分析市场信息,挖掘顾客需求。③成果共享,通过战略合作伙伴间的通力合作,实现全面受益,成果共享。

三、酒店服务全面质量的含义

酒店服务全面质量管理是指从酒店系统的角度出发,把酒店作为一个整体,从酒店服务的全方位、全过程、全人员、全方法、全效益入手,以提供最优服务为目的,以质量为管理对象,以一整套质量管理体系、技术和方法而进行的系统的管理活动。

四、酒店服务全面质量管理的内容

(一)酒店服务全方位质量管理

酒店服务全方位质量管理是指酒店内部的各个部门以及外部有关的行业,为顾客提供的各个方面服务的质量管理。酒店服务全方位质量管理包括酒店前台接待部门、后台业务部门、各职能部门以及酒店外部有关的酒店物资供应部门(如食品、酒水、能源等)的服务质量管理。酒店服务全方位质量管理包括以下内容。

(1)通过利用和开发酒店现有的设备,向顾客提供高质量的食、宿、行、娱、购以及健身、交流、洽谈生意、会议等各方面的服务。

(2)通过市场的调研与探索,开发具有地方特色、本酒店特色、符合市场需求的产品,以满足顾客与地方消费者的需要,扩大经济效益。

(3)通过业务部门与公关部门的广告、宣传以及设施改进和服务质量的提高,打造酒店的声誉和口碑,招徕更多的客源,增强酒店的竞争力。

(4)通过与旅行社的业务联系,扩大业务关系,保证有较高的团队入住率以及增加酒店涉外的声誉。

(5)通过与有关商品部门、工艺部门协作,提供高质量的旅游生活必需品和旅游纪念品,扩大酒店商场的服务项目,提高效率。

(6)通过与其他有关行业的联系,为顾客提供多口径的服务项目。

(7)通过专业教育和岗位培训,提高各级管理人员和服务人员的专业水平和服务水平。

(8)通过人力、物力、财力的决策计划、组织、协调与监督等管理工作,提供高质量、高效率的酒店管理。

（二）酒店服务全过程质量管理

酒店服务全过程质量管理是指对酒店的各项服务从预备阶段到服务过程(服务阶段)、服务结束(服务后阶段)所采取的具有相关性和连续性的管理。

1.酒店服务预备阶段的质量管理

酒店服务预备阶段的质量管理主要是指酒店在直接接待顾客前各种准备服务工作的质量管理,它包括客房的预订,餐厅酒水、菜肴原料的采购、储藏,商场商品的采购供应等方面的质量管理工作。既要多招徕顾客,又要创造条件接待好顾客,这就是酒店服务预备阶段质量管理的关键。

2.酒店服务阶段的质量管理

酒店服务阶段的质量管理主要是指在直接接待顾客过程中的各项工作的质量管理,包括总台的入住登记、房间分配、房间清洁、洗衣服务、餐厅迎宾、上菜斟酒等服务质量的管理。

3.酒店服务后阶段的质量管理

酒店服务后阶段的质量管理主要是指通过顾客意见卡、留言簿、投诉信、座谈会以及其他各种方式所征集的客人住店后的意见和反馈,掌握客房服务、餐厅服务、康乐服务、购物服务等各项酒店服务的反映信息、分析研究提高酒店服务质量的方法与手段,以便在未来的服务质量计划中提高标准。

（三）酒店服务全人员质量管理

酒店服务全人员质量管理主要是指各级管理人员、决策人员、督导人员、服务人员等各层次人员的人才素质管理和质量管理。它贯穿酒店各层次人员执行酒店质量计划、完成质量目标的过程之中。因此,要把全酒店及各个部门各自的质量计划、目标落实到每个员工、每个岗位,使酒店上下各层次人员对质量计划、目标有统一的认识,并认真执行。酒店各部门的质量计划和质量目标,以各部门的服务质量标准来衡量。部门不同、岗位不同,所要求的服务质量标准也不同。

（四）酒店服务全方法质量管理

酒店服务全方法质量管理主要是指采用多样性、全面性的管理方法,以达到服务高质量的目的。

酒店服务全方法质量管理的方法包括行政方法、经济方法、法律方法、科学方法、思想方法以及定性、定量的分析方法、数理统计方法等。酒店服务的全方位质量管理是多种多样管理方法的有机结合,是在有机统一的前提下,根据服务质量问题产生的原因有选择的、有针对性的管理。

（五）酒店服务全效益质量管理

酒店服务全效益质量管理主要是指酒店服务既要讲究经济效益,又要讲究社会效益、生态效益,并尽可能地把三者结合起来,提高服务质量,目的在于创造更大的经济效益,使酒店在市场竞争中立于不败之地。

第三节　酒店服务质量分析与管理方法

一、酒店服务质量分析方法

质量分析是酒店质量控制与管理的基础工作。通过质量分析,找出酒店存在的主要质量问题和引起这些问题的主要原因,使管理人员能够有针对性地对影响最大的质量问题采取有效的方法进行控制和管理。质量分析的方法很多,常用的分析方法有ABC分析法、因果分析图法、对策表等。

（一）ABC分析法

ABC分析法又称排列图法、重点管理法、主次因素法,是意大利经济学家帕累托分析社会人员和社会财富的占有关系时采用的方法。美国质量管理学家朱兰将这一方法用于质量管理并取得了较好的效果。

1.ABC分析法的原理

ABC分析法以"关键的是少数,次要的是多数"这一原理为基本思想,通过对影响服务质量诸多方面因素的分析,以质量问题的个数和质量问题发生的频率为两个相关的标志进行定量的分析。先计算出每个服务质量问题在问题总体中所占的比重,然后按照一定的标准把质量问题分成A、B、C三类,以便找出对总体服务质量影响较大的一至两个关键性质量问题,并把它们纳入当前重点的质量控制与管理中去,从而实现有效的服务质量管理。

2.ABC分析法的步骤

（1）收集服务质量问题信息。

酒店可通过顾客意见书、投诉、网络评价等方式收集有关服务质量的信息。

（2）对收集到的有关质量问题的信息进行分类。

服务质量问题一般分为服务态度、服务技巧、语言水平、服务设施设备等类别。实施分类时,为了便于统一,可将一些出现次数较少的质量问题归为一类,类别不宜过多。分类完毕后,统计出每类质量问题出现的次数,并计算出每类质量问题在总问题中所占的百分比。

（3）作帕累托曲线图。

帕累托曲线图是有两条纵坐标的直角坐标图。横坐标轴是分类后的质量问题,其排列方法从左到右,按出现次数多少的顺序排列,记为 Q_1、Q_2、Q_3、Q_4。左边的纵坐标轴代表质量问题出现的次数。右边的纵坐标轴代表质量问题出现的频率(％)。

以每类质量问题出现的次数为纵坐标做直方图,按累计频率作帕累托曲线进行分类。一般的划分标准为:

A类:关键问题,一般累计频率百分数为0—70％;

B类:次要问题,一般累计频率百分数为70%—90%;

C类:一般问题,一般累计频率百分数为90%—100%。

上述标准不是绝对的,A、B、C三类划分的范围可根据实际情况稍作调整(见图7-1)。

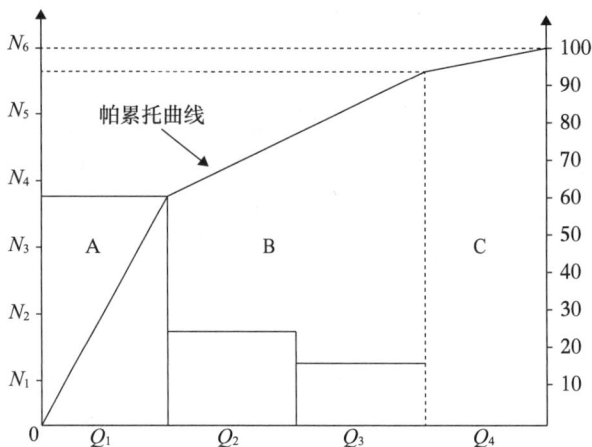

图7-1　ABC分类法

随后针对所绘的帕累托曲线图进行分析,找出主要质量问题(这类问题所包含的具体质量问题不宜过多,最好是一至两项)。

由图7-1可知,服务质量问题中,A类质量问题是主要问题,这类问题在服务质量问题总体中占了60%—80%。A类问题的个数虽然很少,仅Q_1一个问题,但这一问题却在服务质量问题总体中占了60%,说明Q_1是关键问题。如果该问题得以解决,则服务质量将有较大幅度的提高。因此管理人员对A类问题必须给予充分的重视。

B类质量问题属于次要问题,这类问题占服务质量问题总数的15%—20%,对于这类问题,管理人员应给予足够的重视,以防止其产生上升趋势。

C类质量问题是一般问题。虽然这类问题可能个数很多,但它只占服务质量问题总数的5%—15%,且往往带有较大的偶然性,管理人员只要提供一些防范或改进措施即可。

例:根据统计表(见表7-2)绘制帕累托曲线图(见图7-2)。

表7-2　服务质量问题统计表

质量问题	问题数量/(个)	比率/(%)	累计比率/(%)
菜肴质量	235	67.1	67.1
服务态度	62	17.7	84.8
外语水平	29	8.3	93.1
娱乐设施	17	4.9	98.0
其他	7	2.0	100.0
合计	350	100.0	100.0

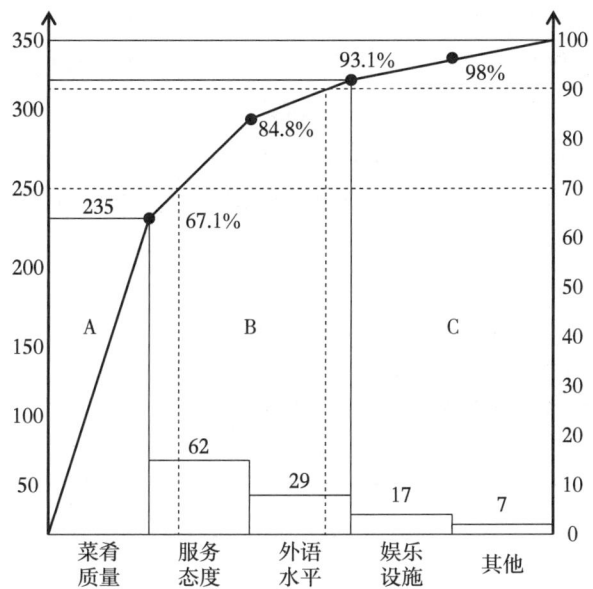

图7-2　帕累托曲线图

（二）因果分析图法

利用ABC分析法可以找出酒店存在的主要质量问题,而因果分析图法则可以找出这些主要质量问题产生的原因。

1.含义

因果分析图法是利用因果分析图对产生服务质量问题的原因进行分析的图解法。因果分析图形同鱼刺,因此又称为鱼刺图(见图7-3)。

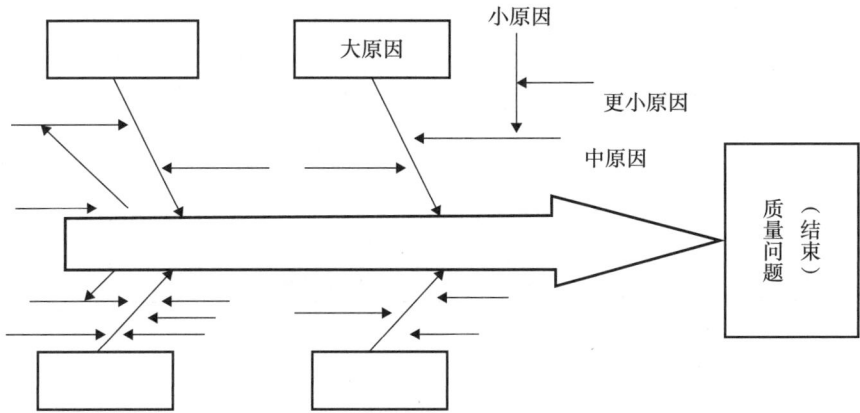

图7-3　因果分析图法

2.因果分析图法的分析过程

(1)确定分析的质量问题,即通过ABC分析法找出A类质量问题。

（2）分析 A 类质量问题产生的原因。发动酒店的全体员工共同分析，寻找 A 类质量问题产生的原因。找出各种原因后，进一步的分析，查明这些原因是怎样形成的。

（3）将找出的原因进行整理，按结果与原因之间的对照关系画出因果分析图。

例如，菜肴质量出现问题时，可以用鱼刺图分析产生质量问题的各种可能原因（见图 7-4），如菜肴规格不够、菜肴原料的替代品多、厨师缺乏培训导致技术不好、缺乏资料导致菜肴配料方法不好、厨房设备陈旧、厨房设备使用不当等。

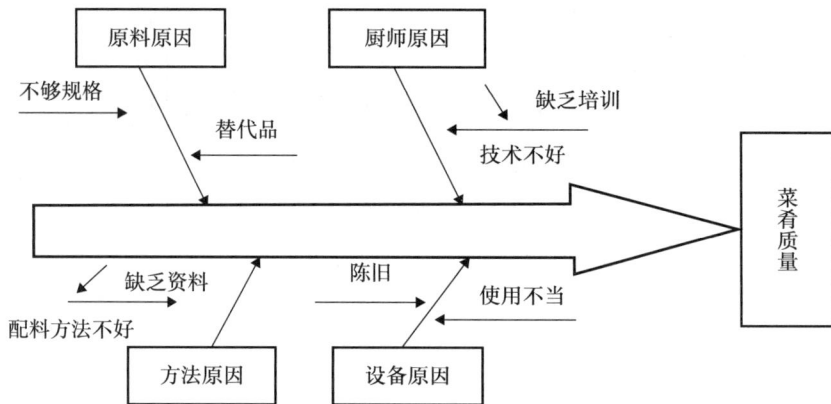

图 7-4　鱼刺图分析产生质量问题的原因

（三）对策表

对策表即措施计划表。用 ABC 分析法分析出主要质量问题，又经过因果分析图找出其产生的主要原因后，酒店管理人员可重点针对主要原因制定对策，即制定改进措施和计划。将这些措施和计划汇集成表，就形成对策表（见表 7-3）。

表 7-3　提高菜肴质量对策表

序号	问题	现状	对策	负责人	进度
1	原料不符合规格	菜肴外形不美观	1.制定采购规格标准；2.严格执行原料入库手续		
2	无标准菜谱	菜肴份额不均	1.制定标准菜谱；2.增设厨房配菜员		
3	技术水平低	菜肴花色单调	1.参加厨师等级培训；2.聘请特级厨师现场指导		

二、酒店全面质量管理方法

（一）PDCA 循环工作法

1.PDCA 循环工作法的概念和步骤

PDCA 循环工作法又称戴明环，是指计划、实施、检查、调整（处理）这四个阶段进行管理工作,并循环进行的一种科学管理方法。

PDCA循环工作法一方面使质量管理按照逻辑程序循环发展,避免质量管理产生波动性,另一方面它保证质量管理的系统性和完整性,提高了质量管理工作的深度和广度。PDCA循环转动的过程,就是质量管理活动开展和提高的过程。其步骤如下(见图7-5):

(1)计划阶段。

步骤1:对酒店服务质量或工作质量的现状进行分析,找出存在的质量问题,运用ABC分析法分析明确对服务质量影响最大的主要问题。

步骤2:运用因果分析法分析产生质量问题的原因。

步骤3:从分析出的所有原因中找出关键的原因。

步骤4:提出要解决的质量问题,确定解决问题要达到的目标和计划,提出解决该问题的具体措施、方法及责任人。

(2)实施阶段。

步骤5:按照已确定的目标、计划和措施执行。

(3)检查阶段。

步骤6:运用ABC分析法对酒店的质量情况进行分析,并将分析结果与步骤1中发现的质量问题进行对比,以检查在步骤4中提出的改进和提高质量的各种措施和方法的效果。同时,要检查在完成步骤5的过程中是否还存在其他问题。

(4)处理阶段。

步骤7:对已解决的质量问题提出巩固措施,以避免同一问题在每次循环中重复出现,同时应给予肯定,将解决措施标准化,即制定或修改服务标准或工作标准,制定或修改检查和考核标准以及各种相关的规程与规范。对已完成步骤5但未取得成效的质量问题要总结经验教训,提出防止这类问题再次发生的建议。

步骤8:提出步骤1中发现而尚未解决的其他质量问题,并将这些问题转入下一个循环中去求得解决,从而与下一循环的步骤衔接起来。

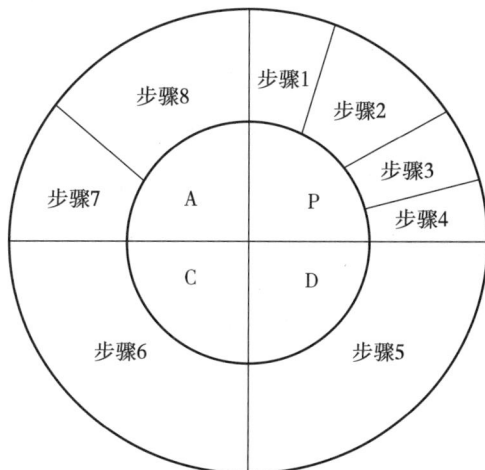

图7-5 PDCA循环工作法

2. PDCA 循环的特点

（1）大环套小环，小环保大环，相互联系，互相促进。

整个酒店循环是一个大环，各个部门则是大环中的小环。小环以大环为整体，是大环的分解和保证（见图7-6）。

（2）不断循环上升，永无止境。

PDCA四个阶段周而复始地循环，但不是在一个水平转动，而是每循环一次就会解决一批问题，质量水平就会有新的突破，就如上楼梯一样，每经过一次循环就登上一个新台阶，这样一步一步永无止境地上升提高（见图7-7）。

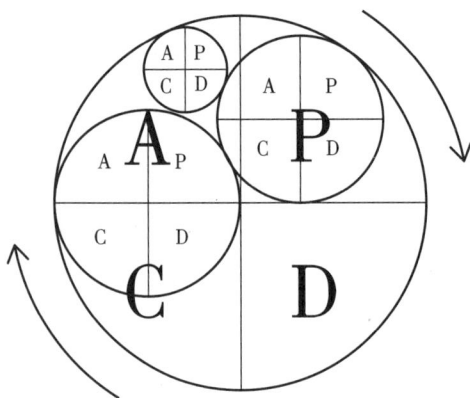

图7-6　PDCA循环的特点1

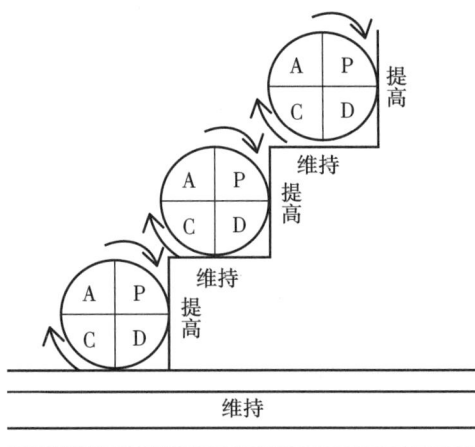

图7-7　PDCA循环的特点2

（3）强调管理的完整性。

PDCA管理是一种边计划边执行，边执行边检查，边检查边总结，边总结边改进的循环管理过程。

（二）QC小组法

1.QC小组法的概念

QC小组即质量管理小组，是指酒店的全体员工围绕酒店的组织目标和现存问题，以改进质量、降低消耗，提高经济效益、社会效益、生态环境效益和员工综合素质为目标而组织起来，运用酒店服务质量管理的理论和现代管理方法开展活动的组织。

酒店全面质量管理是要求全员参与的管理，通过开展多种形式的全员性质量管理，尤其是开展质量管理小组活动，可充分发挥全体员工的积极性、创造性，这是解决质量问题、提高质量管理水平的有效途径。

质量管理小组的机构设置如图7-8所示。

2. QC 小组法的实施步骤

（1）确定目标。

根据酒店发展过程中的薄弱环节以及顾客的服务需要，明确发展目标，使 QC 小组在开展工作过程中有方向、有重心。

（2）确定目标值。

根据所确定的目标，确定合理的目标值。目标值的确定要注意两个事项：

第一，将目标值定量化。首先，能够使小组成员有明确的努力方向，不至于漫无目的地工作；其次，有利于小组成员检查工作，对活动成果进行评价。

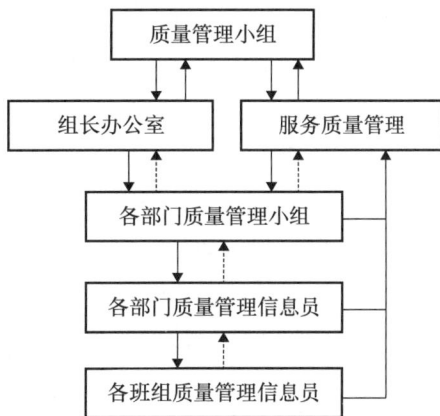

图7-8　质量管理小组的机构设置

第二，注重目标值实现的可能性。既要防止目标值定得过低，轻松实现目标，导致小组开展的活动缺乏意义，又要防止好高骛远，脱离实际，使目标值久攻不克，让小组成员丧失信心。

（3）调查现状。

收集大量资料，对酒店现有的服务质量水平进行认真的调查评估，调查评估过程中，必须保证数据来源的真实性，以真实地反映酒店的服务现状。

（4）分析原因。

酒店服务质量管理小组必须动员全体人员共同参与企业服务质量管理，针对酒店当前的服务水平及与优质酒店服务水平之间的差距，认真思考质量问题产生的原因及如何提高质量，综合运用多种质量分析方法，找出制约酒店服务质量水平提升的瓶颈。

（5）制定措施。

针对酒店服务问题产生的原因及制约服务提升的因素，制定相应的对策和改进措施。制定的措施必须具有可行性，并有相应的进度管理，加强预测与控制。

（6）按计划实施。

按照制订的计划措施认真贯彻执行，在实施过程中酒店必须随时把握实施的情况，并运用各种专业技术或组织管理措施灵活地解决计划实施过程中遇到的新问题，同时做好记录，以备查和反馈。

（7）检查实施效果。

酒店对计划实施的真实结果与当初计划制定的目标进行对比，看是否达到了预期目标，对未达到预期目标的行为要重新分析和调查原因。

（8）制定巩固措施。

达到目标并能够经得住3个月左右的考验，说明质量管理小组的该项任务已基本完成，酒店应将本次活动所制定的有效方法上升为标准，经过有关部门审定后纳入酒店相关的质

量管理标准和文件中去。

（9）处理遗留问题。

对此次酒店质量管理中遗留的问题要加以分析，并将需要进一步解决的问题备案，作为下一轮质量管理小组的工作任务，以继续研究解决问题的方案，探寻酒店服务质量管理提升的新途径。

（10）总结成果资料。

质量管理小组对本次质量管理活动要进行总结，分析本次质量管理活动的得失，总结成功的经验，吸取失败的教训，为下一轮的服务质量管理活动打下基础。

3. QC 小组法使用注意事项

QC 小组一次定的目标不宜太多，应集中精力解决重点问题。选择重点对象时，酒店应以如下原则为依据：

（1）影响最大或较大；

（2）耗费的人力、财力最少或较少；

（3）可在最短或较短的时间内解决。

具体情况具体对待，有时人力为第一要素，有时要考虑时间，有时要首先缩小影响等。如果刚刚试运行全面质量管理，成立 QC 小组的目的在于积累经验，则可选择难度较小的质量问题作为试点。

（三）ZD 管理法

1. ZD 管理法的含义

在服务质量管理中，有学者曾提出一种理论，即当顾客在消费过程中不满并投诉时，很多时候酒店通过高效的服务补救工作给顾客创造了比第一次就获取成功服务更高的满意度，甚至是惊喜。

然而事实上，当首次服务失败后，顾客在接受补救服务时，往往对服务质量的要求会远高于初次服务，即服务容忍区间会变得更小，因此酒店要想取悦顾客，在时间以及人财物的投入上，都需要付出更大的代价，而这在一定程度上违背了酒店的经济利益目标。因此酒店不应该把期望放在服务补救上，而是强调"第一次就把事情做对，尽可能避免错误"。这就是ZD 管理法，即零缺陷管理法，其含义包括以下三个方面。

（1）以无缺陷为管理目标。

酒店如果存在产品质量与服务上的缺陷，如需事后解决，成本会非常大，且处理时易对顾客造成伤害。因此提倡为顾客提供优质服务的同时，首先应加强事先防范，努力做到毫无差错地把产品和服务传递给顾客，通过提高产品与服务质量，减少事后的危机处理，最优的结果是零缺陷或免事后处理。

（2）让每位员工都成为主角。

酒店服务的生产和提供最终是靠员工尤其是一线员工完成的，为了将缺陷和差错降到最低,必须使酒店的每一位员工都认识到自己工作的意义和自身的价值所在,认识到自己工作的好坏是酒店全局工作的一部分,责任重大,应该成为推动酒店成功运营的主角,从而产生极大的热情、主动性和责任感。

（3）充分运用激励因素,挖掘人的内在潜力。

实施 ZD 管理法,酒店应充分运用激励因素,强调每个员工做好本职工作的意义,激发他们的热情、勇气、创造性和责任感,挖掘人的内在潜力。

2. ZD 管理法的特点

（1）目标性。

ZD 管理的目标就是尽可能减少酒店服务质量管理中的缺点和差错,努力做到无差错地将最优服务传递给顾客,让酒店服务产品的提供朝着"零缺陷"的方向发展。ZD 管理法的目标性要求酒店组织必须根据既定目标做好服务前的预防工作和服务中的控制工作,尽量避免对服务出现差错后的善后处理,因为服务问题一旦产生,即使采取补救措施能够弥补一定的经济损失,或给顾客一定的经济补偿,但却难以弥补顾客的精神损失,从而使酒店的声誉和品牌受损。

（2）全员参与性。

任何管理活动都需要全体员工积极参与,为组织的发展出谋划策,贡献力量。ZD 管理也一样,离不开酒店每一位员工的共同努力,每一个成员,不管是决策层、管理层还是基层员工,都是酒店实现零缺陷管理的缔造者。因此,酒店组织应当采取激励政策,充分调动全体员工的积极性与参与性,让每一个员工都全身心地投身于本职工作之中,营造零缺陷的服务环境,推动酒店服务质量不断提升与改善,为顾客提供高质量酒店接待服务。

（3）前瞻性。

若要将管理工作的失误降至最低,甚至零缺陷,管理者应具有前瞻性管理思维模式,对任何事情做到未雨绸缪,防患于未然。在酒店服务质量管理中,要在为顾客提供服务产品前就做好应有的准备工作,做到一丝不苟,保证服务过程的顺畅,甚至能为顾客提供超过对酒店期望值的服务。

（4）整体性。

酒店服务质量管理要求将服务工作做到尽善尽美,就必须以整体性管理方式加强对酒店服务质量工作的管理。管理者应当树立全局观念,整体把控服务产品的所有环节,加强对每一环节服务质量的监督,避免因某一环节出错而影响全局,给顾客留下不好的印象,降低顾客对酒店的满意度。

（5）一次性。

一次性指通过一次完美服务而使顾客获得终生难忘的体验。这既是酒店服务质量管理的长远目标,也是酒店组织要求员工所需具备的职业素养。每位员工要一次性做好各项工作,做到百分之百让游客满意,拒绝服务过程中犯错误,而给顾客和组织带来损失。这要求酒店员工具有非常高的职业素养,能够高效、优质地完成酒店接待工作。因此,组织应当给

员工提供专业培训机会,使酒店服务产品质量得到保证。

3.ZD管理法的工作程序

与PDCA循环类似,ZD管理法的工作程序也包括目标的确定、计划的制订、小组活动的开展和最终效果的考核。

（1）确定管理目标。

这是酒店ZD管理的指导思想,通过明确ZD管理的目标和意义,强化酒店全体员工质量管理的思想和认识,转变服务质量管理观念,确定管理目标,动员全员参与。

（2）制订管理计划。

制订ZD管理计划的目的是实现ZD管理目标。管理计划的制订有以下几个原则：①立足酒店服务质量当中存在的问题而展开,使计划具有针对性;②保证计划的可行性与可操作性,确保计划实施过程中的无障碍性③明确ZD管理的具体任务和要解决的问题,制定出详尽的工作步骤。

（3）开展小组活动。

ZD管理需要酒店全体员工的共同参与和维护。在整个管理过程中,可将酒店全体员工按照一定的工作需要分成若干个活动小组,明确每个小组的具体工作任务与工作目标,将任务下达至小组内的每个成员,采取一定的奖励政策,激发每一个员工的工作热情。充分发挥小组成员的能动性,让其成为工作中的主角。小组组长要起到监督的作用,随时关心并做好检查、考核工作。

（4）考核最终效果。

ZD管理效果考核就是将酒店通过ZD管理后的服务质量改善效果与之前的服务质量效果相比较,同时比较结果与目标的接近程度。ZD管理效果考核的内容包括以下几个方面：①ZD管理活动的开展是否顺利;②每一个员工在工作过程中是否做到了零失误,顾客是否零投诉;③管理活动实施后,员工的工作热情、工作动机是否提高,全体部门的组织凝聚力是否增强;④全行业的各方效益是否得到提高。

第四节　酒店服务质量的检查与控制

一、酒店服务质量的检查

（一）酒店服务质量的调查方法

1.交易调查

在员工每次服务工作结束后调查顾客的满意程度,收集顾客的反馈。

2. 暗查

调研人员以顾客身份接受服务,评估服务质量。酒店往往会定期采用这类调查方法,检查员工的服务行为。这类调查方法的局限性是暗查人员难免主观判断,暗查人员和顾客的看法可能不同,暗查费用较高,还可能会伤害员工的自尊心。

3. 新顾客与流失顾客调查

调查新顾客选购本酒店服务、老顾客在本酒店消费额减少以及流失的顾客不再购买本酒店服务的原因。酒店应识别每位顾客,长期记录其情况,才能持久地采用这类调查方法。

4. 服务实绩评论

定期走访一批顾客,了解顾客对本酒店服务的期望和评价。

5. 顾客投诉、评论和问询记录

酒店记录顾客投诉、评论和问询情况,通过分类整理,可发现最常见的服务差错。

6. 整个市场调查

调查本酒店竞争对手的顾客,对本酒店服务的全面评价。

7. 员工现场报告

采用正式的程序收集、分类整理员工从服务现场获得的信息,以便管理人员了解顾客对本酒店服务的期望和评价。

8. 员工调查

员工直接为顾客服务,了解本酒店服务质量问题产生的根本原因,能为改进服务工作提出许多宝贵的意见。

9. 经营数据记录系统

酒店记录、分类、整理、分发服务差错率、员工回应顾客要求的时间、服务费用等经营实际数据,监控服务实绩,以便采取必要的措施,改进酒店经营实绩。

(二)酒店服务质量的检查方式

1. 例行检查

例行检查是按照既定的时间、内容和标准对本酒店进行的全方位质量检查,也称明查。例行检查必须以酒店质量标准为依据,检查内容既包括硬件服务质量也包括软件服务质量。例行检查必须坚持经常化、制度化,要严格按标准检查,检查要认真细致,发现问题要及时记录并责令有关部门解决。

2. 抽查

抽查是事前不作任何通知的检查,一般不像例行检查那么正规,它以检查人员少、内容重点突出、手法灵活多变为特点。抽查重点在与顾客接触多、容易引起投诉的部门,如前厅

部的行李部、接待部、商务中心;餐饮部的餐厅、厨房和酒吧;客房部的房务卫生、低值易耗品的品种与质量等。检查时一般只通知有关部门领导到场,当时发现问题当时解决,并将抽查情况及时向有关部门通报。

3.夜查

第一,夜查时间一般在凌晨三点较为合适,检查以酒店要害部门为主,如电话总机房、配电室、紧急发电机房、消防中心等。第二,要检查涉及顾客与酒店安全的设施设备,如消防通道是否畅通,应急照明是否灵光、指示灯箱是否完好,消防隐患是否排除等。第三,要检查酒店内的库房门、橱柜门、通道门,该上锁的是否已锁上。第四,要检查顾客安全情况和停车场情况。第五,要着重检查夜班当值人员的值岗情况,是否有睡觉和脱岗现象。

4.暗访

暗访是质量检查中最为有效的手段,它不仅能发现顾客对服务的各种问题,还能对酒店管理水平做出客观的评价。暗访一般都是选择一位颇有经验的内行人,以普通顾客的身份入住酒店,按事前约定,店方不向任何人透露暗访信息,员工也不认识检查员,一切检查都在秘密中进行。暗访员可按一般顾客住店程序进行检查,包括预订、接站、车务、行李服务、总台登记、送入客房,以及餐厅、娱乐、美容、桑拿等多项活动程序、标准的操作技能技巧的考核,其中还要设置服务难题来考查员工的应变能力,最后要根据每一项服务环节的操作实况做出文字评价,并提出改进意见。

5.专项检查

专项检查是针对某个具体的服务内容进行的检查活动。它主要包括三个部分:第一,按部门检查,比如前厅部、客房部、餐饮部等,专门了解该部门在对客服务过程中标准化、规范化、程序化的落实情况,是否真正达到质量标准,还存在哪些问题;第二,按专题检查,诸如服务态度、仪表仪容、饮食卫生、食品质量、设施设备、消防安全等,这种检查宜严、细、深,以了解服务中深层次问题;第三,根据特殊需要检查,如节假日前后的安全检查,重大活动的准备工作检查等。

二、酒店服务质量控制

酒店服务质量控制是指采用一定的标准和措施来监督和衡量服务质量管理的实施和完成情况,并随时纠正服务质量管理目标的实现路径。酒店服务质量控制包括服务信息管理、服务机制建设和服务现场控制三个方面的内容。

(一)服务信息管理

1.顾客信息

顾客信息是酒店服务管理的主要工作内容。顾客信息的内容包括身份信息、需求信息、贡献信息和价值信息等。其中,顾客贡献信息最为重要,指的是某一顾客的消费净额占酒店全体顾客的百分比,比率越大说明贡献越高。顾客信息是酒店建立客史档案的基础。在现实中,绝大多数酒店的利润是由少数的顾客贡献的。所以,酒店应重点收集、管理这部分顾客的信息。

2. 运行信息

酒店服务在提供过程中,会涉及整个管理系统和服务流程的运行,包括服务人员、服务部门、服务设施、服务模式、服务环境等多个方面,还包括各种突发事件、顾客意见、现场管理等方面的内容。这些方面的服务运行信息必须及时记录、科学管理,以便形成酒店的知识财富。良好的酒店服务运行信息管理最终有助于提高酒店服务质量和顾客满意度,从而赢得更多的忠诚顾客,实现酒店的经营目标。

3. 服务档案

服务档案是酒店服务信息管理的重要内容,也是酒店进行质量管理的一项重要基础工作。服务档案按照接待流程可分为服务前、服务过程中和服务后三种档案;按照内容可分为常规客史档案、重大服务活动档案、优质服务典型案例档案、投诉及服务事故档案、服务设备档案以及国内外同行业的服务质量信息档案等。服务档案还应包括服务差错率、员工响应时间、服务费用等具体内容,以便监督控制和改进服务质量。

(二)服务机制建设

1. 服务管理机制

酒店服务质量涉及对各类人员和物资的管理,有必要建立科学、严谨的服务管理机制。酒店服务管理机制的建设必须遵循目标明确、层级管理、分工协作、责权统一和高效精简的原则。酒店服务管理机制可以采取多种形式,如设立以总经理为首的服务质量管理领导机构,各部门根据业务特点、范围建立服务质量管理小组,或设立专职的服务质量管理部门等。酒店服务质量管理无论采取哪种管理机制,都应根据自身的具体情况而定,不可盲目效仿。

2. 服务预警机制

酒店服务预警是指酒店针对国家政策环境、市场变化、社会突发事件等外部环境,通过对一定时间段、一定服务区域内的服务质量指标的监测工作,对酒店服务危机隐患进行预测、诊断、预防和引导,从而使服务效果得到提升的管理活动。酒店服务预警系统包括预警信息搜集子系统、信息分析与评估子系统、预测子系统、危机警报子系统和危机处理子系统等。

3. 服务运行机制

酒店服务运行机制是指在酒店服务系统中,各服务功能、程序、要素之间彼此依存、有机结合、相互作用、自动调节所形成的内在关联和运行方式的过程,其主要目标是控制接待顾客过程中的服务质量。酒店服务运行机制的具体工作包括岗位人员控制、设备物品质量控

制、关键环节质量控制、服务方式变更控制、环境的质量控制等内容。

4.服务补救机制

酒店服务补救机制就是酒店为了重新赢得因服务失败而失去的顾客好感而采取的一系列管理过程,包括发现服务失误、分析失误、解决失误等措施和步骤。

（三）服务现场控制

服务现场是指服务的具体场所和具体服务过程,服务现场是酒店服务质量得到最终体现的场所,服务质量的偏差往往是一瞬间发生的,有些偏差需要立即纠正,因此酒店必须加强服务现场的控制。各级管理人员要尽可能深入第一线去发现质量问题,及时处理。

第五节　酒店服务质量提升路径

一、树立正确的服务观念

（一）优质服务赢得顾客

酒店是企业,若想获得可观的经济效益,就必须通过提供优质服务来赢得市场,并建立起顾客对酒店企业持久的忠诚。这是由酒店所提供产品的特性所决定的。酒店产品是由有形的设施和无形的服务组成的,而酒店服务具有无形性、不可储存性、差异性、生产与销售的同时性等特点。这就使得酒店的服务质量成为酒店的生命线,只有提供优质服务,才能获得更好的生存和发展。

（二）酒店服务质量与人的因素密切相关

酒店员工是酒店服务的提供者,员工素质直接影响到酒店的服务质量。任何个人的服务质量在顾客面前往往表现为酒店的整体质量,酒店的整体质量必须通过每一个人良好的服务行为提供保证。因此,在明确分工的同时,必须让每一个员工明确"人人为酒店质量承担责任"的道理。也就是说,或许某个失误或差错并未出现在你的岗位上,不属于你的责任,但从客人角度并不这样认为。每个员工都有维护酒店整体形象的义务,因此,我们必须充分重视员工在酒店服务中的作用,加强员工培训,培养他们的工作责任心、团体协作精神和业务技能,不断提高员工的整体素质,并采取有效的激励手段,激发他们的服务热情、潜力和才能,为顾客提供优质的服务。

二、了解顾客的需求

了解顾客的需求,是做好酒店服务的前提。顾客的需求具有多样性和层次性。顾客的需求就好像是一座海上漂浮的冰山,大约只有1/10是看得见的,即"外显需求",9/10是淹没在水下无法看到的部分,即"隐性需求"。这就要求酒店工作人员通过深入的调查和研究,了解顾客的需求(外显需求和隐性需求)及其差异,加强满足顾客需求的工作,有针对性地提供相应的服务,才能在更大程度满足顾客各种需求的基础上,创造优质的服务品牌。

顾客对酒店服务的需求可粗略地分为物质需求和精神需求两大类。物质需求是指顾客期望酒店对他们提供能使他们感到安全、方便、温馨与生理满足的各种实物。酒店的建筑、装潢与陈设、客房设施、餐饮等部门的设施与实物产品都是满足顾客物质需求的服务产品。精神需求是指顾客希望酒店为他们提供温馨、舒适的环境和亲切友好的服务,使他们的精神得到愉悦等各种非物质需求。例如,酒店提供微笑服务、感情服务等都是为满足客人精神需求而提供的服务。从酒店的服务特性分析,顾客的需求主要表现为以下方面。

（一）安全与卫生的需求

安全是顾客最基本也是最重要的需求。不论酒店各方面的工作做得多好,安全出了问题都会前功尽弃。酒店应认真做好安全保卫工作,要培育全体员工的安全意识,加强消防与安全培训,完善安全设施,健全安全管理制度,加强酒店安全管理,切实有效地做好防火、防盗、防意外事故工作,确保客人生命财产和酒店的安全。此外,顾客外出旅行往往对安全格外敏感,酒店应在环境上营造一种安全的氛围,给顾客以心理上的安全感。

清洁卫生是顾客的普遍需求,也是顾客选择酒店的一个主要因素。卫生状况不仅直接关系到顾客的身体健康,而且也关系到酒店的声誉和经济效益。酒店必须一丝不苟地做好清洁卫生工作,既要在外观上做到窗明几净,一尘不染,又要做好内在的卫生工作,按照卫生防疫部门的检测标准,严格消毒、规范操作,有效地防止酒店内的病菌滋生和传播,确保客人的身体健康。

（二）功能完善、方便舒适的需求

顾客普遍希望得到功能完善、方便舒适的服务产品,这就需要酒店做到建筑结构布局合理、服务设施完善、服务项目齐全、服务水准高超,使顾客足不出户就能得到食、住、行、游、购、娱、信息服务等方面的优质服务。酒店应设身处地为客人着想,为顾客提供便利的服务。服务人员应善于察言观色,发现顾客的需求,不失时机地为顾客提供恰到好处的服务,使顾客时时、处处感受到方便和舒适,从而不断提高顾客感知的服务质量。

（三）时效的需求

一般来说,身处异地的顾客本身时间较紧张并容易产生焦躁情绪,尤其是延时、误点往往会使客人增加烦恼,因而酒店服务一定要讲究时效。酒店服务效率有三类:一是用工时定额表示的固定服务效率,如打扫一间客房的工时、做床工时、宴会摆台工时等;二是用时限表示的服务效率,如总台登记入住每人不超过三分钟,电话铃响不超过三声接听电话等;三是有时间概念,但没有明确的时限规定,是靠顾客的感觉来衡量的效率,如在餐厅点菜后多长时间上菜,通知加床或提供某种服务后多少时间完成等。服务效率不仅是服务质量的组成部分,还直接影响酒店的效益。酒店应加强时间管理观念,提高内部工作和对客服务效率,

这也是提高酒店质量和效益的一项重要举措。

（四）文明的需求

客人要求入住的酒店提供一个文明的环境，它既包括员工的文明行为，也包括活动环境的整洁、舒适。文明往往是一种总体印象的感受，这种印象又是由许多细小环节组成的，因此需要酒店员工重视服务细节，研究礼貌、文明待客。满足文明需求主要从两方面着手：一方面是通过管理制度和服务规范的严格制约；另一方面是努力提高服务人员自身的文化素养。在一定程度上，后者有时比前者更重要，因为前者只是被动的，而后者则是自觉的行动。

（五）理解与尊重的需求

顾客希望员工充分理解他们，包括理解顾客的语言、心理、脾气、性格和习惯。同时，顾客普遍希望得到尊重，酒店员工整洁的仪容仪表、热情周到的服务态度都是尊重客人的表现。酒店员工应尊重每一位顾客，不论国籍、种族、肤色、年龄、性别、职业、社会地位、经济状况如何，每位顾客都应受到酒店的尊重。对顾客的尊重还应体现在每一个服务节点上，使顾客得到全方位的尊重。

（六）感情的需求

顾客希望酒店向他们提供的优质服务，应包括让他们感到亲切、温馨的感情。顾客不仅喜爱听到员工殷勤的招呼，还希望体会到员工的热情周到。这就要求酒店员工在对客服务过程中有充分的情感投入，与顾客进行感情交流，用"心"去为顾客服务，为顾客送去酒店的热情和温馨。

（七）物有所值的需求

顾客普遍希望得到质价相符的产品和服务，甚至希望物超所值。满足顾客"物有所值"需求应从两个方面着手：一是制定合适的价格，二是提供与价值相当或超过价值的产品质量。当然，顾客的价值观念是各不相同的，酒店应在理解顾客价值观念的基础上，为他们提供令其满意的产品和服务。既可以降低成本使产品价格保持在一个较低水准上，来满足一部分低消费客人的需求，又可以通过提供优质优价的产品和服务满足一部分顾客追求高消费、讲究做派等精神需求，还可以提供多层次、多品种的服务产品，给顾客较大的选择余地，使其"物有所值"的需求得到满足。

（八）个性需求

个性需求是酒店顾客对优质服务的普遍需求。然而，不同的顾客会有不同的需求，尤其是高档酒店，有个性需求的顾客比例较大，他们认为高档酒店应能满足他们的特别需求。酒店应针对顾客的个性需求，提供个性化服务，尽量使客人需求达到最大程度的满足。

三、强化培训，提高员工素质

在激烈的市场竞争中，培训成为提高服务产品质量，增强酒店竞争实力的重要手段。酒店应高度重视培训工作,把培训作为酒店管理的一项重要工作来抓。

（一）培训工作具体要求

1. 提高认识,更新观念

酒店应认识到,培训是提高酒店员工素质和服务质量的关键,培训是一项重要的投资,有利于增加酒店的人力资本和知识资本,提高酒店的收益,酒店总经理是天然的总培训师,应亲自参与酒店的培训、指导和监督工作,酒店的其他管理者也是培训师,需共同关心和参与酒店的培训工作。

2. 把握重点,注重实效

酒店培训应突出针对性、实用性和速成性,要将标准化与个性化训练相结合,系统培训与零散培训相结合,培训方式要体现积极参与、经验共享的原则,要将店内培训与店外培训相结合,本店培训与外请培训相结合,要把与人打交道作为培训的重点,要将培训与员工个人的发展和酒店组织的发展有机结合起来。

3. 内容丰富,方法多样

不仅要重视职业技能培训,还要重视职业道德、职业知识、职业态度、职业习惯的培训。员工培训要由技能型向素质型转变,管理培训要由管理型向经营管理型转变,培训方法要灵活多样。常采用的培训方法有:讲授法、研讨法、案例分析法、交叉培训法、职务轮换法等。

4. 紧抓规范,形成制度

加强培训的计划性,克服随意性,健全培训制度规范,使酒店培训成为经常性、长期性、制度化、规范化的工作。

5. 善于激励,有效评估

要采取有效的激励手段,激发全体员工参与培训的积极性,并通过有效的评估手段和评估体系培训效果,以不断促进培训工作取得成效。

（二）员工素质提升

通过培训,努力使员工的整体素质不断得到提高。力求使员工做到:

（1）热爱自己的工作,具有诚实正直的品德,遵守酒店的规章制度和纪律。

（2）具备一定的文化知识和较强的语言表达水平。

（3）善于交际并懂得礼貌礼节,讲究个人卫生。

（4）具有良好的服务意识,态度热情主动,善于微笑。

（5）具有娴熟的服务技能技巧。

（6）具有较强的应变能力。

四、推行标准化服务

标准化是指在经济、技术、科学、管理等社会实践中,对重复性事物和概念,通过制定、发

布和实施标准达到统一,以获得最佳秩序和社会效益。在酒店服务过程中,由于存在大量重复性的劳动,所以很有必要推行服务的标准化。酒店实施标准化服务有利于克服服务工作的重复、交叉,建立最佳秩序,可以稳定和提高服务质量,提高员工素质,实现科学管理,提高管理效率,有利于保护消费者利益,控制酒店成本,提高经济效益和竞争能力。酒店在推行标准化服务过程的注意事项如下。

1. 酒店服务标准化应具有科学性

酒店的各项标准必须以科学、技术和实践经验的综合成果为基础,把标准的目标定在一个合理的水平上。既要有科学的定性标准,又要尽可能有科学的定量标准。

2. 酒店服务标准应具有严密性

在酒店运转的每一个环节都要有明确、详细的标准,否则容易出现管理或服务的"真空地带"及相互扯皮的现象。

3. 酒店服务标准的协调一致性

酒店服务标准应与各方面的标准与利益相协调。例如,客房内用旧了的毛巾可改作抹布,应重复利用。但必须改成不同的规格或染成不同的颜色,以避免客人的误解,影响客房服务的效果。

4. 酒店服务标准应实用,具有可操作性

酒店服务标准要切合酒店的实际,简便可行,易于操作。

5. 酒店服务标准应具有经济性

酒店服务中不能因标准的实施而大幅度增加成本,减少收益。

6. 建立健全酒店服务标准体系

酒店要加强服务标准化管理,确保酒店服务的规范、有序和质量水准。

五、坚持多样化与个性化服务

标准化服务能够满足大多数客人重复性的一般要求,但却无法满足部分客人特殊的个别要求。现在旅游者越来越重视个人意志,对酒店服务的需求越来越趋向于个性化、多样化,这就需要酒店在大力推行标准化服务的同时,积极提供多样化、个性化服务。

(一)超常服务

超常服务是指超出常规的方式为满足顾客偶然的、个别的、特殊的需求而提供的例外服务。超常服务是超出客人的期望,给客人一份意想不到的惊喜,最容易给客人留下美好的印象,也容易赢得客人对酒店的青睐。

(二)整体服务与补位服务

酒店服务是一个整体,任何部门、环节或服务人员不良的服务行为,都会影响酒店服务的整体质量。客人往往习惯于用最低质量评价原理(用公式表示为$100-1\leqslant0$或$100-1\neq$

99)来评价酒店服务产品。因此,全体员工必须清楚地意识到,自己的服务绝不是个人行为,而是作为酒店的代表,不管在任何岗位,碰到任何问题,都必须站在酒店的整体立场满足顾客的需求,要加强部门之间、员工之间的密切配合,通过共同的努力,确保服务质量在整体上达到最佳。

在服务过程中,一般不可避免地会出现服务疏漏、服务不及时、不当或不周到之处。服务人员应有很强的补位意识,及时弥补服务的不足,使客人的需求得到满足。要做到补位服务,必须使酒店各部门和每一位员工都具有整体意识和主人公精神,加强相互之间的理解、支持和协作,加强交叉换位培训,增强员工之间的理解和补位意识与补位能力。培训员工善于发现客人需求和服务问题的能力,服务员应善于用发现的眼光去观察服务区域,寻找服务对象,及时发现服务需求和存在的服务问题,及时补位服务,使酒店服务质量得到进一步提升。

（三）微笑服务

微笑是一种特殊的情绪语言,对顾客笑脸相迎,并将微笑体现在接待服务的全过程,有利于改善服务态度,提高服务质量。酒店服务人员应给顾客流露出发自内心的、自然的、真诚的、带有感情色彩的暖人微笑,才能让客人在感受到热情、美好的服务的基础上,对酒店露出满意的微笑。

（四）细节服务

顾客到酒店消费,寻求的不仅仅是各种物质产品,更重要的是希望享受到轻松的氛围、惬意的回忆、体贴的照顾。这就要求酒店员工能从客人的角度出发考虑问题,根据他们的不同需求提供有针对性的细微服务。细微服务往往体现了酒店的文化,反映酒店的服务水准。

185

（五）超前服务

超前服务是指服务人员善于急客人所急,想客人所想,往往在顾客提出要求之前,就满足了顾客的需要,正因为其具有超前性,能给顾客带来更强烈的欢愉,甚至终生难忘。

（六）灵活服务

酒店的星级标准、规章制度和服务规范,只是解决了服务的技术标准和大致的行为规范问题,而服务对象是千差万别的,需求也是多种多样的,服务人员应在规范的基础上创造性地、灵活地处置各种意外情况,在客人心目中留下永久的印象。

（七）超值服务

超值服务是酒店员工在按照岗位规范和程序进行操作的同时,为客人提供超出其所付费用价值的服务。这种服务在许多时候是一种无形的,但又是收效极好的感情投资,它倾注着员工对客人的尊敬,对客人利益的关心和对本职工作的自豪,常给客人出乎意料的满足和愉快。

课后练习

1. 简述酒店服务质量的内涵及特性。
2. 试述酒店服务质量的主要内容。
3. 简述酒店服务质量管理方法。
4. 试述酒店服务质量检查与控制。
5. 试述酒店服务质量分析方法。

参考答案

案例分析

埃德·詹宁斯从来没有去过超级十号套房酒店，这次他为商务推销来到了其所在地，决定入住超级十号套房酒店。当然让他心动的主要原因是那份服务承诺。虽说埃德见过大场面，那份服务承诺也没有什么独到之处，但这已经足够让埃德感到欣慰。那份承诺内容如下：

"先试了，觉得满意再付钱。我们承诺您的客房将一尘不染；在您入住之前我们将进行检查；保证一切准备就绪，一定让您称心如意。否则，您可以不付款！绝对没有问题。选择超级十号套房酒店实在是明智之举，因为它是最好的。"

当晚，埃德经过长途跋涉，来到超级十号套房酒店，这时他已十分困乏。登记好房间后，他准备马上休息。在去房间的路上埃德不禁四处打量。进了房间一看，一切并不如想象中的那般无可挑剔。客房虽说不脏，但也不干净。地上有纸屑，洗脸池里有头发，淋浴器上有霉斑。埃德心里有点失望，坐在椅子上，随手打开酒店免费送的饼干，慢慢吃起来，心里却在想是走还是住下来。

"嗯，也许再糟糕也不过如此，那么就将就将就吧。"

细节不必多说，情况糟糕得出乎意料。水龙头没有热水，床铺凹凸不平，空调半夜又坏了，更让人受不了的是，隔壁的孩子哭声震耳，害得埃德几个小时睡不着。第二天，埃德准备结账离去，他告诉服务员，按照酒店的承诺，他可以不必付款。那位服务员当然要问为什么，埃德向他一一解释自己所遇到的种种不愉快。

"你们在服务承诺中保证客房干净，使用前会经过你们的检查，但事实并非如此。洗脸池里有头发，地上有纸屑，淋浴器上有霉斑，你怎么解释？"

"不对吧，"服务员回答说："服务承诺上说的客房将会打扫，而他上个星期已经打扫过了。至于说检查嘛，那个房间正好是我检查的。"埃德问："你检查时就没看到房间那些脏东西、纸屑、头发、霉斑？"

"可服务承诺里并没有注明我应该看到或是不应该看到什么。它只是说客房必须经过检查。你还没有问到免费赠品呢,那包饼干就是我们所讲的免费赠品。"

"这倒是没错,"埃德接着说,"但是服务承诺上说明'绝对没有问题'"。

"难道你没有看到旁边的星号吗? 也没有看到底下那行小字吗?"服务员大惊小怪地问道,"那星号注明了下面的条款——如果你有问题,本服务条款承诺无效,这边上还有一个星号,您显然也没有看到,它说的是'本服务承诺及其内容的有效性仅适用于当晚的客房费用,而对其他服务或客人则皆不适用,本酒店的管理部门享有对服务承诺及其内容的唯一解释权'那么按照我们的理解,今天上午这儿归我负责,我有权对你及我的客人说,我们已经实现了我们的服务保证,而且还不止呢"。

埃德知道再争吵下去也没有用,只好作罢。再说他今天的事还多着呢。埃德只好付款,悻悻离去。

案例思考:

1.超级十号套房酒店的服务承诺有哪些不规范的地方? 请一一列举。

2.怎样提高酒店服务的可靠性?

第八章 →

酒店安全与公共关系危机管理

学习目标

1. 了解酒店安全管理的意义
2. 掌握酒店安全管理的特点
3. 掌握酒店安全管理的内容
4. 了解酒店安全管理的方法
5. 了解酒店公共关系危机管理的定义、分类
6. 了解酒店公共关系危机事件的基本特征
7. 掌握酒店公共关系危机事件的防范与处理

第一节　酒店安全管理

一、酒店安全管理的意义

酒店安全管理是指为了保障客人、员工的人身和财产安全以及酒店的财产安全而进行的计划、组织、指挥、协调、控制等一系列管理活动的总称。酒店安全管理工作的好坏,不仅直接关系到酒店的正常经营情况,而且也直接影响酒店的社会效益和经济效益的高低等。

（一）酒店安全管理直接关系到客人的满意程度

酒店需要完善的设施、齐全的项目、优良的服务来满足客人需要的同时,也要做好安全管理。从马斯洛需求层次来看,安全的需求是人类的最基本需求,只有满足了安全需求,其他的高层次需求才会有产生的可能。另一方面,从赫兹伯格的双因素理论来看,酒店的安全可以被归属为保健因素,即酒店能够提供安全的服务并

不一定会让客人感到满意,但是,如果酒店所提供的服务不能达到安全性的要求,客人一定会感到不满意。从酒店的本质来看,酒店是客人离开日常居住地后临时居住的场所,因此,保证客人的人身与财产安全是酒店管理中最基础的部分。

（二）酒店安全管理直接关系到酒店的社会效益与经济效益

酒店经营者有义务制定出保证客人安全的服务标准,具备能够保证客人安全的服务设施。酒店安全工作管理失误所造成的损失,不仅表现为直接的经济损失,如发生火灾、食物中毒的财产损失,赔偿费的支出等,而且更主要地表现为声誉的损失。如果酒店经营者因安全问题而面临投诉、索赔甚至承担法律责任,会严重影响酒店的社会效益和经济效益。所以,酒店必须确保酒店内所有人员及所有财产的安全。

（三）酒店安全管理直接关系到员工的满意及服务质量

酒店的安全管理包括对员工的人身、财产等方面的安全保障。良好的工作环境、安全的环境保障是赢得员工满意的基础,只有满意的员工才能为顾客提供满意的服务。

（四）酒店安全管理关系到酒店及接待地（国）的声誉和形象

优质的酒店安全管理是树立和提高酒店及其接待地（国）声誉、形象的有效手段之一,也是间接促进接待地（国）经济发展的重要途径。由于酒店接待的客人来自不同国家、不同地区,因此酒店不仅仅是一个服务企业,更是接待地（国）的形象窗口。

189

二、酒店安全管理的特点

（一）复杂性

现代酒店是一个公共场所,是一个消费场地,每天都有大量的人流、物流和信息流。人流中,有住客、有访客,也可能有寻机作案的犯罪分子,犯罪分子是不能从外表上明察和确认的;物流中既有客人与酒店、客人与客人、客人与外界的物流过程,也有服务过程所需要的物质流;信息流既包括文件流、数据流,也包括商务过程的洽谈、会议期间的报告和产品演示的商流。大量的人流、物流和信息流的存在造成了现代酒店安全管理的复杂性,这种复杂性在安全管理上表现为既要防火,又要防盗;既要保护客人的生命、财产安全,又要考虑客人的娱乐安全、饮食安全;还要考虑防暴力、防突变、防黄赌毒、防突发事件等。

（二）管理难度大

酒店安全管理以设施设备和安全措施为主要对象,而酒店的设施设备种类多、分布广,且属于各个不同部门,还有些设施设备直接供客人使用,安全部门不直接管理,这就给制定和落实安全措施带来了一定困难。

（三）广泛性

现代酒店安全管理不仅包括保障客人的人身、财产安全,而且包括保障客人的心理安全及员工和酒店的安全。首先,现代酒店安全管理涉及酒店各个工作岗位和每位员工,涉及每

个住店客人;其次,现代酒店安全管理范围除了酒店本身,还涉及酒店以外的区域范围,做好酒店内工作的同时,还要做好社会工作,与社会有关部门保持联系,尤其是公安、消防、卫生防疫等部门。

（四）强制性

酒店安全管理必须依据具有规范性和约束力的规章制度来实施安全管理办法与措施,违者则以行政、经济等手段进行处罚。只有健全、有力、高效的管理制度才能保证酒店经营的正常运行,才能使酒店获得经济效益与社会效益。

（五）全过程性

酒店接待设施需要常年不懈地进行安全管理。从酒店接待设施、每一服务产品的生产到客人的消费,从客人入住到离店的整个过程,都可能存在着安全管理的问题。

三、酒店安全管理的内容

酒店安全管理既包括安全宣传与教育,安全管理方针、政策、法规、条例的制定与实施,也包括安全防控管理措施的制定与安全保障体系的构建与运作,酒店安全管理的目的是防止火灾、犯罪活动和其他不安全事故的发生,保障客人、员工的人身和财产安全以及酒店自身的财产安全,保证酒店的正常经营。酒店安全管理主要涉及以下几个方面。

（一）宏观行业安全管理

宏观行业安全管理是指全国性、地区性的行业外部安全管理,由国家或地区制定相应的法规,设置专门的机构和人员,对全国酒店接待设施加以规范、管理,落实酒店接待设施的安全管理工作,从宏观上把握酒店业的行业安全。例如,通过《中华人民共和国治安管理处罚法》《中华人民共和国消防法》对酒店业的治安、消防等予以宏观管理,因此,行业安全管理在很大程度上体现为国家、地区的安全管理政策法规。

（二）微观行业安全管理

微观行业安全管理主要是指酒店企业根据国家的相应政策法规开展的企业内部安全管理。酒店企业内部的安全管理工作较为琐碎,难度较大,归纳起来主要包括安全管理规章制度、安全管理机构、安全设施设备、部门安全管理、防火管理、防盗管理以及其他安全管理等内容。

（三）保障客人的安全

保障客人的安全,是酒店安全管理的主要任务。一般来说,客人的安全主要体现在以下三个方面。

1. 保障客人的人身安全

保障客人的人身安全,就是保障客人的人身不受伤害。这是客人最原始、最起码的安全要求。造成客人人身伤害事故的因素主要有自然灾害、公共治安、酒店设施设备安装不当以及火灾、食物中毒等。其中有些是酒店自身无法控制的。

2.保障客人的财产安全

财产安全是指客人入住酒店后,随身所带的一切财物的安全,以及委托酒店代为保管的财物的安全。客人的财产损失一般来自火灾事故、盗窃案件和酒店工作中的差错等。

3.保障客人心理上的安全感

心理上的安全感就是客人入住后对酒店环境、设施、服务的一种信任感。有时,虽然客人的人身并未受到伤害,财产也没有损失,但客人却仍感到有不安全的威胁,存在一种不安全心理。这种不安全的心理主要表现在:一是设施设备安装不合理或不牢固,如电器设备噪声过大、餐厅地面不防滑等;二是服务人员服务不当,如进房间不敲门、随意乱动客人物品、不恰当的问询等;三是酒店气氛过于紧张,保安人员表情严肃、态度生硬;四是酒店缺乏必要的防盗和消防设施。

（四）保障员工的安全

保障员工的安全是酒店业务活动顺利进行并取得良好效益的基本保证,其主要内容如下。

1.保障员工的人身安全

保障员工的人身安全就是保障员工的身体健康,使员工的人身不受到伤害。一般说来,影响员工身体健康、造成人身伤亡事故的因素主要有三个方面:一是由于设备操作不当造成的工伤事故;二是由于劳动保护措施不当引起的各种疾病;三是客人中的个别不法分子无理取闹,致使员工受伤。

2.保障员工的合法权益

酒店为了正常运转,提高服务质量和经济效益,必须制定严格具体的规章制度。如有的酒店规定在任何情况下都不能和客人争吵,导致员工在工作中难免会受到各种委屈,所以作为酒店的管理者和安全部门,必须坚持依法办事,主持公道,保障员工的人身权利不受侵犯,人格不受侮辱。

（五）保障酒店安全

保障酒店的安全,首先表现在为了维护酒店的形象不受破坏而进行的一系列工作。如有的客人在公共场所酗酒、大声吵闹,或衣冠不整、行为举止不雅等,都会损害酒店的形象。对此,酒店的安保人员必须及时加以劝说或阻止。其次表现为保障酒店的财产不受损失,如配合财务部、大堂副理讨要欠款,预防和打击内偷外盗行为等。

四、酒店安全管理的方法

（一）建立有效的安全组织与安全网络

现代酒店安全管理工作通常是由专门成立的安保部负责,鉴于酒店安全管理的复杂性,

酒店的安全管理工作除由安保部具体负责外,还应根据酒店的特征,建立有效的安全组织与安全网络。

安全组织是酒店安全管理的组织,也是酒店安全计划、制度与安全管理措施的执行机构,负责酒店的安全与治安工作。酒店的安全组织一般有安全管理委员会、安全管理小组、治安协管小组和消防管理委员会。安全管理委员会由酒店高层领导、安保职能部门及其他部门经理组成,它的任务是指导安全管理工作的开展,确定酒店的安全管理计划、制度与安全管理措施,并督促其有效实施。安全管理小组由安保部负责,安保部一般设有多个专门小组负责酒店各专项、各部门的安全管理工作,其主要职责是协助酒店管理者制订、实施楼面的安全计划,将酒店的安全管理工作与酒店的整体管理工作统一、协调起来,使酒店安全管理计划在部门、各楼面得到有效的实施,对酒店员工开展安全教育,进行安全工作程序及技术训练,保证酒店内部各种安全设施设备始终处于良好的使用状态,组织开展酒店各部门安全管理工作的各项活动,指导酒店治安协管小组开展日常治安管理工作。治安协管小组由酒店各部门员工组成,协助部门安全管理小组实施部门安全计划,做好安全管理工作。消防管理委员会负责管理和领导酒店的消防管理工作,由酒店总经理任消防管理委员会主任,由酒店的房务部、安保部、工程部及相关部门的负责人共同组成。

酒店安全网络是旅游安全管理网络系统的一个子系统,与酒店各工作部门、各工作岗位的职责、任务相结合,贯穿酒店生产、服务全过程,一般包括酒店层网络、部门管理层网络和楼面服务层网络。酒店层网络是由酒店高层领导、安保职能部门及酒店其他部门经理组成的,对整个酒店安全管理负责任的工作网络。部门管理层网络是由酒店房务部、各楼层管理人员、酒店安保部分管各楼层安全管理的工作人员及相关部门(如工程部)人员组成,对酒店各楼层安全管理负责任的工作网络,它的任务是指导房务部、各楼层安全管理工作的开展,制订房务部、各楼层安全管理计划和安全管理制度并督促其有效实施;楼面服务层网络是由酒店楼面所有一线服务人员组成的安全工作网络,它的工作任务是把安全管理的内容、楼层安全管理计划和安全管理制度结合到自己的服务操作中,消除工作隐患,避免事故发生。

（二）制定科学的安全管理计划、制度与措施

科学的安全管理计划、制度和措施能将不安全问题防患于未然,避免酒店不安全问题的发生或减少发生的概率。酒店安全管理计划、制度与措施包括犯罪与盗窃控制计划与管理措施、防火安全计划与消防管理措施、常见安全事故的防范计划与管理措施。安全制度包括治安管理制度、消防管理制度等。

（三）紧急情况的应对与管理

紧急情况是指发生在酒店中的一些突发的、重大的不安全事件或事故。从安全角度看,酒店中容易发生的紧急情况一般有停电事故、客人违法事件、客人伤病事故等。加强对紧急情况引发因素的控制与管理,做好应对紧急情况发生的准备工作,是酒店安全管理的重要工作与任务。

第二节　酒店公共关系危机管理

一、酒店公共关系危机管理的定义

酒店企业与各种公众不可避免地会发生各种摩擦，产生冲突，酒店企业在内、外环境生存发展中不可避免地会遇到困难、挫折。这种摩擦、冲突、困难和挫折可能引发酒店公共关系危机事件。所谓酒店公共关系危机事件是指突然发生的严重损害酒店企业形象，甚至危及生命与财产安全，给酒店企业带来严重后果的重大事件和工作事故。自然发生的恶性事故、人为形成的工作事故、不利的社会舆论、公众的强烈指责以及对抗行为等都属于危机事件。这些危机事件会使酒店企业陷入巨大的舆论压力之中，小则失去公众的信任，大则失去基本市场，甚至危及企业的生存和发展。酒店公共关系危机管理是指对危机事件进行控制和管理，以防止和规避危机，使酒店企业和个人在危机中生存下来，并将危机造成的损害控制在最低程度。根据危机演变的时间过程，危机管理过程可分为危机预警与准备阶段、识别危机阶段、隔离危机阶段、管理危机阶段及危机后处理阶段。

二、酒店公共关系危机事件的分类

（一）形象危机

形象危机也称信誉危机、信任危机。酒店形象是酒店在长期的经营管理过程中，客人对产品和服务、环境和氛围以及企业文化等形成的整体印象和评价。良好的社会形象是酒店重要的无形资产，是酒店生存和发展的基础，树立良好的社会形象是酒店的战略计划和战略行为。如果酒店发生了比较严重的事件，如食物中毒、安全事故、违法经营等，很容易成为社会焦点问题。若处理不当，不仅会使酒店的社会形象受到损害，也会使酒店陷入危机，甚至难以经营。

（二）人事危机

酒店应在招工、用工、签订劳动合同、缴纳社会保险等方面严格遵守国家的相关法律、法规，随着社会的发展和员工法律意识的提高，员工的维权意识也在不断增强，一旦员工向社会和劳动保障部门投诉，劳动和社会保障部门必然要对违法违纪酒店进行惩处，从而给酒店造成人事危机，使员工对酒店产生信任危机。另外，酒店也要强化管理人员的培养和储备意识，制定有效的激励机制，否则容易造成管理人员流失，导致管理队伍断层，成为酒店潜在的危机。

（三）财务危机

财务危机产生的原因主要有高层经营决策不当，如投资新领域、扩大经营规模、增加经

营项目等;缺乏科学论证而盲目投资,致使酒店流动资金短缺,经营难以为继;酒店制度不健全、管理有漏洞,导致流动资金被私自挪用、被挥霍、被贪污等。

(四)财产危机

酒店在经营过程中,极有可能遇到不可抗力和意外事故,如地震、洪水、火灾以及员工人身事故等。若酒店没有采取规避自然灾害和意外事故的行为和措施,可能会给酒店造成财产危机。

(五)信息危机

信息危机是指由于对信息的保护和利用不当而给酒店造成的危机。一些酒店员工对保护酒店商业机密的认识和重视不够,把酒店的发展规划、投资意向提前泄露,被其他酒店抢先一步,还有的酒店员工对内部经营控制指标、经济协议内容等不加以保护,被其他酒店窃用、模仿等。这些行为都可能会使酒店工作陷入被动局面,或削弱酒店的竞争优势。另外,酒店不关注行业经营和管理的发展趋势,不注意吸取同行以及竞争对手的经验和教训,也会给酒店造成信息危机。

三、酒店公共关系危机事件的基本特征与产生原因

(一)酒店公共关系危机事件的基本特征

1.突发性

危机事件一般是一种突然爆发的、出乎意料的事件。有的酒店产品如果消费者使用不当也会出现问题,但是究竟何时何地何人会出现问题却是不可预见的。由于危机事件突然发生,酒店往往措手不及,给酒店造成很大的冲击和伤害。

2.严重性

危机事件会对酒店企业的形象造成严重的伤害,使酒店企业的社会地位和信誉迅速下降,造成酒店企业发展的障碍。在酒店企业内部,它会危害员工之间的团结,挫伤企业员工的积极性,涣散企业的凝聚力;在酒店企业外部,会给社会公众带来恐慌和损失,对社区甚至整个社会造成伤害。

3.敏感性

危机事件来势凶猛,冲击力大,容易成为社会舆论关注的焦点,伴随而来的强大社会压力,更成为危机事件处理中最为复杂棘手的问题。

4.普遍性

酒店企业作为与人打交道的服务性行业,直接与消费者接触,发生危机事件的概率较高。危机事件是趁你不注意时积累的灾难,酒店企业要加强危机意识,防患于未然。

（二）酒店公共关系危机事件发生的原因

酒店公共关系危机事件发生的时间、地点难以预料,涉及的范围有大有小,发生的原因也不尽相同。概括起来,可以把危机事件发生的原因分为两类,一类是酒店企业可以在事前、事后加以控制的内部原因;另一类是酒店企业难以控制的外部原因。

1. 内部原因

造成酒店企业公共关系危机事件的内部原因很多,归纳起来,主要有以下几个方面:

（1）管理不善。过度追求经济利益而置公众利益、社会利益于不顾,因而造成如食物中毒等严重事故。这类危机事件最易激起公愤,受到公众和社会舆论的强烈抨击,使酒店企业的形象受到极大的破坏。

（2）决策失误。如果酒店企业急功近利,对现实环境认识不清,其结果势必使企业受到挫折,出现危机。例如,由于市场定位不当、盲目扩大规模等诸多决策的失误,使酒店企业艰难经营,甚至倒闭破产,造成人、财、物的重大浪费。

（3）疏于沟通。由于酒店企业忽视与公众之间的信息交流,以取得公众谅解与支持为目的的信息发布不及时、缺乏针对性等,从而导致公众对酒店企业产生误会和隔阂,出现对酒店企业不利的社会舆论。

酒店企业内部原因导致的公共关系危机事件一般是可以控制的,应该积极处理,维护企业良好形象。

2. 外部原因

酒店行业一方面显示出强大的生命力,另一方面又有其脆弱性。许多不可抗的外部因素都可能会导致酒店公共关系危机事件发生。

（1）自然灾害。包括地震、恶劣气候、洪水、瘟疫、水灾等,这些自然事件是酒店企业难以预料的,都会使酒店企业蒙受重大损失。

（2）社会政治因素。包括国家政策逆转、战争、社会动乱、发生恐怖事件等,势必会危及酒店企业的经营活动,这些危机事件给一个国家和地区的旅游业造成巨大损失的同时,酒店业也将受到巨大损失。

（3）经济形势因素。包括本国经济发展状况、区域性经济发展状况和世界经济发展状况,特别是世界经济发展状况对酒店业的发展影响很大。

（4）人为的破坏。包括某些社会组织或个人采用不正当的竞争手段,如造谣、诽谤等,对酒店企业的破坏或发生于酒店企业内的破坏案件等。

外部原因引起的酒店企业危机事件是酒店企业自身无法控制的,一旦发生,应该主动及时地采取一切可能的措施进行挽救,尽量将损失降低到最低程度。

四、酒店公共关系危机事件的防范与处理

（一）酒店公共关系危机事件的防范

公共关系危机事件的发生虽有突发性、不可控制的一面，但是多数的危机事件还是可以预见的，在一定程度上是可以避免的，尤其是内部原因导致的危机事件。因此，酒店企业应树立危机意识，采取措施，制定防范危机、快速应对危机事件的规章制度。

1. 建立危机预警系统

一般而言，大多数危机事件都有一个潜伏期，期间总会有一些先兆表现出来。酒店企业建立危机预警系统可以及时发现危机的早期征兆，将危机事件消灭于萌芽状态。这就要求酒店企业公共关系部门经常分析和研究酒店企业的生产、经营、管理活动的一切环节，经常检查与相关公众具有业务联系部门的工作情况，及时向决策者通报所发现的问题，同时对社会舆论及公众的态度进行认真分析和研究，从中总结它的发展动向趋势。特别是要善于从各种信息中寻找容易引起危机事件的早期征兆，以便提前消除这些隐患，确保企业顺利发展。

2. 设立危机应对机构

尽管危机事件是酒店企业较少遇到的特殊状态，但是它有极大的危害性。酒店企业可以设立危机应对机构(或危机处理小组)，通过有效的工作，在有危机先兆的时候就防患于未然，一旦危机发生马上加以遏制，降低危机事件对酒店企业形象的损害程度。

危机小组应由企业中职位相对较高的管理者、专业人员及公共关系人员组成，他们在企业中有特殊的地位和身份，对企业和环境熟悉，可在危机处理时发挥最大功效。

3. 制定危机防范策略

酒店应针对潜在危机进行分类并评估其特点，然后确定应采取的对策。

对潜在危机进行分类鉴别，包括可能导致危机的现实环境、过去曾发生而且有可能再发生的危机、其他类似企业发生的危机。

要针对每种潜在危机的情况，明确分工责任，制定应对方案，让企业的全体员工熟悉防范方案；发现方案的不足时，及时修改调整，保证方案的可行性和有效性。

（二）公共关系危机事件的处理

酒店处理已发生的公共关系危机事件时，一是要争取得到公众谅解；二是借助社会压力刺激酒店企业自身加强经营管理，弥补缺陷，改正错误，树立企业担负社会责任的良好形象。

1. 公共关系危机事件的处理原则

酒店企业处理公共关系危机事件，应当遵循四条基本原则。

(1) 掌控信息权。

英国公共关系专家里杰斯特提出的处理危机信息3T原则如下：

一是"Tell your own tale"（以我为主提供情况），强调危机处理时企业应该牢牢掌握信息发布的主动权，信息的发布地、发布人都要从我出发，以此来增加信息的保真度，从而主导舆论，避免发生信息真空的情况。

二是"Tell it fast"（尽快提供情况），强调危机处理时企业应尽快不断地发布信息。

三是"Tell it all"（提供全部情况）强调信息发布应全面、真实。

（2）公众利益至上。

这是危机事件处理的核心原则。酒店企业要把公众利益放在第一位，一切计划措施都必须首先保障公众利益，只有保护公众利益不受到伤害，才会最终得到公众的支持，尽快化解危机。

（3）连续性。

酒店企业发生较大危机后，应该在直接处理有关事务的同时，连续不断地通过媒体向社会公众公布调查取证、事故原因、善后措施、改进方法等方面的信息，使公众对事件有一个客观、全面的了解，对企业采取支持的态度。

（4）补偿性。

如果因产品质量、环境污染等给消费者和社会公众带来人身伤害和经济损失，酒店企业不仅要承担道义上的责任，而且还要根据所造成的损失向受害者提供经济补偿和物质补偿，不能推卸责任。

2. 公共关系危机事件的处理措施

公共关系危机事件的处理措施有：①区分类型，快速反应；②保持镇定，果断处理；③坦诚沟通，真实传播。

导致危机事件发生的原因不同，危机事件的类型不同，酒店企业要根据不同诱因、不同情况选择不同的处理方法。在危机事件发生之后，酒店企业应保持镇定，全面了解事件的具体过程，尽快查清事件的真相，把握事件的前因后果，确定处理决策，立即实施有效的挽救措施，充分利用具有针对性和真实性的报道，加强与公众的沟通，及时发布事件真相，改善对企业的不利舆论环境。

课后练习

1. 简述酒店安全管理的特点和意义。

2. 试述酒店安全管理的内容。

3. 简述酒店公共关系危机管理的定义。

4. 试述酒店公共关系危机事件的防范与处理。

参考答案

案例分析

厨房间的火苗

某度假村的中餐厅,高朋满座,后厨间更是忙得不可开交,厨师们穿梭于厨房,为客人们提供精美的菜肴。厨师小林是负责烧腊间的,他将整治好的2只鸭、2只乳鸽和一大块腊肉挂进了烤箱。为了加快出菜的速度,他将木炭点着为烤箱加温,烤箱内温度在短时间急剧上升,食物受高温的影响,油脂不停地滴入烤箱的底部。当小林感觉食材烤得差不多的时候,打开了烤箱,这时意想不到的事情发生了,只听烤箱"嘭"的发出一声响,继而冒出一阵浓烟。坏了,着火了,小林顿时愣住了,只见烟雾越来越多,眼看火就要烧起来了。小林这才回过神来,慌忙去取灭火器,回到烧腊间时已是烟雾重重。小林吓得不敢向前,只是用灭火器远远对着烤箱喷了两下,以为火就能扑灭,不料竟然没有效果。再喷,还是不行。正在这时,收到烟感报警系统报警的消防员小江及时赶到,见状连忙接过灭火器,弯下腰,看清了烤箱的准确位置,对准烤箱的底部,距离2米左右喷射,火苗终于被扑灭了。

案例思考:

通过以上案例,思考酒店应如何做好安全管理。

参考文献
Bibliography

[1]　黄震方.饭店管理概论[M].北京:高等教育出版社,2001.

[2]　张利民,王素珍.饭店管理概论[M].北京:中国林业出版社,2007.

[3]　吕建中.现代旅游饭店管理[M].北京:中国旅游出版社,2004.

[4]　蒋丁新.饭店管理[M].3版.北京:高等教育出版社,2010.

[5]　李伟清.酒店运营管理[M].重庆:重庆大学出版社,2018.

[6]　蒋敬.现代酒店管理[M].重庆:重庆大学出版社,2023.

[7]　王丹鹤.酒店管理概论[M].北京:机械工业出版社,2022.

[8]　邓爱民,任斐.酒店管理[M].2版.北京:中国旅游出版社,2021.

[9]　李伟清,黄崎.酒店管理概论[M].北京:北京理工大学出版社,2021.

[10]　张瑜.新时期酒店管理理论与实务研究[M].长春:吉林科学技术出版社,2021.

[11]　韩茜.旅游市场发展与酒店管理研究[M].长春:吉林文史出版社,2021.

[12]　王唯.当代视域下酒店的管理与经营变革[M].长春:吉林大学出版社,2021.

[13]　吴本.中国中档饭店企业竞争力研究[M].上海:复旦大学出版社,2015.

[14]　李雪.酒店管理与营销研究[M].北京:现代出版社,2019.

[15]　唐秀丽.现代酒店管理概论[M].2版.重庆:重庆大学出版社,2018.

[16]　颜家楠.现代酒店管理与市场营销新拓展[M].北京:中国商业出版社,2023.

[17]　胡宇橙,李烨.酒店营销管理[M].重庆:重庆大学出版社,2016.

[18]　杨剑英,张亮明.市场营销学[M].5版.南京:南京大学出版社,2022.

[19]　廖钟迪.旅游市场营销[M].武汉:华中科技大学出版社,2020.

[20]　曹旭平.市场营销学[M].北京:人民邮电出版社,2017.

[21]　郭琰,孙靳.酒店管理[M].南京:东南大学出版社,2022.

[22]　刘伟.酒店管理[M].2版.北京:中国人民大学出版社,2018.

[23]　郑向敏.现代饭店管理[M].2版.北京:机械工业出版社,2011.

[24]　杨荫稚,陈为新.饭店业概述[M].天津:南开大学出版社,2009.

[25]　仇学琴.现代饭店经营管理[M].北京:北京师范大学出版社,2010.

[26]　李志刚.酒店人力资源管理[M].重庆:重庆大学出版社,2016.

[27]　徐斌,王一江,李萌.人力资源管理导论[M].北京:人民邮电出版社,2020.

[28]　吕惠明.人力资源管理[M].北京:九州出版社,2019.

[29] 赵中利，马彩凤．人力资源管理理论·实务·工具[M].2版．南京：南京大学出版社，2019.
[30] 杨红玲．人力资源管理理论与实践[M].昆明：云南人民出版社，2018.
[31] 黄建春．人力资源管理概论[M].重庆：重庆大学出版社，2020.
[32] 方振邦，邬定国．人力资源管理[M].北京：人民邮电出版社，2017.
[33] 范香花，黄红霞，冯小霞，蔡溢．中国旅游酒店业发展研究：案例与实证[M].成都：四川大学出版社，2018.
[34] 谢永健．酒店服务与管理心理实务[M].上海：复旦大学出版社，2018.
[35] 周三多，陈传明，龙静．管理学原理[M].3版．南京：南京大学出版社，2020.
[36] 谭蓓．市场营销策划[M].重庆：重庆大学出版社，2015.
[37] 韦福祥．服务营销[M].北京：人民邮电出版社，2014.
[38] 李彬，孙怡．酒店服务质量管理理论、实践与案例[M].北京：旅游教育出版社，2017.
[39] 邱萍．饭店质量管理[M].北京：科学出版社，2009.
[40] 傅贵．安全管理学——事故预防的行为控制方法[M].北京：科学出版社，2013.
[41] 罗云．现代安全管理[M].3版．北京：化学工业出版社，2016.
[42] 邹统钎．旅游危机管理[M].北京：北京大学出版社，2005.
[43] 张荣刚．风险与危机管理研究（2019年卷）[M].北京：人民邮电出版社，2020.
[44] 何修猛．现代公共关系学[M].3版．上海：复旦大学出版社，2015.
[45] 李付庆．公共关系学[M].4版．南京：南京大学出版社，2017.

[46] 郑向敏．中国古代旅馆流变[M].北京：旅游教育出版社，2000.
[47] 中华人民共和国国家旅游局．旅游饭店安全管理实务[M].北京：中国旅游出版社，2012.
[48] 袁照烈．酒店保安部精细化管理与服务规范[M].北京：人民邮电出版社，2009.
[49] 刘筱筱．现代饭店安全管理要点及案例评析[M].北京：化学工业出版社，2008.
[50] 郑向敏．酒店安全控制与管理[M].重庆：重庆大学出版社，2009.
[51] 谢朝武．论饭店全面安全管理体系的构建[J].华侨大学学报（哲学社会科学版），2006(3).
[52] 张丹宁，任敬，王艳红．旅游企业安全管理与从业人员安全意识培育的研究[J].经济问题探索，2013(2).
[53] 李婷，李文皓．2006—2016年酒店安全事故特征变化研究[J].乐山师范学院学报，2018(1).
[54] 李艳平．国际饭店集团在华扩张战略之比较——以洲际集团和香格里拉酒店集团为例[J].宜宾学院学报，2011(5).
[55] 林璧属，现代饭店管理概论[M].大连：东北财经大学出版社，2016.
[56] 谷慧敏，宋潇潇，徐凯伦．加强文旅深度融合，促进酒店业优质发展[J].旅游学刊，2018(12).
[57] 金占明．战略管理：超竞争环境下的选择[M].3版．北京：清华大学出版社，2010.

教学支持说明

高等院校应用型人才培养"十四五"规划旅游管理类系列教材系华中科技大学出版社"十四五"规划重点教材。

为了改善教学效果,提高教材的使用效率,满足高校授课教师的教学需求,本套教材备有与纸质教材配套的教学课件(PPT电子教案)和拓展资源(案例库、习题库等)。

为保证本教学课件及相关教学资料仅为教材使用者所得,我们将向使用本套教材的高校授课教师免费赠送教学课件或者相关教学资料,烦请授课教师通过邮件或加入旅游专家俱乐部QQ群等方式与我们联系,获取"电子资源申请表"文档并认真准确填写后发给我们,我们的联系方式如下:

地址:湖北省武汉市东湖新技术开发区华工科技园华工园六路

邮编:430223

E-mail:lyzjjlb@163.com

旅游专家俱乐部QQ群号:758712998

旅游专家俱乐部QQ群二维码:

群名称:旅游专家俱乐5群
群 号:758712998

电子资源申请表

填表时间：_____年____月____日

1. 以下内容请教师按实际情况写，★为必填项。
2. 根据个人情况如实填写，相关内容可以酌情调整提交。

★姓名		★性别	□男 □女	出生年月		★职务	
						★职称	□教授 □副教授 □讲师 □助教
★学校				★院/系			
★教研室				★专业			
★办公电话		家庭电话			★移动电话		
★E-mail（请填写清晰）					★QQ 号/微信号		
★联系地址					★邮编		

★现在主授课程情况	学生人数	教材所属出版社	教材满意度
课程一			□满意 □一般 □不满意
课程二			□满意 □一般 □不满意
课程三			□满意 □一般 □不满意
其 他			□满意 □一般 □不满意

教 材 出 版 信 息					
方向一		□准备写	□写作中	□已成稿	□已出版待修订 □有讲义
方向二		□准备写	□写作中	□已成稿	□已出版待修订 □有讲义
方向三		□准备写	□写作中	□已成稿	□已出版待修订 □有讲义

　　请教师认真填写表格下列内容，提供索取课件配套教材的相关信息，我社根据每位教师填表信息的完整性、授课情况与索取课件的相关性，以及教材使用的情况赠送教材的配套课件及相关教学资源。

ISBN（书号）	书名	作者	索取课件简要说明	学生人数（如选作教材）
			□教学　□参考	
			□教学　□参考	

★您对与课件配套的纸质教材的意见和建议，希望提供哪些配套教学资源：